VIEILLES HISTOIRES

DE

LA PATRIE

Bertrand du Guesclin.

BIBLIOTHÈQUE DES ÉCOLES ET DES FAMILLES

VIEILLES HISTOIRES
DE LA PATRIE

PAR

Mᵐᵉ DE WITT, née GUIZOT

CINQUIÈME ÉDITION

PARIS
LIBRAIRIE HACHETTE ET Cⁱᵉ
79, BOULEVARD SAINT-GERMAIN, 79
1899

Droits de traduction et de reproduction réservés.

C'est un spectacle fortifiant et salutaire pour les esprits jeunes que de contempler les événements et d'apprendre à connaître les hommes qui ont laissé leur empreinte et leur trace dans l'histoire de la patrie. Il est par-dessus tout curieux et frappant de les étudier tels qu'ils sont apparus à leurs contemporains et dans l'atmosphère même où ils se sont produits. C'est ce spectacle et cette étude, renfermés d'ordinaire dans de gros livres qui ne sont pas à la portée de tous, que j'ai cherché à faire passer sous les yeux les plus intéressés à les voir de près ; car c'est en connaissant l'histoire de la patrie, ses succès et ses revers, ses grandeurs, ses malheurs et ses fautes, que ses enfants apprendront à la servir et à l'aimer.

VIEILLES HISTOIRES

DE LA PATRIE

LES ENFANTS DES MÉROVINGIENS

PREMIER RÉCIT

GRÉGOIRE DE TOURS. FRÉDÉGAIRE.

Le roi Clovis Ier avait épousé la reine Clotilde, nièce du roi des Burgondes Gondebaud, qui avait fait périr son père. Il eut d'elle un premier fils. Clovis était encore païen ; mais la reine, qui était chrétienne, voulant que son enfant reçût le baptême, ne cessait d'adresser au roi de pieux conseils. « Les dieux que tu adores ne sont rien, lui disait-elle, puisqu'ils ne peuvent se secourir eux-mêmes ou secourir les autres, étant de pierre, de bois ou de métal. Ils ont des noms d'hommes et non de dieux, comme Saturne, qui, dit-on, s'enfuit pour ne pas être chassé du trône par son fils, comme Jupiter lui-même qui s'est souillé de mille débauches. Qu'ont fait Mars et Mercure ? Ils possèdent plutôt la science de la magie qu'une sagesse divine. Le Dieu qu'on doit adorer est celui qui, par sa parole, a tiré du néant le ciel et la terre, la mer et tout ce qui s'y trouve contenu, qui a fait briller le soleil et qui a orné le ciel d'étoiles, qui a rempli les eaux de poissons, la terre d'animaux et les airs d'oiseaux ; à l'ordre duquel la terre se couvre de plantes, les arbres de fruits et les vignes de raisins; dont la main a produit le genre humain et qui a enfin donné à cet homme, son ouvrage, toutes les créatures pour lui obéir et le servir. »

Mais, quoi que la reine pût dire, l'esprit du roi n'en était pas ému, et il répondait : « C'est par l'ordre de nos dieux que toutes choses sont créées et produites, et il est clair que votre dieu ne peut rien; même il est prouvé qu'il n'est pas né de la race des dieux. » Cependant la pieuse reine présenta son fils au baptême; elle fit décorer l'église de voiles et de tapisseries, pour que cette pompe attirât vers la foi catholique celui que ses paroles n'avaient pas pu toucher; mais l'enfant, baptisé sous le nom d'Ingomer, mourut au lendemain de son baptême.

Le roi, aigri par cette perte, faisait à la reine de vifs reproches. « Si l'enfant avait été consacré au nom de mes dieux, il vivrait encore; mais, comme il a été baptisé au nom du vôtre, il n'a pu vivre. » La reine répondait : « Je rends grâces au puissant Créateur de toutes choses qui ne m'a pas jugée indigne de voir admis dans son royaume l'enfant né de mon sein. Cette perte ne m'a pas navrée de douleur, parce que je sais que les enfants que Dieu retire de ce monde dans les voiles de leur baptême sont nourris de sa vue. » Elle eut ensuite un second fils, qui reçut au baptême le nom de Clodomir. Cet enfant étant très malade, le roi disait : « Il ne peut arriver à celui-ci autre chose qu'à son frère, c'est-à-dire de mourir aussitôt après avoir été baptisé au nom de votre Christ. » Mais Dieu accorda la santé de l'enfant aux prières de sa mère.

La reine ne cessa donc de supplier le roi de reconnaître le vrai Dieu et d'abandonner ses idoles; mais rien ne put l'en décider, jusqu'à ce que, dans une guerre avec les Alamans, il fut forcé de confesser ce qu'il avait toujours voulu nier. Il arriva, en effet, que, les deux armées combattant avec un grand acharnement, celle de Clovis allait être taillée en pièces. Alors le roi, plein de ferveur, éleva les mains au ciel, et dit en fondant en larmes : « Jésus-Christ, que Clotilde affirme être le Fils du Dieu vivant, qui, dit-on, assistes dans les périls et accordes la victoire à ceux qui espèrent en toi, j'invoque avec dévotion ton glorieux concours ; si tu m'accordes la victoire sur mes ennemis, et que je fasse l'épreuve de cette puissance dont le peuple qui t'est consacré dit avoir reçu tant de preuves, je croirai en toi et me ferai baptiser en ton nom, car j'ai invoqué mes dieux et je vois bien qu'ils m'ont refusé leur appui. Je crois donc qu'ils n'ont aucun pouvoir, puisqu'ils n'exaucent pas ceux qui les servent. C'est toi que j'invoque maintenant, c'est en toi que je veux croire ; fais seulement que j'échappe à mes ennemis. » Comme il disait ces mots, les Alamans, tournant le dos, commencèrent à se mettre en déroute et, voyant que leur roi était mort, ils se soumirent à Clovis. Le roi donc, ayant arrêté le carnage et parlé à son armée, rentra en paix dans son royaume ; il raconta aussitôt à la reine comment il avait obtenu la victoire en invoquant le nom du Christ.

Alors la reine manda en secret saint Remy, évêque de Reims, le priant de faire pénétrer dans le cœur du roi la parole du salut. Le pontife vit Clovis, l'engageant à croire au vrai Dieu, créateur du ciel et de la terre, et à abandonner ses idoles, qui n'étaient d'aucun secours ni pour elles-mêmes ni pour les autres. « Très saint père, dit Clovis, je t'écouterais volontiers, mais le peuple qui m'obéit ne veut pas abandonner ses dieux ; j'irai cependant vers eux, et je leur parlerai selon tes paroles. » Il assembla donc ses guerriers. Mais alors, avant même qu'il eût parlé et par l'intervention de la puissance divine, tout le peuple s'écria d'une voix unanime : « Pieux roi, nous rejetons les dieux mortels, et nous sommes prêts à servir le Dieu immortel que prêche Remy. » On apporta cette nouvelle à l'évêque, qui, plein de joie, fit préparer les fonts sacrés. Le roi demanda la grâce d'être baptisé le premier. Comme il s'avançait vers le baptême, le saint prélat lui dit de sa bouche éloquente : « Courbe humblement la tête, Sicambre, adore ce que tu as brûlé, brûle ce que tu as adoré ! »

Le roi, ayant donc reconnu la toute-puissance de Dieu dans la Trinité, fut baptisé au nom du Père, du Fils et du Saint-Esprit et oint du saint chrême avec le signe de la croix. Plus de trois mille hommes de son armée furent baptisés avec lui, ainsi que sa

sœur Alboflède, qui peu de temps après alla rejoindre le Seigneur. Clovis, devenant tous les jours plus puissant, triompha des Goths et de leur roi Alaric dans la plaine de Vouillé, non loin de Poitiers ; il avait avec lui comme auxiliaire le fils de Sighebert le Boiteux, roi des Francs Ripuaires, et ce fils s'appelait Cloderic. Sighebert boitait à la suite d'un coup qu'il avait reçu au genou en combattant contre les Alamans à la bataille de Tolbiac.

Clovis donc, étant rentré à Paris, fit dire en secret au fils de Sighebert : « Voilà que ton père est vieux et qu'il boite de son pied malade ; s'il venait à mourir, son royaume t'appartiendrait de droit, ainsi que notre amitié. » Entraîné par une ambition dénaturée, le fils forma le projet de tuer son père. Celui-ci, étant sorti de Cologne et ayant passé le Rhin pour se promener dans la forêt, s'endormit à midi dans sa tente, où son fils le fit égorger, dans l'espoir de s'emparer du royaume. Mais par le jugement de Dieu il tomba dans la fosse qu'il avait ainsi méchamment creusée. Il envoya au roi Clovis des messagers pour lui annoncer la mort de son père, en disant : « Mon père est mort et j'ai en mon pouvoir ses trésors et son royaume ; envoie-moi quelques-uns des tiens, et je leur remettrai volontiers ce qui peut te convenir. »

Clovis lui répondit : « Je rends grâces à ta bonne volonté ; montre seulement l'argent à mes envoyés, après quoi tu en conserveras l'entière possession. » Cloderic montra donc aux envoyés les trésors de son père. Pendant qu'ils les examinaient, le prince dit : « C'est dans ce petit coffre que mon père avait l'habitude d'entasser ses pièces d'or. » Ils lui répondirent : « Plonge la main jusqu'au fond pour tout sentir. » Et comme à ces mots il s'était baissé, un des envoyés, levant sa hache d'armes, lui brisa le crâne. Ainsi ce fils indigne fut frappé comme il avait frappé son père.

C'était ainsi que les ennemis de Clovis tombaient l'un après l'autre sous sa main. Plusieurs de ceux qu'il avait fait tuer étaient ses parents et il recueillit leurs royaumes et leurs trésors, étendant son pouvoir sur toute la Gaule. On rapporte qu'ayant rassemblé ses guerriers, il parla ainsi de ceux de sa famille qu'il avait fait périr : « Malheur à moi qui suis resté comme un voyageur parmi des étrangers, n'ayant pas de parent qui puisse me secourir si l'adversité venait! » Mais ce n'était pas qu'il s'affligeât de leur mort; il parlait seulement ainsi par ruse et pour découvrir s'il avait encore quelque parent, afin de le faire tuer.

Lorsqu'il mourut à Paris en l'an 511, ses quatre fils, Thierry, Clodomir, Childebert et Clotaire, partagèrent également le royaume. Alors la reine Clotilde, s'adressant à Clodomir et à ses autres fils, leur dit : « Que je n'aie pas à me repentir, mes très chers enfants, de vous avoir nourris avec tendresse : vous partagez avec moi le ressentiment de mes injures passées; vengez sur les fils de mon oncle Gondebaud la mort de mon père et de ma mère. » Les fils de Clotilde marchèrent donc contre Sigismond et son frère Gondemar, roi des Burgondes. Gondemar, ayant été vaincu, parvint à s'enfuir; mais Sigismond, voulant se réfugier avec sa femme et ses enfants dans le monastère de Saint-Maur qu'il avait fondé, fut pris par Clodomir, qui les emmena en captivité dans la ville d'Orléans, capitale de son royaume. Gondemar rassemblait cependant de nouvelles forces et il recouvra ses biens. Comme Clodomir se disposait à marcher de nouveau contre lui, il résolut de faire mourir Sigismond. Le bienheureux Avitus, abbé de Saint-Mesmin, prêtre renommé en ce temps-là, lui dit : « Si par la crainte de Dieu tu renonces à faire périr ces gens-là qui sont en ta puissance, Dieu sera avec toi; mais si tu les fais mourir, tu périras de même, livré entre les mains de tes ennemis, et il en sera de ta femme et de tes enfants comme tu feras de la femme et des enfants de Sigismond. »

Mais Clodomir, méprisant cet avis, dit : « Ce serait la conduite d'un insensé, en marchant contre l'ennemi, d'en laisser d'autres à la maison; la victoire sera plus complète et plus aisée à obtenir si je sépare l'un de l'autre. Le premier mort, je me déferai plus facilement du second. » Il se délivra donc de Sigismond, de sa femme et de ses enfants, en les faisant jeter dans un puits près de Coulmiers, puis il marcha en Bourgogne, appelant avec lui son frère Thierry. Comme il se trouvait assez éloigné des siens, les Burgondes, imitant son cri de ralliement, l'attirèrent à eux, en lui disant : « Viens par ici, nous sommes des tiens. » Il tomba ainsi au milieu de ses ennemis, qui lui coupèrent la tête, la mirent au bout d'une pique et l'élevèrent en l'air, ce qui n'empêcha pas les Francs d'écraser les Burgondes et de s'emparer de leur pays. Clotaire, sans aucun délai, épousa la femme de son frère, nommée Gondeuque ; mais la reine Clotilde, après les jours de deuil, prit en garde avec elle les fils de Clodomir, dont l'un s'appelait Théodebald, le second Gonthaire et le troisième Clodoald.

Elle les gardait ainsi avec elle à Paris, mais le roi Childebert, voyant que la reine avait porté toute son affection sur ces enfants, en conçut de l'envie et, craignant que par sa faveur ils n'eussent part au royaume, il envoya vers son frère Clotaire et lui fit dire : « Notre mère garde avec elle les fils de notre frère et veut leur donner son royaume ; il faut que tu viennes promptement à Paris et que, réunis tous deux, nous déterminions ce que nous devons en faire : à savoir si on leur coupera les cheveux comme au reste du peuple, afin de les rendre impropres au trône, ou si, les ayant tués, nous partagerons également entre nous le royaume de notre frère. » Très content de ces paroles, Clotaire vint à Paris ; Childebert avait déjà répandu dans le peuple le bruit que les deux rois étaient d'accord pour élever les enfants au trône. Ils s'adressèrent donc ensemble en leur nom à la reine, qui demeurait dans la même ville, et lui dirent : « Envoie-nous les enfants, afin que nous puissions les élever à la royauté. »

Remplie de joie et ignorant leur artifice, la reine, après avoir fait manger et boire les enfants, les envoya en disant : « Je croirai n'avoir pas perdu mon fils si je vous vois succéder à son royaume ! » Mais aussitôt arrivés les enfants furent pris, chacun de leur côté, séparés de leurs serviteurs et de leurs gouverneurs, puis enfermés. Alors Childebert et Clotaire dépêchèrent à leur mère un certain Arcadius, avec des ciseaux et une épée nue ; arrivé près de la reine, il les lui montra, disant : « Tes fils, nos maîtres, ô très glorieuse reine, attendent que tu fasses connaître ta volonté sur la manière dont il faut traiter ces enfants; ordonne qu'ils vivent les cheveux coupés ou qu'ils périssent. » Consternée de ce message et en même temps émue d'une grande colère à la vue de cette épée et de ces ciseaux, la reine se laissa emporter par son indignation et, ne sachant ce qu'elle disait dans sa douleur, elle s'écria imprudemment : « S'ils ne sont pas élevés au trône, j'aime mieux les voir tués que tondus ! » Arcadius, s'inquiétant peu de sa douleur et ne cherchant pas à pénétrer ce qu'elle déciderait avec plus de réflexion, revint en diligence auprès des deux rois et leur dit : « La reine donne son assentiment à vos projets et permet que vous acheviez ce que vous avez commencé. » Aussitôt Clotaire, saisissant par un bras l'aîné des enfants et le jetant à terre, lui enfonça son couteau dans l'aisselle, le tuant ainsi misérablement. A ses cris, son frère se précipita aux pieds de Childebert et, lui prenant les genoux, il le suppliait, en s'écriant avec des larmes : « Secours-moi, mon père, pour que je ne meure pas comme mon frère ! » Childebert, le visage couvert de pleurs, dit à Clotaire : « Mon cher frère, aie la générosité de m'accorder sa vie, et si tu veux ne pas le tuer, je te donnerai pour le racheter ce que tu voudras. » Mais Clotaire, l'accablant d'injures, lui répondit : « Rejette-le loin de toi, ou tu vas mourir à sa place ; c'est toi qui m'as excité à cette affaire et tu es si prompt à manquer de foi ! » Childebert, à ces mots, repoussa l'enfant, et le jeta à Clotaire, qui, le recevant, lui enfonça son couteau dans le côté et le tua comme son frère aîné. Ils égorgèrent ensuite les serviteurs et les gouverneurs ; et après qu'ils furent morts, Clotaire, montant à cheval, s'en alla sans paraître aucunement troublé. Childebert se retira dans les faubourgs de Paris. La reine ayant fait déposer ces petits corps dans un cercueil, les conduisit, avec beaucoup de chants pieux et une immense douleur, dans la basilique de Saint-Pierre, où on les enterra tous deux ensemble; l'un avait dix ans et l'autre sept. Le troisième, Clodoald, ne put être pris, et fut sauvé par le concours de gens courageux. Dédaignant un royaume terrestre, il se consacra à Dieu, se coupa les cheveux de sa propre main, entra dans le clergé, persévéra dans les bonnes œuvres et mourut prêtre, ayant fondé le célèbre monastère qui porta son nom (Saint-Cloud). Les deux rois se partagèrent par portions égales le royaume de Clodomir.

Le roi Clotaire eut sept fils de ses différentes femmes. L'un d'eux, nommé Chramne, était fils de Chemsède. Parvenu à l'âge d'homme, il vivait en Auvergne, où il résolut de se mettre du parti de son oncle Childebert contre son père, avec lequel celui-ci était constamment en discorde. Son oncle eut la perfidie de lui promettre des secours, tandis que, selon la religion, il aurait dû l'engager à ne se pas déclarer l'ennemi de son père. Chramne, étant donc entré dans cette criminelle conspiration, vint à Limoges et plaça sous sa propre domination les contrées appartenant à son père, que jusque-là il n'avait fait que parcourir. Le roi Clotaire envoya alors vers Chramne deux autres de ses fils, Caribert et Gontran. En arrivant en Auvergne, ils apprirent qu'il était dans le Limousin et, continuant leur marche jusqu'en un lieu appelé le Mont-Noir, ils finirent par le rencontrer. Là ils établirent leurs tentes et fixèrent leur camp auprès de lui, puis ils dépêchèrent des messagers à leur frère pour l'avertir qu'il eût à rendre les possessions de leur père injustement envahies, sinon qu'il se préparât au combat. Lui, feignant de reconnaître l'autorité de son père, dit : « Je ne puis me dessaisir de ce que j'ai pris, mais je désire le garder en ma puissance du consentement de mon père. » Ses frères demandèrent qu'une bataille décidât entre eux. Mais comme les deux armées, bien préparées, s'avançaient l'une contre l'autre, voilà qu'une tempête accompagnée de violents éclairs et de beaucoup de tonnerre s'éleva subitement et les empêcha de combattre. Comme chacun était rentré dans son camp, Chramne trompa ses frères en leur faisant annoncer par un étranger la mort de leur père, qui était en ce moment occupé à combattre les Saxons.

Effrayés de cette nouvelle, Caribert et Gontran reprirent en diligence le chemin de la Bourgogne. Chramne les poursuivit avec son armée, et marcha jusqu'à la ville de Châlons, qu'il assiégea et prit ; de là il alla jusqu'au château de Dijon, mais on ne lui permit pas de franchir les murs de la ville. Il vint à Paris et s'unit de foi et d'amitié avec son oncle Childebert, jurant à son père une haine implacable; mais vers ce temps le roi Childebert tomba malade et, après avoir longtemps gardé le lit, il mourut dans sa ville de Paris, en l'an 558. Le roi Clotaire s'empara de son royaume, envoyant en exil sa femme Ultrogothe et ses deux filles. Chramne se soumit alors à son père, mais ce fut pour lui manquer bientôt de foi, car il se rendit en Bretagne auprès de Vilichaire, son beau-père, en se cachant chez Conobre, comte de Bretagne. Le roi Clotaire, plein de colère, s'avança en Bretagne avec une armée, et Chramne ne craignit pas de marcher, de son côté, contre son père. Tandis que les deux armées étaient mêlées sur le champ de bataille et que Chramne commandait les Bretons contre son père, la nuit survint qui fit cesser le combat. Cette même nuit, Conobre, comte des Bretons, dit à Chramne : « Combattre contre ton père est, selon moi, une impiété; laisse-moi tomber sur lui cette nuit et le défaire avec toute son armée. » Chramne, aveuglé, je pense, par la volonté divine, n'y consentit pas, et le matin les deux armées se mirent en mouvement, marchant l'une contre l'autre. Le roi Clotaire, comme un nouveau David prêt à combattre contre son fils Absalon, pleurait et disait : « Jette les yeux sur nous, ô Dieu, du haut des cieux, et juge ma cause, car mon fils s'est injustement élevé contre moi; regarde et juge avec justice; prononce ici l'arrêt que tu prononças autrefois entre Absalon et son père David! » On combattait des deux côtés avec une égale ardeur, mais le comte des Bretons tourna le dos et fut tué. Alors Chramne se mit à fuir vers les vaisseaux qu'il avait préparés sur la mer; mais, pendant qu'il s'occupait à sauver sa femme et ses filles, il fut atteint par l'armée de son père, pris et lié. Clotaire ordonna qu'il fût brûlé avec sa femme et ses filles; on les enferma donc dans la cabane d'un pauvre homme, où Chramne, étendu sur un banc, fut étranglé avec un mouchoir; ensuite on mit le feu à la cabane; ses filles et sa femme périrent avec lui.

Le roi Clotaire étant venu à Tours dans la cinquante et unième année de son règne, apporta de grands présents au tombeau du bienheureux saint Martin, et lorsqu'il fut arrivé au tombeau de cet évêque, il se mit à repasser dans son esprit toutes les fautes qu'il pouvait avoir commises et à prier avec de grands gémissements le bienheureux confesseur d'appeler sur lui la miséricorde de Dieu, et d'obtenir qu'il fût lavé de ses péchés; puis, étant allé chasser dans la forêt de Cuise, il fut saisi de la fièvre; on le ramena à Compiègne. Là, étant cruellement tourmenté de son mal, il disait : « Hélas! que pensez-vous que soit ce roi du ciel qui fait ainsi mourir les plus puissants rois? » Il expira ainsi avec tristesse, ayant de nouveau renfermé sous sa puissance tout le royaume de Clovis son père.

Les quatre fils du roi Clotaire se partagèrent ses domaines; le sort donna à Caribert le royaume de Childebert, avec Paris pour résidence, à Gontran le royaume de Clodomir, dont le siège était à Orléans; Chilpéric eut le royaume original de son père Clotaire, avec Soissons pour ville principale, tandis que l'ancien royaume de Thierry, avec sa capitale Reims, tombait en partage à Sighebert.

Ce jeune prince, voyant ses frères s'associer à des femmes indignes d'eux, épousant même leurs servantes, envoya des ambassadeurs en Espagne pour demander en mariage Brunehaut, fille du roi Athanagilde. C'était une jeune fille de manières élégantes, belle de figure et honnête dans ses mœurs, de bon conseil et d'agréable conversation. Son père consentit à l'accorder à Sighebert, auquel il l'envoya avec de grands trésors.

Bientôt le roi Chilpéric, voyant ce mariage, bien qu'il eût déjà plusieurs femmes, demanda Galsuinthe, sœur aînée de Brunehaut, promettant au roi Athanagilde que, s'il pouvait obtenir une femme égale à lui et de race royale, il délaisserait pour elle toutes ses autres femmes. Ce fut ce qu'il fit d'abord, lorsque la princesse arriva, comme sa sœur, pourvue de grandes richesses. Il la reçut en mariage et l'aimait beaucoup; mais bientôt l'amour de Frédégonde, qu'il avait eue auparavant comme favorite, fit naître entre eux de grands débats. Galsuinthe se plaignait de

Mort de Chramne.

recevoir du roi de continuels outrages et de vivre auprès de lui sans honneur. Elle demanda donc qu'il lui permît de retourner dans son pays, laissant tous les trésors qu'elle avait apportés. Le roi, dissimulant, l'amusa par des paroles de douceur; puis il ordonna à un domestique de l'étrangler, et on la trouva morte dans son lit. Quelques jours plus tard, le roi, qui avait semblé pleurer sa mort, épousa Frédégonde. Sur ces nouvelles, ses frères se réunirent contre lui et le chassèrent de son royaume. Une guerre terrible s'éleva ainsi entre les fils du roi Clotaire, tour à tour ligués les uns contre les autres, tandis que le peuple et l'Église souffraient d'une persécution plus cruelle que celle du temps de Dioclétien : comment pourrions-nous nous étonner que tant de maux se soient précipités sur eux?

Le roi Sighebert était à Paris, formant le projet de marcher contre son frère Chilpéric, renfermé dans Tournai, lorsque saint Germain lui dit : « Si tu y vas dans l'intention de ne pas tuer ton frère, tu reviendras vivant et vainqueur ; mais si tu pars avec d'autres pensées, tu mourras. »

Le roi Sighebert méprisa les paroles du saint, et rassembla autour de lui toute l'armée à un village nommé Vitry, où il fut proclamé roi, ayant été élevé sur un bouclier. Mais deux serviteurs de la reine Frédégonde, s'étant approchés de lui sous quelque prétexte, le frappèrent chacun dans l'un des flancs d'un fort couteau dont la lame était empoisonnée. Ils coururent aussitôt à Tournai, où le roi Chilpéric, entre la mort et la vie, attendait immobile et en suspens ce qui allait arriver de lui ; mais, ayant appris le meurtre de son frère, il s'empressa de sortir de Tournai, et, ayant fait enterrer Sighebert, il marcha bientôt sur Paris, où se trouvait la reine Brunehaut avec ses enfants. Accablée de douleur, elle ne savait à quoi se résoudre, lorsqu'un des fidèles du roi Sighebert, le duc Gondebaud, enleva secrètement son fils Childebert, encore petit enfant et, le dérobant ainsi à une mort certaine, rassembla les peuples sur lesquels son père avait régné et le fit proclamer roi, à peine âgé de cinq ans. Le roi Chilpéric s'était cependant emparé de Brunehaut, qu'il avait envoyée en exil à Rouen, gardant pour lui tous les trésors que la reine avait apportés à Paris.

Ce fut à Rouen que Mérovée, fils de Chilpéric et de sa première femme Audovère, alla secrètement retrouver la reine Brunehaut, qu'il prit en mariage. Le roi Chilpéric marcha contre la ville; mais, feignant de se réconcilier avec son fils, il l'emmena avec lui à Soissons, pour le faire bientôt tonsurer et ordonner prêtre. Mérovée s'enfuit du lieu où il était gardé et vint se réfugier dans la basilique de Saint-Martin à Tours. Cependant, pendant que la reine Frédégonde poursuivait de sa haine et de sa vengeance l'évêque de Rouen, Prétextat, qu'elle accusait d'avoir été favorable à Brunehaut et à Mérovée au détriment de la fidélité qu'il devait au roi Chilpéric, Mérovée lui-même, attiré hors du sanctuaire par les perfidies de sa marâtre, cherchait en vain à regagner son asile; il fut circonvenu par les gens de Térouanne, qui lui dirent que, s'il voulait venir à eux, ils abandonneraient son père Chilpéric et se soumettraient à lui. Accompagné de quelques hommes courageux, il alla les trouver; mais bientôt, ne dissimulant plus le piège, ils l'enfermèrent dans une métairie, qu'ils entourèrent de gens armés, envoyant aussitôt prévenir son père. A cette nouvelle, Chilpéric se préparait à accourir; mais Mérovée, prévoyant par quels cruels supplices il pourrait assouvir la vengeance de ses ennemis, appela à lui son serviteur Gaïlen, lui disant : « Nous n'avons eu jusqu'ici qu'une âme et qu'une volonté; ne souffre pas que je sois livré aux mains de mes ennemis; prends ton épée, je te prie, et frappe-moi. » Celui-ci, sans hésiter, le frappa de son couteau, et lorsque le roi arriva, il le trouva mort. Plusieurs personnes assurèrent que ces paroles avaient été supposées par la reine et que le prince fut frappé secrètement par son ordre, comme elle fit périr dans les tourments tous ses serviteurs.

En ces jours-là le roi Chilpéric tomba gravement malade, et comme il commençait à entrer en convalescence, le plus jeune de ses fils, qui n'était pas encore régénéré par l'eau et par le Saint-Esprit, tomba malade à son tour; le voyant à l'extrémité, on le plongea dans les eaux du baptême; peu de temps après il se trouva mieux, mais son frère aîné, nommé Clodebert, fut saisi de maladie. Sa mère Frédégonde, le voyant en danger de mort, fut prise de remords tardifs et elle dit au roi : « Voilà longtemps que la miséricorde divine supporte nos mauvaises actions : elle nous a souvent frappés de fièvres et d'autres maux et nous ne nous sommes pas amendés. Voilà que nous perdons nos fils, voilà que les larmes des pauvres, les gémissements des veuves, les soupirs des orphelins les font périr, et il ne nous reste plus espérance d'amasser pour personne; nous thésaurisons et nous ne savons pour qui. Ils demeureront dénués de possesseurs, ces biens de rapine et de malédiction. Nos greniers ne regorgeaient-ils pas de froment? Le vin ne remplissait-il pas nos celliers? Nos trésors n'étaient-ils pas combles d'or, d'argent, de pierres précieuses, de colliers et d'autres ornements impériaux? Et voilà que nous perdons ce que nous avions de plus beau! Maintenant, si tu veux, allons brûler ces injustes registres que nous avions dressés pour l'oppression des pauvres et de l'Église; qu'il nous suffise, pour notre fisc, de ce qui suffisait à ton père le roi Clotaire! »

En parlant ainsi, la reine se frappait la poitrine de ses poings; elle fit apporter les registres que lui avait envoyés son intendant Marc des cités qu'il administrait, et, se tournant vers le roi, lui dit : « Quoi! tu hésites? Fais ce que tu me vois faire, afin que, si nous perdons nos chers enfants, nous échappions au moins aux peines éternelles. »

Le roi, touché de repentir, jeta au feu tous les registres et, les ayant brûlés, envoya partout la défense de lever ces impôts. Après cela, le plus jeune de leurs enfants mourut, consumé de langueur. Ils le portèrent avec beaucoup de douleur de leur maison de Braine à Paris et le firent ensevelir dans la basilique de Saint-Denis. On plaça Clodebert sur un brancard, et on le porta à Soissons, à la basilique de Saint-Médard. Ses parents le présentèrent au saint tombeau, firent un vœu pour lui; mais, affaibli, épuisé, il rendit l'esprit au milieu de la messe. Il fut enseveli dans la basilique des saints martyrs Crépin et Crépinien. Il y eut à cette occasion un grand deuil parmi le peuple; les hommes faisaient entendre des gémissements et les femmes, couvertes des vêtements lugubres qu'elles ont coutume de porter aux funérailles de leurs maris, suivaient la triste pompe. Le roi Chilpéric fit de grandes largesses aux églises et aux pauvres.

C'est dans cette même maison de Braine où tombèrent malades les deux fils du roi que je me trouvais quelque temps auparavant avec le bienheureux évêque Sauve, qui me dit, au moment où je me séparais de lui dans le vestibule: « Ne vois-tu pas au-dessus de cette maison ce que j'y aperçois moi-même? — Je n'y vois, répondis-je, que la toiture supérieure que le roi a fait ajouter. — Tu ne vois rien autre chose? — Non, rien. — Eh bien, moi, dit le bienheureux, poussant un profond soupir, je vois le glaive de la colère divine suspendu sur cette demeure. » Et vingt jours après, moururent, comme nous l'avons dit, les deux fils du roi.

Ce n'était cependant pas encore le pire des crimes du roi et de la reine, ni du châtiment de la vengeance de Dieu. Une députation était venue d'Espagne avec de grands préparatifs pour arrêter avec le roi Chilpéric l'époque où, selon une convention antérieure, il donnerait sa fille en mariage au fils du roi Leuvigild. Le roi, à ce moment même, subit un nouveau chagrin: son fils Thierry, que l'année précédente il avait fait régénérer dans les eaux du baptême, fut pris de la dysenterie et rendit l'âme. C'était là ce qu'annonçait une flamme que peu de temps auparavant on avait vue tomber des nuages. Le roi et la reine revinrent à Paris avec une douleur infinie, ensevelirent leur enfant, et firent courir après l'envoyé d'Espagne qui était déjà reparti pour son pays, afin de lui dire: « Voilà que notre maison est remplie de deuil, comment pourrions-nous célébrer les noces de notre fille?» Pendant ce temps, la reine faisait expirer dans les tourments le préfet Mummole, qu'elle avait toujours détesté et dont les maléfices avaient, disait-on, fait mourir l'enfant qu'elle avait perdu.

Le deuil et la désolation étaient en ce temps répandus dans bien des familles par l'annonce du prochain départ de la princesse Rigonthe pour l'Espagne; une nouvelle ambassade des

Mort de Clodebert à Soissons.

Goths était venue la réclamer. Le roi avait ordonné de prendre beaucoup de serviteurs appartenant aux domaines royaux et de les mettre dans des chariots. Comme un grand nombre pleuraient et ne voulaient pas partir, il les fit mettre en prison, pour pouvoir plus facilement les obliger à accompagner sa fille. On dit que plusieurs, désespérés de se voir ainsi enlever à leurs parents, s'étranglèrent eux-mêmes. Le fils était séparé du père, la mère de la fille, et ils s'en allaient avec de profonds gémissements et de grandes lamentations; on entendait tant de pleurs dans la ville de Paris, qu'on les a comparés aux désolations de l'Égypte.

Plusieurs personnes des meilleures familles, contraintes de s'en aller ainsi, donnèrent leurs biens aux églises et demandèrent que, au moment où la fille de Chilpéric entrerait en Espagne, on ouvrît ces testaments comme si elles étaient déjà dans leur tombeau. Lorsque les noces de la jeune princesse furent célébrées, le roi Chilpéric convoqua les principaux Francs et ses autres fidèles pour la remettre aux envoyés goths. Le roi lui donna de grands trésors, auxquels sa mère ajouta une telle quantité d'or, d'argent, de richesses, qu'à cette vue le roi crut qu'il ne lui restait plus rien. La reine, s'apercevant de son mécontentement, se tourna vers les Francs et dit : « Ne croyez pas, ô Francs, qu'il y ait rien là des trésors des rois précédents ; tout ce que vous voyez là est tiré de mes propriétés, car le roi très glorieux m'a fait beaucoup de largesses, vous m'avez fait beaucoup de présents, desquels j'ai composé ce que vous voyez devant vous : il n'y a rien là des trésors publics. » De la sorte elle abusa l'esprit du roi, car il y avait là une telle immensité d'objets d'or, d'argent et d'effets précieux, qu'on en chargea cinquante chariots. Le roi avait ordonné que pendant le voyage on traitât le cortège aux dépens des diverses cités, sans qu'on payât rien de son fisc; tout fut fourni par une contribution extraordinaire levée sur les pauvres gens.

Comme le roi craignait que son frère Gontran ou son neveu Childebert ne dressassent quelque embûche à sa fille, il avait voulu qu'elle marchât environnée d'une armée. Les principaux de ceux qui voyageaient avec elle la quittèrent à Poitiers. Ceux qui poursuivirent leur route firent tant de butin, se livrèrent à tant de pillages, qu'on pourrait à peine les raconter. Ils dépouillaient les cabanes des pauvres, ravageaient les vignes, emportant les sarments avec les raisins, enlevant les troupeaux et tout ce qu'ils pouvaient trouver, en sorte qu'ils accomplissaient ce qui avait été dit par le prophète Joël : « La sauterelle a mangé les restes de la chenille, le ver les restes de la sauterelle et la nielle les restes du ver. »

Pendant que la princesse Rigonthe voyageait ainsi, se dirigeant vers Toulouse avec les trésors dont nous avons parlé, le roi Chilpéric son père était mort non loin de sa maison de Chelles, tandis qu'il se livrait au plaisir de la chasse, ayant été frappé au ventre par un meurtrier comme le Néron et l'Hérode de notre temps. La reine Frédégonde, s'étant aussitôt retirée à Paris, fit appeler à son secours le roi Gontran, afin qu'il la protégeât, ainsi que le jeune fils qui lui restait, contre la vengeance de Childebert qui avait fait dire à Gontran : « Remets-moi cette homicide, qui a fait périr ma tante, mon oncle, et qui a frappé du glaive jusqu'à mes cousins. » La reine s'était réfugiée dans l'église de Paris.

Ce fut là qu'un de ses anciens serviteurs, nommé Léonard, arrivé de Toulouse, vint lui rapporter que le duc Didier, ayant appris la mort du roi Chilpéric, était entré dans Toulouse et avait enlevé les trésors de la princesse, les enfermant dans une maison bien scellée, tandis qu'il laissait à peine de quoi vivre à celle-ci, qui fut retenue longtemps prisonnière à Toulouse sans avoir jamais pu atteindre les domaines de son époux, en sorte que Frédégonde sa mère dut envoyer des serviteurs pour la tirer à tout prix de son esclavage.

La mère et la fille ne vivaient point en bonne intelligence quand elles furent réunies : Rigonthe se prétendait la maîtresse, accablant sa mère d'outrages, en sorte qu'elles en venaient parfois aux coups de poing et aux soufflets. Rigonthe eût dû craindre les terribles vengeances dont sa mère avait de tout

Frédégonde l'étranglait contre la planche inférieure.

temps poursuivi ses ennemis. Elle lui dit un jour : « Pourquoi me tourmentes-tu, ma fille? Voilà les trésors de ton père : prends-y ce qu'il te plaira. » Étant entrée dans le cabinet du trésor, elle ouvrit un coffre rempli de colliers et de joyaux précieux et, après en avoir tiré longtemps des bijoux qu'elle remettait à Rigonthe, elle dit : « Je suis fatiguée, mets la main dans ce coffre profond et tires-en ce que tu trouveras. » Celle-ci ayant enfoncé son bras dans le coffre, Frédégonde prit le couvercle et lui en frappa la tête, puis, le pressant de toutes ses forces, elle l'étranglait contre la planche inférieure, si bien qu'une servante qui était dans le cabinet se mit à crier de toutes ses forces : « Au secours, au secours! voilà ma maîtresse que sa mère étrangle! » Ce fut l'origine de beaucoup de querelles et de coups entre les deux femmes, car Frédégonde semblait avoir oublié l'amour qu'elle avait jadis porté à sa fille ainsi qu'à tous ses autres enfants, seul trait de ressemblance qu'elle eût avec les autres femmes qu'elle avait longtemps épouvantées par ses crimes. Elle mourut enfin en l'année 597, laissant sur le trône son fils Clotaire, tout jeune encore.

CHARLEMAGNE ET SES PREUX

DEUXIÈME RÉCIT

LE MOINE DE SAINT-GALL. CHANSON DE ROLAND. ÉGINHARD.

Le pape Adrien avait appelé à son aide le grand roi des Francs, Charlemagne; il était sans cesse tourmenté par Didier, roi de Lombardie, et ce roi portait également un grand ressentiment au monarque franc, qui lui avait, après un an de mariage, renvoyé sa fille Ermengarde, afin de prendre une autre épouse. Le roi Charles traversa donc les Alpes et mit en fuite Didier, qui se renferma dans Pavie.

Là se trouvait aussi un des grands du royaume des Francs, nommé Ogger, qui avait jadis encouru la colère de Charles. Il était monté avec le roi des Lombards sur une tour très élevée, qui commandait tous les environs. Ils aperçurent bientôt des machines de guerre, telles qu'il en aurait fallu à l'armée de Darius ou de Jules César. Didier demanda à Ogger : « Charles n'est-il pas avec cette grande armée? — Non, » répondit celui-ci. Le Lombard, voyant ensuite une troupe immense de simples soldats assemblés de tous les points de notre vaste empire, finit par dire à Ogger : « Certes, Charles s'avance triomphant au milieu de cette foule. — Non, et il ne paraîtra pas de sitôt, dit l'autre. — Que pourrons-nous donc faire? reprit Didier, qui commençait à s'inquiéter, s'il vient accompagné d'une plus grande quantité de guerriers? — Vous le verrez tel qu'il est quand il arrivera, dit Ogger; mais ce qui adviendra de nous, je l'ignore. » Pendant qu'il discourait ainsi, parut le corps des gardes qui jamais ne connaît de repos. A cette vue, le Lombard, saisi d'effroi, s'écrie : « Pour le coup, c'est Charles ! — Non, reprend Ogger, pas encore. » A la suite viennent les évêques, les abbés, les clercs de la chapelle royale, et les comtes; alors Didier, ne pouvant plus supporter la lumière du jour ni braver la mort, s'écrie en sanglotant : « Descendons et cachons-nous dans les entrailles de la terre, loin de la face et de la fureur d'un si terrible ennemi. » Ogger tout tremblant, qui savait par expérience ce qu'étaient la puissance et les forces de Charles, dit alors : « Quand vous verrez les moissons s'agiter d'horreur dans les champs, le sombre Pô et le Tessin inonder les murs de la ville de leurs flots noircis par le feu, alors vous pourrez croire à l'arrivée de Charles. » Il n'avait pas fini ces paroles qu'on commença de voir au couchant comme un nuage ténébreux soulevé par le vent, puis bientôt, à l'éclat des armes, un jour plus horrible que cette espèce de nuit.

Alors parut Charles lui-même : cet homme de fer, la tête couverte d'un casque de fer, les mains garnies de gantelets de fer, sa poitrine de fer et ses épaules de marbre défendues par une cuirasse de fer, la main gauche armée d'une lance de fer, car sa main droite était appuyée sur son invincible épée Joyeuse. Tous ceux qui précédaient le roi, tous ceux qui marchaient à ses côtés, tous ceux qui le suivaient avaient des armures semblables. Le fer couvrait les champs et les grands chemins. Les pointes du fer réfléchissaient les rayons du soleil. Ce fer si dur était porté par un peuple d'un cœur plus dur encore, et son éclat répandit la terreur dans toutes les rues de la cité. « Que de fer ! Hélas ! que de fer ! » tels furent les cris confus que poussèrent les citoyens. La fermeté des murs et des jeunes gens s'ébranla de frayeur à la vue du fer, qui paralysa la sagesse des vieillards. Ce que j'ai tenté de peindre dans une traînante description, Ogger l'aperçut d'un coup d'œil rapide, et dit à Didier : « Voici venir celui que vous cherchez avec tant de peine, » et, ayant prononcé ces mots, il tomba presque sans vie.

Comme le Pape avait réclamé le secours de Charles contre le

roi Didier et les Lombards, l'émir de Saragosse Ibn-el-Arabi était venu le solliciter contre le calife de Cordoue. Ses discours firent concevoir aux Francs l'espoir de s'emparer de quelques villes d'Espagne, comme ils venaient de vaincre les Saxons après une guerre longue et acharnée. « Allons ! » dit Roland, le neveu de Charles et le plus célèbre de ses preux ; et comme un bon nombre de barons inclinaient en faveur de la paix : « Voilà-t-il pas cinq ou six ans passés, reprit le fier Roland, que nous demeurons oisifs, ainsi que toute l'armée, en repos périlleux pour nos âmes, tandis que les péchés et les crimes s'accumulent sur nous ? Quand les rachèterez-vous, si vous ne saisissez aujourd'hui cette occasion ? Soyez donc les premiers à entrer en Espagne et rappelez-vous la grande déloyauté dont Marsille, le roi des païens, a toujours fait preuve envers vous ; hâtons-nous seulement de franchir les Pyrénées ! »

L'avis de Roland a prévalu, les Français sont déjà maîtres de Pampelune ; le roi Marsille commence à s'inquiéter, il envoie des messagers à Charles pour lui proposer la paix.

Voici l'empereur en un grand verger, avec lui Roland et les autres preux : Olivier, le duc Sanche et le fier Anséis, Geoffroy d'Anjou, et Gérin, et Gerer, et tant d'autres ! Des fils de douce France, ils sont bien là quinze mille ! Sous un pin, à l'ombre d'un églantier, se voit un fauteuil d'or pur : c'est là que sied le roi Charlemagne, le maître de douce France. Il a la barbe et les cheveux blancs comme la neige, le corps noble et bien taillé, et si grande est sa contenance, que point n'est besoin de l'enseigner à ceux qui le cherchent.

Les messagers païens descendent de leurs montures, leur chef Blancandrin adresse au roi les propositions de paix de son maître : si Charles veut se retirer de ses pays où assez longtemps il a demeuré, le païen lui promet de le suivre à Aix-la-Chapelle pour y recevoir le saint baptême. Charlemagne réfléchit profondément, il veut consulter ses barons. Le premier, Roland a parlé : « Ne croyez point Marsille, voilà sept ans entiers que nous sommes en Espagne, et il s'est toujours conduit en traître. Faites la guerre comme vous l'avez entreprise, menez à Saragosse votre grande armée et mettez-y le siège, fût-ce pour toute votre vie, afin de venger ceux que ce félon fit occire! »

Les autres barons se taisent, écoutant Roland en silence; mais son beau-frère Ganelon s'est levé en pied, il commence ses raisons et dit au roi : « N'écoutez aucun vaurien, ni moi ni autre, sauf à votre avantage. Quand le roi Marsille vous mande qu'il veut devenir votre homme les mains jointes et tenir de vous toute l'Espagne pour embrasser ensuite la loi que nous tenons, celui qui vous engagerait à rejeter cette offre s'inquiéterait peu de quelle mort mourraient ses compagnons; conseil d'orgueil ne doit pas prévaloir; laissons les fous, sire, et tenons-nous aux sages. »

Les gens prudents ont repris courage de parler. Le duc Naimes de Toulouse soutient l'avis du comte Ganelon; l'empereur n'a pas meilleur conseil, il l'écoute et dit : « Qui enverrons-nous à Saragosse au roi Marsille? »

Tous les preux se sont présentés pour cette mission périlleuse, mais l'empereur les a refusés, Roland dit enfin : « Il y a Ganelon, mon beau-frère; » et les Français disent : « Il le peut bien faire! »

Le comte Ganelon n'est pas brave; il regarde Roland avec colère : « Fou, dit-il, d'où te vient cette rage? Tu m'as jugé pour aller chez Marsille; si Dieu permet que je revienne de là, je t'en conserverai si grande rancune qu'elle subsistera ta vie durant. » Roland n'en a cure; le comte Ganelon a cherché en vain à se défendre de la mission qui lui est confiée. « Quand je commande, il faut aller, » dit l'empereur, et il lui a tendu le gant de sa main droite. Le comte Ganelon eût mieux aimé être ailleurs; il laisse tomber le gant de Charles, tous les Français se regardent et disent : « Que veut dire cela? » Le roi dit : « Pour Jésus et pour moi! » De sa main droite il absout et bénit son messager, puis il lui remet le bâton et la lettre; le comte Ganelon chevauche avec les païens.

Il n'est pas encore arrivé chez le roi Marsille qu'il a déjà trahi son pays; il a au cœur une si grande haine pour son beau-frère Roland, qu'il veut le perdre à tout prix. Il conseille au païen d'envoyer cent mille des siens contre l'arrière-garde de l'armée française, lorsque Charlemagne se retirera ainsi qu'il l'a promis. « Roland commandera l'arrière-garde, il y périra ; une fois Roland mort, vous n'aurez plus de guerre, dit le traître Français, car Charles aura perdu le bras droit de son corps et jamais il n'assemblera de si grandes forces ! » Le roi Marsille a comblé Ganelon de présents.

Ganelon rapporte les promesses du païen. « Bien avez parlé, » lui dit le roi, qui ordonne à Roland de commander l'arrière-garde. Le preux s'en irrite : il a coutume de marcher au premier rang, il refuse les renforts que veut lui laisser Charles, il n'a gardé avec lui que vingt mille Français. « Vous pouvez passer les défilés en toute sûreté, dit-il à l'empereur qui s'inquiète ; moi vivant, vous n'avez personne à craindre. »

Les douze pairs du roi Marsille se sont mis en marche avec cent mille Sarrasins contre Roland ; les Français les entendent venir de loin. « Sire compagnon, dit Olivier à son ami, je crois que nous pourrons avoir bataille des Sarrasins ! — Dieu nous l'accorde ! dit le comte, nous combattrons ici pour notre roi. Que chacun de nous prenne garde de donner de grands coups. Les païens ont tort et les chrétiens bon droit, ce ne sera pas de moi que viendra le mauvais exemple ! »

Olivier est monté sur un grand pin ; il voit de loin toute la gent sarrasine. « Nos Français auront ici grande bataille, dit-il en redescendant ; Ganelon le savait bien, le traître ! — Tais-toi, dit le comte Roland ; c'est mon beau-frère, ne parle pas de lui ! »

« J'ai vu tant de païens, dit Olivier aux barons, ils sont bien cent mille ! Vous aurez bataille comme vous n'eûtes jamais ! » Et les Français ont répondu : « Malheur à qui s'enfuit ! Pour mourir il n'en manquera pas un ! »

Olivier dit : « Les païens sont en grand nombre, ami Roland ; sonnez votre olifant, l'empereur l'entendra et l'armée reviendra. » Mais Roland repartit : « J'agirais comme un fou ; en douce France je perdrais ma renommée. Je porterai de grands coups de ma bonne épée Durandal, vous la verrez ensanglantée jusqu'à la garde. Je vous jure que tous les païens félons resteront aux passages ! »

« Ami Roland, sonnez votre olifant; Charles l'entendra qui fera retourner les barons ! » — Mais Roland ne veut pas l'écouter. « Il ne sera jamais dit que j'aie corné pour des païens, répète-t-il ; mes parents n'auront pas ce reproche, je frapperai dans la grande bataille mille et sept cents coups ! »

Voici les païens qui arrivent en si grand nombre que les montagnes et les vallées en sont couvertes. Roland devient plus fier que lion ou léopard; mais Olivier a mieux jugé que lui. L'archevêque Turpin parle aux barons de France : « Seigneurs barons, Charles nous a laissés ici; pour notre roi, nous devons bien mourir; battez votre poitrine pour demander pardon à Dieu de vos péchés et je vous absoudrai pour guérir vos âmes. Si vous mourez, vous serez martyrs et vous aurez des sièges au plus haut du paradis. » Les Français ont mis pied à terre; l'archevêque les bénit au nom de Dieu, et, pour pénitence, il leur ordonne de bien frapper.

Roland s'est avancé contre l'ennemi, il court sur Veillantif, son beau cheval, il presse son épieu et ses rênes d'or lui battent les mains, son visage est assuré et souriant, il regarde fièrement vers les Sarrasins, mais doucement et humblement vers les Français. « Seigneurs barons, dit-il, allez au petit pas. » Et les deux armées se sont abordées au cri des Français de *Montjoie !*

Les païens insultent les Français tout en chevauchant. « Le nom de votre Charlemagne ne vous protégera pas, disent-ils; il vous a livrés, lui qui aurait dû vous défendre. » La colère des Français redouble.

Olivier chevauche à travers la bataille; sa lance est brisée et du manche il frappe le païen Fauseron. Roland le regarde : « Compagnon, que faites-vous? dit-il; en pareille bataille, que sert d'un bâton? Où est votre bonne épée Hauteclaire? » Mais Olivier répond : « Je n'ai pas le temps de la tirer, car de frapper j'ai trop à faire ! »

Olivier a cependant tiré son épée et il en donne de merveilleux coups tout près de Roland; les Sarrasins tombent par cent et par mille, mais ils sont trop nombreux pour les Français; les uns après les autres tombent les meilleurs barons qui ne reverront plus leurs parents et leurs amis, ni Charlemagne qui les attend de l'autre côté du défilé. En France s'est élevé un terrible orage, la foudre tombe et la terre tremble de Saint-Michel du Péril jusqu'à Sens, de Besançon jusqu'au fort de Wissant. Plusieurs disent : « C'est le jour du Jugement! » Ils ne savent pas que c'est le grand deuil pour la mort de Roland! Les Français ne sont plus que soixante; Roland se retourne vers Olivier : « A cette heure, je cornerai mon olifant, dit-il; Charles l'entendra et les Français repasseront les défilés. — Ah! dit Olivier, ce serait grande honte et un reproche à tous vos parents. Quand je vous le dis, vous ne voulûtes rien faire. Si vous cornez maintenant, ce ne sera pas par mon conseil; nous mourrons tous ici par votre faute. »

L'archevêque Turpin les entend se quereller; il pique des deux vers eux. « Ne vous chamaillez pas à cette heure, dit-il, le cor ne vous servira plus de rien; mais mieux vaut que le roi revienne, il nous pourra venger et emportera nos corps sur ses mulets, afin que nous ne soyons mangés des loups ni des chiens. — Vous dites bien, sire, » a reparti Roland.

Le preux Roland a mis l'olifant en sa bouche, il le sonne à si grand effort que les veines de son front se rompent et que le sang lui jaillit par la bouche. Charles l'entend qui passe les défilés. « J'entends le cor de Roland, dit-il, il ne corne jamais que dans la bataille. » Mais Ganelon a dit : « Il n'est point de bataille; Roland corne quelquefois toute la journée pour un seul lièvre! Chevauchez en avant et ne vous arrêtez pas! »

L'empereur écoute toujours, l'olifant ne cesse de retentir. « Ce cor a longue haleine, » dit Charles. Et le duc Naimes a répondu : « C'est un baron qui y prend peine! Hâtez-vous de retourner pour secourir votre maison, vous entendez bien que Roland se lamente! »

L'empereur Charles chevauche avec colère; il a peur d'arriver trop tard. Le cor de Roland a cessé de retentir, le preux est rentré dans la mêlée; Olivier est à ses côtés qui se rue sur les païens. Mais tout à coup il se sent blessé à mort : le Sarrasin Marganice l'a frappé par derrière. Il lève Hauteclaire et frappe à son tour le païen, dont il fend la tête jusqu'aux dents, puis il appelle Roland à son secours; mais en voyant Olivier pâle et décoloré, couvert de ruisseaux de son sang qui coulent à terre, Roland se pâme de douleur sur son cheval.

Olivier va à l'aventure, il a tant saigné que sa vue est troublée; son compagnon Roland est près de lui. Olivier porte un coup sur son casque doré qu'il fend de son épée, mais il n'a pas touché la tête. A ce coup, Roland le regarde et demande doucement : « Sire compagnon, l'avez-vous fait exprès? Je suis Roland que vous aviez coutume de tant aimer! vous ne m'avez en aucune façon défié! » Olivier dit : « Je vous entends, mais je ne vous vois pas! Que le Seigneur Dieu vous protège! Si je vous ai frappé, pardonnez-le-moi. » Roland répond : « Je n'ai pas de mal, je vous pardonne ici et devant Dieu! » A ce mot ils se sont inclinés l'un vers l'autre. Roland aide son compagnon à descendre de son cheval.

Le preux s'est couché à terre, il sent l'angoisse de la mort; à haute voix, il confesse ses fautes et tend ses deux mains jointes vers le Ciel; il prie Dieu de lui donner le paradis, de bénir Charles et la douce France, et par-dessus tout son camarade Roland. Le cœur lui manque, son casque est tombé, le preux est mort! Roland le pleure et se lamente, encore une fois il a saisi son olifant.

Charles a entendu, il s'arrête pour écouter. « Seigneurs barons, dit-il, nos affaires vont très mal. Roland ne vivra guère, je l'entends à sa façon de corner! Qui veut être là, qu'il se hâte de chevaucher! » Soixante mille cors ont retenti tous à la fois, et les païens se disent : « Charles revient! »

Ils ont porté leurs derniers coups; ils tournent bride et galopent du côté de l'Espagne. Roland ne peut les poursuivre, il est percé de mille coups. Il délace le casque de l'archevêque Turpin et le couche sur l'herbe verte : « Seigneur, dit-il, permettez que j'apporte ici les corps de nos compagnons qui nous furent si chers, et que je les range ici devant vous ! — Allez et revenez, dit l'archevêque ; le champ est à nous, Dieu merci ! »

Roland s'en va tout seul par le champ de bataille, cherchant dans le vallon et dans la montagne ; l'un après l'autre, il les rapporte auprès de l'archevêque et les met en rang devant lui. Turpin les bénit : « Seigneurs barons, que Dieu ait vos âmes et les mette en fleurs du Paradis ! Ma propre mort me met en angoisse, je ne verrai plus le puissant empereur ! »

Roland cherche toujours son compagnon Olivier ; il le serre étroitement contre son cœur, et, comme il peut, il revient à l'archevêque. « Ami Olivier, dit Roland, vous fûtes le fils du vaillant duc Regnier, et pour rompre la lance, pour percer un bouclier, pour vaincre les orgueilleux, conseiller les sages, il n'y eut nulle part un meilleur chevalier ! »

L'archevêque absout et bénit Olivier, mais Roland s'est pâmé en regardant le corps de son compagnon. L'archevêque a saisi l'olifant, il se traîne jusqu'au ruisseau d'eau courante, il veut donner à boire à Roland ; mais il est si faible qu'il ne peut pas avancer, il a perdu trop de sang, il tombe, la face contre terre. Quand Roland se réveille, il est tout seul, car l'archevêque Turpin est mort !

Le comte Roland croise sur sa poitrine les belles mains blanches de l'archevêque, il sent bien que pour lui aussi la mort est proche ; il a pris d'une main son olifant et de l'autre son épée Durandal ; il monte sur un tertre, sous un bel arbre où sont quatre marches de marbre. Roland prie Dieu pour ses frères que Dieu a appelés à lui ; il se recommande à l'archange Gabriel, puis il s'est pâmé : la mort est proche.

Hauts sont les pics et bien hauts sont les arbres. Le preux Roland est tombé sur l'herbe verte. Un Sarrasin est là, caché parmi les morts, tout couvert de sang et de poussière : il le regarde et se relève. Saisi d'une mortelle rage, il court vers Roland et veut le saisir, lui et ses armes : « Vaincu est le neveu de Charles ! dit-il ; j'emporterai cette épée en Arabie ! »

Roland a senti qu'on tirait son épée; il ouvre les yeux et ne dit qu'un mot : « Il me semble que tu n'es pas des nôtres! » Mais de son olifant il frappe le païen sur son casque doré : il lui fait sauter les deux yeux de la tête, l'étendant mort à ses pieds. « Comment as-tu osé porter la main sur moi, mort ou vivant? » dit-il; puis il regarde son olifant brisé : « J'ai perdu le bout de mon olifant; l'or et les pierreries sont tombés! »

Roland sent que la vue lui manque; il se relève avec effort, mais son visage a perdu sa couleur. Il frappe le rocher de son épée; il ne veut pas qu'un païen la possède; mais il a frappé au perron de sardoine sans que l'acier se soit rompu ni ébréché. Roland s'écrie : « Sainte Marie, à l'aide! Ah! Durandal, tu fus une bonne épée, bien que tu aies eu mauvaise chance! Je n'ai plus besoin de toi, mais je t'aime toujours! J'ai, avec toi, gagné tant de batailles, conquis tant de pays pour le roi Charles! Que jamais nul ne te possède qui puisse fuir! Un bon vassal t'a si longtemps tenue! Il n'y avait point de pareil en la libre France! D'un chrétien seul tu dois être servie; mieux vaut mourir que de te laisser aux païens. Dieu le Père garde la France d'une telle honte! »

Roland s'est couché sous un pin sur l'herbe verte, et sous son corps il a mis l'épée et l'olifant; il tourne la tête vers la gent sarrasine, car il veut que Charles et les siens voient bien qu'il est mort en conquérant, seul maître du champ de bataille; d'une main il se bat la poitrine; il a tendu à Dieu le gant de sa main droite. Les anges du ciel descendent vers lui.

Le comte Roland est couché sous un pin, le visage tourné vers l'Espagne; il se prend à songer à bien des choses, à tant de terres que conquit sa bravoure, à la douce France et aux hommes de sa famille, à Charlemagne, son seigneur, qui l'éleva tout enfant; il ne peut s'empêcher de pleurer et de soupirer. Il prie le Dieu du ciel : « Notre vrai Père, qui jamais ne mentis, qui ressuscitas de la mort saint Lazare et qui préservas Daniel des lions, sauve mon âme de tous les péchés que je fis ma vie durant! » Il offre à Dieu le gant de sa main droite; saint Gabriel l'a pris; Roland incline sa tête sur son bras, et, les mains jointes, il est

Roland frappe le rocher de son épée.

allé à Dieu! Dieu a envoyé un chérubin avec saint Michel du Péril; saint Gabriel est venu avec eux; ils emportent en paradis l'âme du comte!

Roland est mort! Que Dieu ait son âme! L'empereur Charles est arrivé à Roncevaux; il n'est pas un chemin, pas un sentier qui ne porte ou Français ou païen. L'empereur appelle l'un après l'autre ses pairs et ses barons. Nul ne répond; ils sont tous morts.

L'empereur Charles est dans une grande douleur; il arrache sa barbe blanche. Le duc Naimes lui montre au loin les nuages de poussière soulevés par la gent sarrasine : « Assez y a-t-il de la race païenne, Seigneur, a-t-il dit; vengez cette douleur! »

L'empereur a poursuivi ses ennemis; pour lui, le soleil du ciel reste immobile, et les Français poussent vers Saragosse les païens maudits, l'émir Baligant est vaincu. Mais Charles revient vers Roncevaux. Il chevauche en avant de ses barons : « Seigneurs, dit-il, allez au pas; je dois moi-même passer devant pour chercher mon neveu. C'était à Aix, dans une fête annuelle, mes vaillants chevaliers se vantaient de leurs batailles, de leurs combats, et j'entendis Roland tenir ce langage, que s'il mourait en pays étranger où trépasseraient ses hommes et ses pairs, il aurait le visage tourné vers le pays ennemi, et qu'en conquérant il finirait, le brave! »

Charlemagne est monté en avant des siens sur un pic. Arrivé sous les arbres, il a aperçu le corps de son neveu; il a reconnu les coups de son épée sur les marches de marbre. Il met pied à terre, et de ses deux mains il soulève le corps; mais sa douleur est si grande qu'il se pâme et perd la vue. Quand il revoit la lumière, quatre de ses barons le soutiennent et cent mille Français pleurent autour de lui!

L'empereur arrache à deux mains ses cheveux et sa barbe blanche; il parle au corps de son neveu étendu sur la terre à ses pieds : « Ami Roland, je m'en irai en France. Quand je serai à Laon dans ma chambre, les gens viendront des pays étrangers qui demanderont : Où est le comte capitaine? Je leur dirai qu'il est mort en Espagne. En grande douleur maintenant tiendrai-je mon royaume, car il est mort, celui qui m'a tout fait conquérir ! Contre moi vont se rebeller les Saxons, les Hongrois, les Romains, les gens de Pouille et ceux de Palerme ; ils accroîtront ma peine et ma souffrance. Pauvre douce France, comme tu restes dépouillée ! J'ai si grand deuil au cœur, que je voudrais ne pas survivre à ceux de ma race qui sont morts pour moi. Seigneur Dieu, que je meure avant d'en venir au dernier défilé, afin que mon corps soit enseveli avec les leurs ! »

Le sage empereur ne s'était pas trompé : bien des fois les Saxons se révoltèrent contre lui après la mort de Roland ; mais la bataille de Roncevaux n'avait pas coûté au roi tous les vaillants de son armée, et son empire s'étendait chaque jour, maintenu dans l'ordre par sa main puissante ; il avait été sacré empereur à Rome par le pape Léon, et pour ce jour-là il avait revêtu un habit de soie, tout brodé d'or et de pierres précieuses ; mais pour l'ordinaire ses vêtements ne différaient guère de ceux du commun peuple.

Il méprisait les vains ornements. Un certain jour de fête, après la célébration de la messe, il dit aux siens : « Ne nous laissons pas engourdir dans un repos qui ne mènerait qu'à la paresse ; allons chasser jusqu'à ce que nous ayons pris quelque animal, et partons tous vêtus comme nous sommes. » La journée était froide et pluvieuse ; Charles portait un habit de peau de brebis qui n'avait pas plus de valeur que le rochet dont la sagesse divine approuva que saint Martin se couvrît la poitrine pour offrir, les bras nus, le saint sacrifice. Les autres grands arrivaient d'Italie, où les Vénitiens avaient rapporté des contrées au delà de la mer toutes les richesses de l'Orient ; ils étaient vêtus comme pour un jour de fête, avec des habits surchargés de plumes de paon, enrichis de pourpre de Tyr et de franges d'or. Sur quelques-uns brillaient des étoffes brodées et sur d'autres de fines fourrures. C'est dans cet équipage qu'ils parcoururent les bois ; aussi revinrent-ils déchirés par les branches des arbres, les épines et les ronces, percés par la pluie et tachés par le sang des bêtes fauves.

Charlemagne tenant une assemblée de son peuple.

« Qu'aucun de vous, dit le malin Charles, ne change d'habit, jusqu'à l'heure où l'on ira se coucher. Nos vêtements sèchent mieux sur nous. » A cet ordre, chacun, plus occupé de son corps que de sa parure, se mit à chercher partout du feu pour se réchauffer. A peine de retour et après être demeurés à la suite du roi jusqu'à la nuit noire, ils furent renvoyés à leurs demeures. Quand ils se mirent à ôter les minces fourrures et les fines étoffes qui s'étaient plissées et retirées au feu, elles se déchirèrent et firent entendre un bruit pareil à celui de baguettes sèches qui se brisent. Les pauvres gens gémissaient, soupiraient et se lamentaient d'avoir perdu tant d'argent en une seule journée. Il leur avait été enjoint par l'empereur de se présenter le lendemain dans les mêmes vêtements. Ils obéirent; mais tous alors, au lieu de briller dans de beaux habits, faisaient horreur avec leurs chiffons infects et sans couleur. Charles, plein de finesse, dit au serviteur de sa chambre : « Frotte un peu notre habit dans tes mains et apporte-le-nous. » Prenant ensuite dans ses mains ce vêtement qu'on lui avait rendu tout entier et bien propre, il le montra aux assistants en s'écriant : « O les plus fous d'entre les hommes, quel est maintenant le plus précieux et le plus utile de nos vêtements? Est-ce le mien, que je n'ai acheté qu'un sou, ou les vôtres, qui vous ont coûté non seulement des livres pesant d'argent, mais des sommes plus considérables encore? » Ils se précipitèrent la face contre terre, ne pouvant supporter sa terrible colère.

Sobre dans le boire et dans le manger, il l'était surtout dans le boire, haïssant l'ivrognerie dans quelque homme que ce fût, mais très particulièrement pour lui et pour les siens. Très rarement donnait-il de grands repas, si ce n'était aux principales fêtes; mais alors il réunissait un très grand nombre de personnes. Pendant le repas, il se faisait réciter et lire de préférence les chroniques et les histoires des temps passés; il aimait aussi beaucoup les ouvrages de saint Augustin, particulièrement celui qui est intitulé : *La Cité de Dieu*. Il était tellement réservé dans l'usage du vin et de toute espèce de boisson, qu'il ne buvait guère plus

de trois fois pendant le cours de son repas ; en été, après le repas
du milieu du jour, il prenait quelques fruits, buvait un coup,
quittait ses vêtements et sa chaussure comme s'il allait se coucher, et reposait deux ou trois heures ; la nuit, il se levait toujours trois ou quatre fois.

Doué d'une éloquence abondante et forte, l'empereur s'exprimait avec une très grande netteté sur toutes sortes de sujets. Ne se bornant pas à sa langue paternelle, il donna beaucoup de soin à l'étude des langues étrangères, et apprit si bien le latin, qu'il s'en servait comme de sa propre langue ; quant au grec, il le comprenait mieux qu'il ne le parlait. Au surplus, la fécondité de sa conversation était telle, qu'il paraissait aimer trop à causer. Passionné pour les arts libéraux, il respectait les hommes qui s'y distinguaient et les comblait d'honneurs.

Au moment où ce monarque commença à régner seul sur les régions occidentales du monde, l'étude des lettres était tombée presque partout dans un complet oubli. Le hasard amena d'Irlande sur les côtes de la Gaule des marchands bretons, et avec eux deux Écossais profondément versés dans les lettres profanes et sacrées. Ils n'étalaient aucune marchandise, mais chaque jour ils criaient à la foule qui accourait pour faire des emplettes : « Si quelqu'un désire la science, qu'il vienne à nous et en prenne, car nous en vendons. » Ils répétèrent si longtemps cette annonce, que le bruit en vint aux oreilles du roi Charles. Toujours plein d'un amour insatiable pour la science, il fit venir ces deux étrangers en sa présence, et leur demanda s'il était vrai qu'ils apportassent avec eux la science. « Oui, répondirent-ils, nous la possédons et nous sommes prêts à la donner à quiconque la recherche sincèrement pour la gloire de Dieu. »

Charles s'enquit alors de ce qu'ils prétendaient pour l'accomplissement de leur offre. « Nous réclamons uniquement, répliquèrent-ils, des emplacements convenables, des esprits bien disposés, la nourriture et le vêtement, sans lesquels nous ne pourrions subsister pendant notre voyage ici. » Comblé de joie par ces réponses, le monarque les garda quelque temps auprès de lui, mais bientôt après, forcé de partir pour des expéditions militaires, il enjoignit à l'un d'eux, nommé Clément, de rester en Gaule pour instruire une foule d'enfants de toutes les classes, et emmena l'autre Écossais en Italie, où il lui donna le monastère de Saint-Augustin, près de Pavie, pour réunir tous ceux qui voudraient profiter de ses leçons.

Ce fut en apprenant avec quel empressement Charles accueillait les savants que le docte Albin, dit Alcuin, Anglais de naissance, s'embarqua dans son pays et se rendit à la cour de ce prince. Disciple de Bède, le plus érudit des commentateurs depuis saint Grégoire, Albin surpassait de beaucoup les autres savants de son temps par sa connaissance des Écritures saintes. A l'exception du temps où il allait en personne à des guerres importantes, Charles eut constamment Albin avec lui jusqu'à sa mort, se faisant gloire de se dire son disciple, et l'appelant son maître. Il lui donna l'abbaye de Saint-Martin, près de Tours, pour s'y reposer quand lui-même s'éloignerait et pour y recevoir tous ceux qui accouraient en foule pour l'entendre. C'était ainsi que le glorieux Charles cultivait dans ses États l'étude des lettres, qu'il y voyait partout fleurir; mais il s'affligeait pourtant qu'elle n'atteignît pas la sublimité des anciens Pères de l'Église. Dans son chagrin et formant des vœux au-dessus d'un simple mortel, il s'écria un jour : « Que n'ai-je onze clercs aussi instruits et aussi profondément versés dans toutes les sciences que Jérôme et Augustin! » Le docte Albin, quoique se regardant avec raison comme très ignorant en comparaison de ces Pères, fut cependant saisi d'indignation, et, ne pouvant s'empêcher de la laisser éclater un moment, il osa ce qu'aucun mortel n'aurait osé en la présence du terrible empereur et s'écria : « Le Créateur du ciel et de la terre n'a pas fait d'autres hommes semblables à ces deux-là et vous en voudriez une douzaine! »

Après une très longue absence dans ses interminables guerres contre les Saxons rebelles, à son retour en Gaule, le victorieux Charles se fit amener les enfants confiés aux soins de Clément, et voulut qu'ils lui montrassent leurs lettres et leurs vers. Les élèves sortis des classes moyennes et inférieures présentèrent leurs ouvrages, qui dépassaient toute espérance et où se faisaient sentir les plus douces saveurs de la science; mais les nobles, au contraire, n'eurent à offrir que de froides et insignifiantes pauvretés. Le très sage Charles, imitant la justice du souverain Juge, sépara ceux qui avaient bien fait, les mit à sa droite, et leur dit : « Je vous loue beaucoup, mes enfants, de votre zèle à remplir mes intentions et à rechercher votre propre bien de tous vos moyens. Maintenant, efforcez-vous d'atteindre à la perfection; je vous donnerai de riches évêchés, de belles abbayes, et je vous tiendrai toujours pour des gens considérables à mes yeux. » Tournant ensuite un front irrité vers les élèves restés à sa gauche et portant la terreur dans leur conscience par son regard irrité, tonnant plutôt qu'il ne parlait, il lança sur eux ces paroles pleines de la plus amère ironie : « Quant à vous, nobles fils des principaux de la nation, enfants délicats et gentils, vous reposant sur votre naissance et votre richesse, vous avez négligé mes ordres et le soin de votre propre gloire dans vos études, pour vous abandonner à la mollesse, au jeu, à la paresse ou à de futiles occupations. »

Alors, prononçant d'une voix terrible son serment accoutumé et levant vers le ciel son visage auguste et son bras invincible, il s'écria : « Par le Roi des Cieux, permis à d'autres de vous admirer; je ne fais, moi, nul cas de votre naissance et de votre beauté; mais sachez et retenez bien ceci : que, si vous ne vous hâtez pas de réparer par une constante application votre négligence passée, vous n'obtiendrez jamais rien de Charles. »

C'était en effet la constante préoccupation du victorieux empereur que de travailler à préparer, parmi ceux qui devaient le suivre dans la carrière, de sages et utiles défenseurs du grand empire qu'il avait fondé et dont il semblait prévoir les malheurs futurs, par une sagesse toute divine. Il poursuivait avec une persévérance toute particulière la défaite des hommes du Nord, Danois et Normands, qui avaient déjà cherché à envahir ses territoires avec une audace extrême. Il était en course dans les régions de la Gaule narbonnaise, quand un soir, dînant dans une ville maritime où il était arrivé inopinément et n'était encore connu de personne, des corsaires normands vinrent exercer leurs pirateries jusque dans le port. Quand on aperçut les vaisseaux, les uns prétendirent que c'étaient des marchands juifs, d'autres africains ou bretons; mais l'habile monarque, reconnaissant, à la construction et à l'agilité des bâtiments, qu'ils portaient des ennemis et non des marchandises, dit aux siens : « Ces vaisseaux ne sont point chargés de marchandises, mais des plus cruels ennemis. »

A ces mots, tous ses Francs, à l'envi l'un de l'autre, coururent à leurs navires, mais inutilement; les Normands, en effet, reconnaissant que dans la ville se trouvait celui qu'ils avaient coutume d'appeler Charles le Marteau, du nom de son grand-père, craignirent que toute leur flotte ne fût prise dans le port ou ne fût réduite en débris, en sorte que, par une fuite d'une inconcevable rapidité, ils évitèrent non seulement les glaives, mais les yeux de ceux qui les poursuivaient.

Cependant Charles, saisi d'une juste crainte, s'était mis à la fenêtre qui regardait l'orient, où il demeura longtemps, les yeux et le visage baignés de pleurs. Personne n'osait l'interroger; mais le prince, expliquant lui-même à ceux qui l'entouraient la cause de ses larmes : « Savez-vous, mes fidèles, pourquoi je pleure si amèrement ? Certes, je ne crains pas que ces hommes me nuisent par leurs misérables pirateries, mais je m'afflige profondément de voir que, moi vivant, ils ont été sur le point de toucher le rivage, et je suis pris d'une profonde douleur quand je prévois de quels maux ils écraseront mes descendants et mes peuples. »

Le bien de ses peuples était en effet la principale pensée de ce grand roi, qui, lorsqu'il se sentit devenir vieux, et quelque peu lassé par les travaux extraordinaires de sa longue vie, fit venir auprès de lui, dans son palais d'Aix-la-Chapelle, son fils aîné Louis, qu'il avait couronné depuis plusieurs années roi d'Aquitaine; il avait également convoqué tous les évêques, abbés, ducs, comtes et vicomtes dans une conférence solennelle, leur demandant à tous, depuis le plus grand jusqu'au plus petit, s'ils consentaient à ce qu'il laissât son titre d'empereur à son fils. Tous lui répondirent que c'était l'ordre de Dieu. Cela fait, le dimanche suivant, il se revêtit des ornements impériaux, mit une couronne sur sa tête, et, environné d'une pompe éclatante, il se rendit à l'église qu'il avait lui-même fondée et fait construire. Parvenu au pied du grand autel, il y fit déposer une couronne d'or, mais non celle qu'il portait sur la tête, puis il pria longtemps avec son fils. Se tournant alors vers lui en la présence de tous les grands, il l'exhorta avant tout à craindre et à aimer le Dieu tout-puissant, à observer ses préceptes, à bien gouverner l'Église et à la protéger contre les hommes pervers. Il lui recommanda ensuite de montrer une clémence inépuisable envers ses frères et sœurs plus jeunes que lui, envers ses neveux et tous ses proches, ensuite d'honorer les prêtres comme ses frères, d'aimer les peuples comme ses enfants; il lui conseilla de ne choisir que des ministres fidèles et remplis de la crainte de Dieu, qui eussent en horreur les faveurs injustes, de ne dépouiller aucun homme de ses charges et honneurs sans une juste cause, et de se montrer lui-même en tout temps irréprochable aux yeux de Dieu et de son peuple.

« Or, dit le roi, nul ne doit toucher à la couronne d'or s'il ne se sent capable de remplir la charge de roi des Francs et d'empereur de Rome. Vous ne devez faire tort à personne, ni vous laisser aller à aucune débauche; vous ne devez commettre aucune trahison ni enlever leurs biens aux orphelins.

« Vous pouvez bien tenir en l'armée cent mille hommes et passer par force les eaux de la Gironde pour attaquer et confondre les païens et pour joindre leur terre à la vôtre. Mon fils, ne te soucie pas des traîtres et des lâches, mais fais tes compagnons des plus braves, car c'est des bons que tout doit venir. Fils Louis, je ne veux pas te celer que Dieu créa les rois pour grandir le peuple. Il ne les fit pas pour qu'ils se missent à porter de faux jugements, à vivre en débauche, à commettre le mal. Le devoir des rois est d'abattre toute injustice sous leurs pieds. »

Après avoir ainsi parlé à son fils en présence de la multitude, Charles lui demanda s'il consentait à tous ces préceptes. Le jeune roi d'Aquitaine répondit qu'il lui obéirait volontiers et qu'avec

Charlemagne resta longtemps les yeux et le visage baignés de pleurs.

l'aide de Dieu il observerait fidèlement toutes ses instructions. Alors Charlemagne lui ordonna de soulever de ses propres mains la couronne qui se trouvait sur l'autel et de la placer lui-même sur sa tête : ce que fit le roi Louis, soutenant son père de la force de son bras lorsqu'ils s'en retournèrent ensemble au palais. L'empereur vécut peu de temps après ce jour, et mourut à l'âge de soixante-douze ans, victorieux de tous ses ennemis et maître absolu de l'empire, qu'il avait gouverné quarante-sept ans avec sagesse et justice.

Jamais tel homme ne sera jusqu'à ce que Dieu juge le monde !

LES CROISADES

TROISIÈME RÉCIT

RAOUL GLABER. GUIBERT DE NOGENT. GUILLAUME DE TYR. ALBERT D'AIX.

On était arrivé à l'an 1033 de l'Incarnation, qui répond à l'an 1000 de la Passion de Notre-Seigneur Jésus-Christ, et les hommes, ayant mal compris les paroles des Saints Livres, commençaient à craindre la fin du monde. Leurs terreurs furent redoublées par l'état de la température, qui devint si contraire, que l'on ne put trouver le temps convenable ni pour ensemencer les terres, ni pour faire la moisson, en sorte qu'une grande famine menaçait la terre. Le fléau, qui avait commencé en Orient, passa en Italie, se répandit dans les Gaules et n'épargna pas les peuples de l'Angleterre. Tous les hommes sentirent bientôt les atteintes du besoin. Les grands et les gens du commun avaient également la bouche affamée et la pâleur sur le front. Lorsqu'on eut achevé de dévorer les animaux sauvages et tous les oiseaux, la faim ne s'en fit pas moins sentir; on déracinait les arbres dans les bois, on arrachait l'herbe des ruisseaux, mais tout était inutile, car contre la colère de Dieu il n'est d'autre refuge que Dieu même. La mémoire se refuse à rappeler toutes les horreurs de cette déplorable époque. Les hommes dévorèrent la chair des hommes. Le voyageur assailli sur la route succombait sous les coups de ses agresseurs, ses membres étaient dépecés, grillés au feu et dévorés; un misérable osa même porter de la chair humaine au marché de **Tournus**, pour la vendre comme celle des animaux. Il fut arrêté et ne chercha pas à nier son crime; on le garrotta et on le jeta dans les flammes. Un autre alla dérober, dans la nuit, cette chair qu'on avait enfouie en terre, il la mangea et fut brûlé de même. Ce fléau de la plus épouvantable famine dura pendant trois ans. Les cadavres gisaient çà et là, confondus pêle-mêle sans que personne prît soin de les ensevelir; quelques hommes remplis de la grâce de Dieu se mirent à creuser en certains endroits de vastes fosses où l'on jetait les corps, souvent au nombre de cinq cents à la fois. Tous les trésors des églises étaient depuis longtemps épuisés pour suffire aux nécessités des pauvres.

Cependant, l'an mille étant passé, la bonté de Dieu tarit la source des pluies et dissipa les nuages, en sorte que le ciel commença à s'éclairer et à prendre une face plus souriante; le peuple se portait tout entier dans les églises pour remercier Dieu, qui pendant trois ans accorda tous les biens à la terre fertile, comme il l'avait naguère frappée de stérilité; à l'exception des mets recherchés, tout ce qui peut servir à la nourriture de l'homme était à vil prix. C'était le retour du grand jubilé de Moïse.

Mais, hélas! les hommes semblaient n'avoir profité ni des châtiments ni des bienfaits de leur Créateur. Les grands de l'un et l'autre ordre s'abandonnèrent les premiers à la cupidité, se livrant à la rapine pour satisfaire leur avarice. Les hommes de moyenne classe et ceux du dernier rang suivirent leur exemple et se précipitèrent dans les excès les plus honteux. Les conciles des évêques furent contraints de promulguer dans les provinces d'Aquitaine et des Gaules une loi qui leur était inspirée par la grâce divine. On ordonna que depuis le mercredi soir jusqu'au matin du lundi suivant personne n'eût la témérité de rien enlever par la violence, de satisfaire quelque vengeance particulière, ou même d'exiger caution; celui qui violait ce décret public devait payer son attentat de sa vie, s'il n'était banni de son pays et de la société des chrétiens.

Tout le monde convint de donner à cette loi nouvelle le nom de Trêve de Dieu. En effet, elle n'était pas fondée uniquement sur l'autorité des hommes et Dieu manifesta plusieurs fois par des exemples terribles qu'il l'avait prise sous sa protection. La Trêve de Dieu était déjà reconnue et exécutée dans presque toute la France que la Neustrie s'y refusait encore, par suite des différends qui divisaient entre eux les grands. Une maladie mortelle qui s'alluma fit éclater parmi eux les secrets de la justice de Dieu : un grand nombre de personnes en furent victimes.

Vers cette même époque et pour la consolation du peuple de Dieu, une multitude innombrable commença à se porter des extrémités du monde vers le saint sépulcre du Sauveur, à Jérusalem. Jamais on n'aurait cru qu'il pût attirer une si prodigieuse affluence. D'abord les pauvres gens, puis la classe moyenne, ensuite les rois les plus puissants, les comtes, les marquis, les prélats entreprenaient en foule ce pieux voyage, bien que l'affluence des pèlerins semblât redoubler la haine des Sarrasins pour le peuple de Dieu, et que ceux qui se trouvaient en Terre Sainte eussent à subir de leur part des insultes et des persécutions chaque jour plus violentes.

Les choses en étaient à ce point que le peuple chrétien de Jérusalem paraissait près de succomber à ses souffrances, lorsque arriva parmi ceux qui allaient accomplir aux Lieux Saints l'œuvre de la dévotion et de la prière, un prêtre nommé Pierre, Français, et né dans le diocèse d'Amiens, ermite de fait comme de nom. C'était un homme de très petite stature, dont l'extérieur n'offrait qu'un aspect misérable; mais une force supérieure résidait dans ce corps chétif : il avait l'esprit vif, l'œil pénétrant, le regard agréable et il parlait avec facilité. Selon la loi commune imposée à tous les chrétiens qui voulaient entrer dans Jérusalem, il acquitta à la porte de la ville le tribut qu'on exigeait et reçut l'hospitalité chez un fidèle qui avait lui-même confessé le nom de Christ dans les tourments. S'informant auprès de son hôte de la situation des chrétiens, il apprit de lui non seulement ce qui se rapportait aux malheurs présents, mais le détail des persécutions que les ancêtres avaient eu à subir depuis longtemps. Le patriarche Simon compléta ce récit. Pierre, ému d'une compassion fraternelle, ne pouvait contenir ses larmes au tableau des maux qui affligeaient les chrétiens habitants de la cité sainte. « Ne pourrait-on trouver aucune voie de salut pour échapper à tant de calamités? » demanda-t-il au patriarche. Celui-ci répondit aussitôt : « Pierre, nos péchés sont l'unique obstacle à ce que le Seigneur, juste et miséricordieux, daigne entendre nos soupirs et sécher nos larmes; mais dans votre pays et chez votre nation la miséricorde du Seigneur conserve encore vos forces intactes et là fleurit de tout côté un empire formidable à vos ennemis. Si votre peuple, animé d'une piété fraternelle, voulait compatir à nos calamités et nous procurer quelque soulagement, se bornât-il même à intercéder pour nous auprès du Christ, nous conserverions encore quelque espoir de voir prochainement le terme de nos misères. L'empire des Grecs, rapproché de nous, ne peut nous offrir ni motif d'espérance, ni sujet de consolation; à peine se suffisent-ils à eux-mêmes, tant leur force s'est éteinte, si bien que dans peu d'années ils ont perdu la moitié de leur empire. » Pierre repartit sans hésiter : « Apprenez, saint Père, que si l'Église romaine et les princes d'Occident étaient instruits de toutes vos calamités par un homme actif et digne de foi, il n'est pas douteux qu'ils ne tentassent d'y porter remède par leurs paroles et par leurs œuvres. Écrivez donc au plus tôt au seigneur pape, aux rois et aux princes de l'Occident; je ne me refuse point, pour le salut de mon âme, à m'imposer cette tâche d'aller les trouver tous et de leur représenter l'immensité de vos maux, en les priant chacun de hâter l'époque de votre soulagement. » Cette parole fut accueillie avec joie et reconnaissance et le patriarche remit à Pierre l'écrit demandé.

Tout plein de cette généreuse résolution, l'homme de Dieu se préparait à partir pour retourner dans son pays et accomplir sa mission, lorsqu'il voulut recourir avec dévotion à la source de toute miséricorde et il entra dans l'église de la Sainte-Résurrection. Étant fatigué de ses oraisons et de ses longues veilles, la nuit survint et Pierre s'étendit sur le pavé pour s'abandonner au sommeil qui l'accablait. Il dormait profondément, lorsqu'il lui sembla voir devant lui Notre-Seigneur Jésus-Christ qui lui donnait la même mission qu'il avait déjà acceptée, lui disant : « Lève-toi, Pierre, hâte-toi ; exécute avec rapidité ce qui t'a été prescrit ; je serai avec toi ; car il est temps de purger les Lieux Saints et de secourir mes serviteurs. » Pierre s'étant levé, fortifié par cette vision du Seigneur, plus ardent désormais à l'obéissance et suivant les avertissements divins, renonça à tous délais et prit aussitôt congé du seigneur patriarche, s'embarquant sur un navire de marchands qui se préparait à partir pour la Pouille. Arrivé à Pavie après une heureuse navigation, il partit aussitôt pour Rome, afin de remettre au seigneur pape Urbain les lettres du patriarche et des fidèles de Jérusalem.

Le seigneur pape Urbain, soutenant à cette époque la lutte cruelle qui s'était élevée naguère entre son prédécesseur Grégoire VII et l'empereur Henri IV, vivait caché dans des vieux forts au milieu de ses fidèles, sans trouver nulle part un asile parfaitement sûr. Ce fut au sein même de ces adversités qu'il reçut et traita avec bonté Pierre l'Ermite lorsque celui-ci vint s'acquitter de sa mission. Au nom du Seigneur dont il était le ministre, il lui promit de se montrer en temps utile coopérateur fidèle de son grand dessein. Pierre, cependant, embrasé du zèle divin, parcourt toute l'Italie, franchit les Alpes, visite successivement tous les princes d'Occident, se transporte en tous lieux, presse, gourmande, insiste avec fermeté ; il parvient, par le secours de la grâce, à persuader à quelques-uns qu'il importe de se hâter, pour subvenir aux pressants besoins de ceux de leurs frères qui succombent à l'oppression, et de ne pas souffrir que les Lieux Saints que le Seigneur daigna illustrer de sa présence, demeurent plus longtemps exposés aux profanations des infidèles. Il juge même qu'il ne suffit pas de porter des avertissements aux princes, et qu'il convient de faire entendre ces mêmes observations au peuple et aux hommes de condition inférieure. Pieux solliciteur, il visite tous les pays, parcourt tous les royaumes, s'acquittant de sa mission auprès des pauvres les plus obscurs qu'il évangélise de toutes parts. Le

Seigneur lui avait accordé tant de grâces, qu'il était rare pour lui d'échouer complètement dans ses tentatives auprès des peuples. Il fut donc extrêmement utile au pape, qui avait résolu de le suivre sans délai par delà les monts. Remplissant les fonctions de précurseur, il prépara les esprits à l'obéissance et les volontés au sacrifice.

Ce fut en l'an 1095 que le seigneur pape Urbain, voyant que la méchanceté des hommes avait dépassé toute mesure, quitta l'Italie pour fuir le courroux de l'empereur et, ayant traversé les Alpes, entra dans le royaume de France, où régnait alors le roi Philippe, premier de ce nom. Le seigneur pape reconnut, selon qu'il l'avait déjà ouï dire, que dans le royaume toutes les lois divines étaient foulées aux pieds, la doctrine de l'Église méconnue et méprisée, la foi, la charité et toutes les vertus éteintes dans les cœurs, et qu'en même temps l'empire du prince des ténèbres s'étendait de toutes parts. Il résolut de convoquer un concile général, qui dut se rassembler d'abord à Vézelay, ensuite au Puy. En définitive le concile se rassembla à Clermont en Auvergne, au milieu de novembre. Quelques-uns des princes y siégèrent avec les évêques.

Devant le saint concile, le seigneur pape plaida lui-même la cause du peuple chrétien gémissant sous le joug des ennemis de l'Évangile. Le pape était sorti sur la place, car aucune église ne pouvait contenir la foule de ceux qui étaient venus pour l'écouter. S'adressant à tous avec une persuasive éloquence, il unit en un même sentiment tous ceux qui se trouvaient présents, tellement qu'ils s'écrièrent tous : « Dieu le veut ! Dieu le veut ! » Ce qu'ayant entendu le vénérable pontife, il rendit grâces à Dieu, les yeux élevés au ciel, et de la main demandant le silence, il dit : « Très chers frères, si le Seigneur n'eût pas été dans vos âmes, vous n'auriez pas tous prononcé une même parole, et en effet, quoique cette parole soit partie de bien des bouches, elle n'a eu qu'un même principe ; c'est pourquoi je dis que Dieu l'a prononcée en vous, car c'est lui qui l'avait mise dans votre cœur. Qu'elle soit donc dans les combats votre cri de guerre, car cette

Pierre l'Ermite remettant au pape Urbain les lettres du patriarche de Jérusalem.

parole est issue de Dieu, lorsque vous vous élancerez avec une belliqueuse intrépidité contre vos ennemis, que dans l'armée du Seigneur se fasse entendre ce seul cri : Dieu le veut ! Dieu le veut ! Nous n'ordonnons ni conseillons ce voyage aux vieillards ni aux faibles, ni à ceux qui ne sont pas propres aux armes. Que cette route ne soit point prise par les femmes sans leurs maris, leurs pères ou leurs légitimes protecteurs, car de telles personnes sont plutôt un embarras qu'un secours et deviennent plus à charge qu'utiles. Que les riches aident les pauvres et emmènent avec eux, à leurs frais, des hommes propres à la guerre. Il n'est permis ni aux prêtres, ni aux clercs, quel que puisse être leur ordre, de partir sans le congé de leurs évêques. Aucun laïque ne devra non plus sagement se mettre en route, si ce n'est avec la bénédiction de son pasteur. Quiconque aura volonté d'entreprendre ce saint pèlerinage doit en prendre l'engagement envers Dieu et se regarder comme une victime vivante, sainte et agréable à Dieu ; il portera le signe de la croix du Seigneur sur sa poitrine ou sur son front, et lorsqu'il se mettra en marche, la placera entre ses épaules, afin d'accomplir le précepte du Seigneur : Celui qui ne prend pas sa croix et ne me suit pas, n'est pas digne de moi ! »

Il dit et ordonne à tous les évêques de retourner dans leurs diocèses pour prêcher la même entreprise sainte à tous les fidèles. Tous en même temps partent, résolus par-dessus toute chose à faire observer par les fidèles la Trêve de Dieu, afin que ceux qui voudront partir n'éprouvent aucun empêchement. Ainsi le Seigneur accorda l'efficacité de sa parole à son serviteur, dont les discours sublimes paraissaient dignes de confiance à tous ceux qui les entendaient. De même ceux qui écoutaient Pierre, animés d'un zèle nouveau, préparaient déjà leurs armes pour accomplir les desseins qu'il leur inspirait ; mais l'effet de ses discours se propageait au loin, et les absents éprouvaient un ardent désir d'accomplir les mêmes vœux. Le mari se séparait de sa femme, la femme de son mari ; les pères quittaient leurs fils, les fils leurs parents : aucun lien d'amour n'était assez fort pour imposer un obstacle à ce zèle fervent ; du fond même de leurs cloîtres, cachots où ils s'étaient enfermés volontairement au nom du Seigneur, les moines sortaient en foule.

Cependant le zèle de Dieu n'était pas pour tous l'unique motif de cette résolution, et la prudence, mère de toutes les vertus, n'était pas toujours consultée dans l'accomplissement de ces vœux. Quelques-uns se réunissaient à ceux qui devaient partir pour ne pas quitter leurs amis; d'autres pour éviter de paraître lâches et paresseux; d'autres encore uniquement par légèreté ou pour échapper à leurs créanciers lorsqu'ils se sentaient trop pressés sous le poids de leurs énormes dettes. Dans tous les royaumes de l'Occident chacun semblait oublier son âge, son sexe, sa condition, son état; nul ne se laissait détourner de son entreprise par aucune représentation, tous instinctivement se donnaient la main, répétant à l'unanimité de cœur et de bouche le vœu du pèlerinage; les peuples accouraient en foule, dès qu'ils apprenaient que leur prince était consacré au même vœu, pour s'associer à sa marche, et comme on répétait publiquement: Que tout ce qui est mauvais reste en arrière! il aurait été honteux d'être laissé; aussi tous s'empressaient à l'envi de se pourvoir de ce qui était nécessaire, ardents à se dépasser les uns les autres. Il semblait que toutes choses fussent préparées par l'intervention divine : aussi pouvons-nous dire que le projet et la parole qui l'avaient fait naître étaient véritablement venus de Dieu.

Ce fut ainsi que cette année-là les populations de l'Italie et de l'Espagne, les nations les plus éloignées parmi les Francs, se mirent en mouvement et accoururent par masses immenses et formidables, aussi pressées que les sauterelles qu'on ne peut compter ou le sable de la mer dont les grains sont au-dessus de tout calcul. Dans tout l'éclat et la force de leur puissance, marchaient les plus grands capitaines du pays des Francs, chacun à la tête de ses troupes. Ils venaient briser les fers des chrétiens, affranchir du joug des infidèles la sainte cité de Jérusalem, et arracher des mains des musulmans le tombeau vénéré qui reçut un Dieu. C'étaient des chefs célèbres, illustres rejetons de familles souveraines, quelques-uns éminents par leur vertu et leur piété, et

Les chefs de la première croisade.

élevés dans la foi et la pratique des bonnes œuvres. A leur tête marchait le valeureux Godefroy, issu de la race du roi des Romains, lequel avait en sa possession la couronne et l'épée de l'empereur Vespasien, cette épée qui détruisit naguère Jérusalem et qui la devait restituer aux chrétiens. Ces intrépides guerriers s'avançaient avec des armées aussi innombrables que les étoiles du firmament; à leur suite marchaient une foule d'évêques, de prêtres et de diacres.

Parmi ceux qui s'étaient munis du signe de la croix en gage de leur pèlerinage, on remarquait l'illustre seigneur Hugues le Grand, frère du roi de France; le seigneur Robert, comte de Flandre; Robert, duc de Normandie, fils du seigneur Guillaume, roi des Anglais; le seigneur Étienne, comte de Chartres et de Blois; le seigneur Adhémar, évêque du Puy; l'évêque d'Orange; le seigneur Raymond, comte de Toulouse et de Saint-Gilles, suivi d'un très grand nombre d'hommes illustres, et avec le seigneur Godefroy, duc de Lorraine, ses frères, les seigneurs Baudouin et Eustache, ainsi qu'une foule d'autres comtes et seigneurs; enfin Pierre l'Ermite, parti le premier, avec une multitude immense qu'il avait rassemblée non sans de grandes fatigues, dans les Gaules et dans l'Empire. Lorsqu'on approcha des Alpes, on recueillit le seigneur Bohémond, prince de Tarente, fils du seigneur Robert Guiscard, le seigneur Tancrède, neveu de Bohémond par sa mère, et beaucoup d'autres encore dont nous n'avons pu conserver les noms. L'hiver et ses frimas étant passés, dès qu'on reconnut les premiers signes du printemps, tous se hâtaient, achevant de préparer les bagages, convenant avec soin des routes à parcourir et des points de ralliement. Dans le nombre infini des provinces de l'Occident, on ne voyait pas une seule maison en repos; partout et quelles que fussent les affaires domestiques de chacun selon sa condition, ici le père de famille, là le fils, ailleurs même tous les habitants de la demeure se préparaient à entreprendre le voyage. La mère quittait son fils, la fille son père, la sœur son frère, la femme son mari, celle-ci portant son enfant dans ses bras ou suspendu à son sein; toutes les femmes les accompagnaient, versant des larmes, poussant des cris de douleur, et leur disant adieu; elles les suivaient encore du regard, lorsqu'elles ne pouvaient plus accompagner leur marche.

Un noble chevalier, expert aux armes, nommé Gauthier sans Avoir, se mit le premier en marche dès le mois de mars de l'an 1096 de l'Incarnation de Notre-Seigneur, et Pierre l'Ermite le suivit peu de temps après. Tous deux traînaient à leur suite une multitude innombrable comme le sable de la mer qui s'était rassemblée de tous les royaumes d'Occident et marchait sans ordre comme sans ressources suffisantes, massacrant et pillant sur son passage, si bien que plusieurs des princes dont les croisés devaient traverser les terres et qui les avaient d'abord accueillis avec bienveillance, armèrent contre eux des troupes et leur firent subir de grands dommages; l'armée des pèlerins était grandement réduite lorsqu'elle arriva enfin sur le territoire des Grecs. Alexis Comnène, alors empereur de ce peuple, leur fit ainsi parler par ses messagers : « Pierre, le seigneur empereur a reçu des plaintes graves contre toi et contre ton armée, car dans son propre royaume cette armée a enlevé du butin et semé le désordre; c'est pourquoi l'empereur te défend de séjourner plus de trois jours dans aucune des villes de son territoire, jusqu'à ce que tu sois arrivé à la ville de Constantinople. Nous prescrirons que l'on vende à toi et aux tiens toutes les choses nécessaires à la vie et qu'on ne mette aucun obstacle à ta marche, puisque tu es chrétien et que tes compagnons sont chrétiens. L'empereur te pardonne toutes les fautes que dans leur orgueil et leur fureur tes soldats ont pu commettre contre le duc Nicétas, gouverneur des Bulgares, car il sait qu'ils ont déjà expié chèrement ces offenses. »

Empressé d'obéir aux ordres de l'empereur, Pierre se hâta de quitter la ville de Sternitz, où il était campé, et se rendit dans la ville de Philippopolis avec tout son peuple. Là, ayant raconté ses malheurs et ses désastres en présence des citoyens grecs rassemblés, il reçut au nom de Jésus et pour l'amour de Dieu un grand nombre de présents des habitants touchés de compassion. Après s'être ensuite arrêté trois jours à Andrinople, Pierre repartit

Passage du Bosphore par les croisés.

pour Constantinople sur un nouveau message de l'empereur, qui brûlait du désir de voir cet homme dont il avait tant entendu parler. Son armée reçut l'ordre de camper hors des murailles et on lui donna entière liberté d'acheter tout ce qui lui serait nécessaire.

Pierre, petit de taille, mais grand de cœur et de parole, suivi seulement de son compagnon Foucher d'Orléans, fut conduit par les députés en présence de l'empereur, qui voulait voir s'il était tel en effet que la renommée le publiait. Se présentant avec assurance devant l'empereur, Pierre le salua au nom du Seigneur Jésus-Christ ; il lui raconta en détail comment il avait quitté sa patrie, pour l'amour et par la grâce du Christ lui-même, pour aller visiter son saint sépulcre ; il rappela brièvement les traverses qu'il avait déjà essuyées, et annonça que des hommes très puissants, de très nobles comtes et ducs marcheraient incessamment sur ses traces, enflammés du plus ardent désir d'entreprendre le voyage de Jérusalem et de visiter eux aussi le saint sépulcre. L'empereur, après avoir vu Pierre et appris de sa bouche même les désirs de son cœur, lui demanda ce qu'il voulait de lui. Pierre lui demanda de lui faire donner, par sa bonté, à lui et à tous les siens, de quoi se nourrir, ajoutant qu'il avait perdu d'immenses richesses par l'imprudence et la rébellion des hommes de sa suite. L'empereur le lui promit et Pierre réunit ses forces à celles de Gauthier sans Avoir aux environs de Constantinople. Ils n'y passèrent que cinq jours. Traversant ensuite le bras de mer de Saint-Georges sur des navires que l'empereur leur fit fournir, ils arrivèrent sur le territoire de Cappadoce et jusqu'à la ville de Nicomédie, où ils passèrent la nuit. Ils dressèrent enfin leurs tentes dans les environs du port de Civitot, où il passèrent deux mois en festins continuels, grâce aux marchands grecs qui fournissaient abondamment le camp des provisions nécessaires à la vie. Au bout de ce temps, les pèlerins, corrompus par l'oisiveté et l'abondance comme ils l'avaient été naguère par l'indiscipline, n'écoutèrent plus la voix de Pierre, et, ayant élu un certain chef nommé Renault, ils ne cessèrent pas de s'adonner à la rapine.

Arrivés auprès d'une ville située à quatre milles de Nicée, les Teutons résolurent de s'y établir jusqu'à l'arrivée des princes

Cependant Soliman, prince et gouverneur de ce pays, avait déjà depuis longtemps recruté, dans toutes les parties de l'Orient, une quantité innombrable de vaillants guerriers. Il marcha en toute hâte sur le camp des Teutons et fit passer au fil de l'épée tous ceux qui s'y trouvaient. Le bruit de ce désastre ne tarda pas à se répandre, et les chrétiens apprirent que les cohortes teutonnes, sorties de leurs rangs, avaient péri presque entièrement sous les coups de l'ennemi. Tout le monde était consterné ; les gémissements et les larmes attestaient la tristesse générale comme la faiblesse d'esprit de ceux qui s'y livraient. Quand la triste vérité fut complètement connue, un désordre extrême s'éleva dans le camp : la foule du peuple demandait qu'on prît les armes, et que, fantassins et cavaliers, marchassent à l'envi pour venger le massacre de leurs frères. Les principaux chefs de l'armée et ceux qui possédaient quelque expérience, jaloux d'ailleurs de se conformer aux ordres de l'empereur, qui avait commandé qu'on attendît les princes pour s'approcher de Nicée, faisaient en vain tous leurs efforts pour apaiser les cris d'un peuple furieux. Gauthier sans Avoir se refusait d'ailleurs absolument à partir avant le retour de Pierre l'Ermite, qui était allé à Constantinople afin d'obtenir une réduction sur le prix des objets de première nécessité fournis à l'armée ; mais le peuple se montrait indomptable et ne tarda pas à se soulever. Vingt-cinq mille hommes environ se dirigèrent à travers la forêt vers Nicée.

Au même moment Soliman pénétrait aussi dans la forêt pour attaquer le camp. Il fut bientôt averti de l'approche des imprudents, et dit aux siens : « Voici venir les Francs sur lesquels nous marchions. Vous pouvez être assurés qu'ils viennent nous combattre. Sortons de la forêt et de la montagne et portons-nous dans la plaine, où nous pourrons nous déployer en toute liberté sans qu'ils puissent trouver nulle part un refuge. » Ce qu'il dit fut aussitôt exécuté dans le plus profond silence.

Les nôtres débouchaient aussi à cette heure en rase campagne, et, dès qu'ils aperçurent leurs ennemis, ils se précipitèrent sur eux avec fureur, redemandant à grands cris le sang de leurs frères. Des deux côtés l'ardeur était égale, mais le succès n'était pas le même ; la petite armée des chrétiens se trouva bientôt incapable de soutenir les masses innombrables qui se précipitaient sur elle, et ne tarda pas à se mettre en fuite. Les Turcs, cependant, les poursuivent l'épée dans les reins et les ramènent jusqu'au camp avec un massacre effroyable. Là périrent Gautier sans Avoir, Foucher d'Orléans et un grand nombre d'autres. A leur suite Soliman pénètre dans le camp des chrétiens.

Ceux qui y étaient restés étaient incapables de se défendre et furent massacrés sans résistance ; les vieillards, les moines, les prêtres, les femmes parvenues à l'âge mûr, tombèrent sous le fer des païens ; les jeunes filles seules furent réservées pour la servitude. Trois mille pèlerins s'étaient réfugiés dans une vieille forteresse à demi ruinée, et, pressés par la nécessité, avaient entassé d'énormes quartiers de roc pour protéger contre leurs assaillants cette dernière retraite. Cependant un messager courait à Constantinople pour annoncer à Pierre les malheurs de son peuple, dont les débris sont réduits à l'extrémité. Aussitôt Pierre se présente chez l'empereur, et, à force de supplications et de prières, il obtient qu'un corps de troupes soit promptement envoyé au secours des misérables assiégés. Les Turcs, à cette nouvelle, se retirent, entraînant avec eux leurs captifs et leur énorme butin; ils rentrent à Nicée. Ainsi ce peuple obstiné et intraitable succomba sous les coups de ses excès, sans avoir retiré aucun fruit de ses terribles fatigues, parce qu'il s'était refusé à porter le joug salutaire de la discipline.

Cependant de toutes les parties de l'Europe partaient des bandes considérables de chrétiens, brûlés d'une pieuse ardeur et se dirigeant vers les Lieux saints. Ces gens se réunissaient en corps et, portant le signe de la croix, ils se livraient témérairement à toutes sortes de débauches, sous prétexte du voyage qu'ils allaient entreprendre.

Je ne sais si ce fut l'effet d'un jugement de Dieu ou par une erreur de leur esprit qu'ils s'élevèrent avec cruauté contre le peuple des juifs dispersés dans chacune des villes qu'ils traversaient et qu'ils les massacrèrent de la manière la plus inhumaine, particulièrement dans le royaume de Lorraine, disant que c'était là le commencement de leur expédition et de leur service contre les ennemis de la foi chrétienne. Ce massacre des juifs commença d'abord dans la ville de Cologne ; puis, comme ils en avaient fait vœu, les pèlerins se remirent en route et arrivèrent à Mayence, formant une énorme multitude.

Là les attendait, avec sa bande de Teutons, le comte Émicon, homme très noble et très puissant dans son pays. Les juifs qui habitaient Mayence, ayant appris le sort de leurs frères et afin d'échapper à tous les arrivants, se réfugièrent auprès de l'évêque Rothard, dans le palais duquel ils avaient caché leurs immenses trésors. Le prélat enferma soigneusement tout l'argent qu'il avait reçu et réunit les juifs sur une terrasse spacieuse, afin de les dérober à la vue du comte Émicon et de ceux qui l'accompagnaient. Mais à l'aube du jour les pèlerins attaquèrent à coups de flèches les malheureux enfermés dans ce lieu élevé et découvert ; puis, ayant brisé les serrures et enfoncé les portes, ils se jetèrent sur eux et en tuèrent plus de sept cents, qui cherchaient vainement à se défendre contre des forces trop supérieures. Les femmes furent également massacrées, car les juifs, voyant les chrétiens les traiter ainsi en ennemis ainsi que leurs enfants, s'armèrent à leur tour contre leurs frères et se massacrèrent entre eux. Chose horrible à dire, les mères saisissaient le fer et coupaient elles-mêmes la gorge aux enfants qu'elles allaitaient et transperçaient également leurs autres enfants plutôt que de les laisser succomber sous les coups des chrétiens.

En apprenant tous les crimes commis par les pèlerins au début de leur sainte entreprise, comment s'étonner que la main du Seigneur s'étendît contre ceux qui avaient péché à ses yeux en se livrant à la débauche et à mille absurdités, comme de se laisser diriger dans leur route par une oie et une chèvre qu'ils disaient animées du souffle divin? Sans doute aussi le Seigneur était irrité contre eux de ce qu'ils avaient inhumainement massacré les juifs, peuple exilé et ennemi du Christ, beaucoup plus par avidité et pour s'emparer de leur argent que comme instruments de la justice divine. Le Seigneur est un juge équitable et n'ordonne point de faire entrer qui que ce soit malgré lui et par force sous le joug de la foi chrétienne. Un grand nombre des pèlerins s'enfuirent, d'autres tombèrent sous les coups des Hongrois, quelques-uns se noyèrent dans le fleuve et beaucoup retournèrent dans leur pays.

Cependant le duc Godefroy et les siens avançaient de jour en jour en silence et en paix à travers le royaume de Hongrie, trouvant partout juste mesure à bon prix, jusqu'à ce qu'ils fussent arrivés au bord de la Drave. Là, ayant réuni du bois et tressé des claies d'osier, ils traversèrent le fleuve sur des radeaux, trouvant sur l'autre rive le roi Coloman, accompagné des otages que lui avait remis le duc, au nombre desquels se trouvait son propre frère, le comte Baudouin.

Le duc apprit alors qu'une nombreuse troupe envoyée par l'empereur de Constantinople se trouvait sur les rives de la Save pour s'opposer à l'entrée des pèlerins dans le royaume de Bulgarie. Il résolut aussitôt d'envoyer en avant une partie de ses gens bien armés, afin de contenir les chevaliers de l'empereur pendant que le reste de l'armée passerait la rivière. Ce qui fut accompli sans peine une fois que le roi Coloman eut rendu les otages entre les mains du duc, lui prodiguant ainsi qu'à son frère tous les témoignages d'une extrême affection.

Le duc et toute son armée, transportés de l'autre côté de la Save, passèrent la nuit dans la ville de Belgrade, que Pierre et sa suite avaient incendiée peu de temps auparavant. Le lendemain matin, ils partirent de cette ville et entrèrent dans les forêts immenses et inconnues de la Bulgarie. Des députés du seigneur Alexis vinrent alors se présenter à eux, leur portant un message conçu en ces termes :

« Alexis, empereur de Constantinople et du royaume des Grecs, au duc Godefroy et à ceux qui le suivent, parfait amour !

« Je te demande, duc très chrétien, de ne pas souffrir que les tiens ravagent et dévastent mon royaume et mon territoire sur lequel tu es entré. Reçois la permission d'acheter ainsi que les tiens toutes les choses qui sont à vendre dans notre empire. »

Le duc promit d'obéir de tout point aux requêtes de l'empereur et fut sans cesse devancé sur sa route par les présents de l'empereur. Ensuite il arriva dans la belle ville de Philipopolis, où il séjourna huit jours. Ce fut là qu'il reçut la nouvelle que l'empereur retenait en prison Hugues le Grand, frère du roi de France, Drogon et Clairambault ; en effet, ce prince artificieux les avait fait saisir comme ils débarquaient à Durazzo et avait donné l'ordre qu'on les transportât à Constantinople, afin d'exiger d'eux le serment de fidélité et la promesse qu'ils lui remettraient tout ce qui pourrait être conquis par leurs armes.

Le duc adressa aussitôt un message à l'empereur pour lui demander de rendre à la liberté les princes de son pays, sans quoi lui-même ne pourrait lui conserver son amitié et sa fidélité. Mais lorsque les députés revinrent sans ramener les princes captifs, la colère du duc s'enflamma, et le beau territoire de Sélybrie, où ils avaient dressé leurs tentes, fut pendant huit jours livré à la merci de l'armée des pèlerins, qui le dévasta complètement.

L'empereur Alexis était un homme méchant et plein de fourberie, mais il n'était pas assez hardi pour résister aux signes de colère des peuples de l'Occident ; aussi fit-il prier le duc Godefroy de cesser le pillage, annonçant qu'il allait lui faire remettre les prisonniers dont il avait sollicité la délivrance. Le duc aussitôt rassembla ses troupes devant son camp et marcha vers Constantinople ; ses tentes furent dressées aux portes de la ville.

Bientôt les seigneurs retenus en captivité, le comte Hugues, Drogon de Nesles, Charpentier et Clairambault de Vaudreuil, se rendirent au camp pour offrir leurs actions de grâces au duc. Celui-ci les reçut avec beaucoup de tendresse, mais il se refusa absolument à la requête de l'empereur qui le faisait prier de se rendre auprès de lui avec quelques-uns des siens. Alexis, irrité, fit interdire l'entrée des marchés aux légions qui venaient d'arriver. Les princes, voyant que le peuple qu'ils conduisaient allait manquer de tout, envoyèrent aussitôt des bandes qui se répandirent dans les bourgs et dans les campagnes et ramenèrent de tous côtés des bestiaux et des vivres en si grande abondance, que les moindres soldats de l'armée en avaient beaucoup plus qu'ils ne pouvaient consommer. L'empereur, apprenant que le pays était livré au pillage et à l'incendie, retira sa première défense; les marchés furent rouverts, mais pour être bientôt fermés de nouveau. En effet, l'empereur, ayant pour la seconde fois engagé le duc à se présenter au palais impérial, celui-ci répondit : « Godefroy duc à l'empereur, fidélité et soumission! J'irais volontiers et selon vos désirs auprès de vous, j'admirerais les pompes et les richesses de votre palais; mais j'ai été effrayé par les mauvais bruits qui sont parvenus à mes oreilles sur votre compte. J'ignore si c'est par jalousie ou par haine que de tels bruits ont été répandus. » L'empereur, très irrité de cette réponse, et ne pouvant parvenir à ébranler la résolution du duc, envoya sur des navires cinq cents Turcopoles dans le détroit, armés d'arcs et de flèches, qui tirèrent sur les chevaliers du duc, tuèrent les uns, blessèrent les autres, et les repoussèrent ainsi loin du rivage, afin qu'ils ne pussent continuer à aller acheter des vivres.

Dès que le duc en fut informé, il ordonna à son frère de se porter en avant, afin de s'emparer du pont par lequel l'armée avait passé pour entrer dans la ville. Baudouin, prenant aussitôt cinq cents cavaliers bien cuirassés, courut en toute hâte au pont et s'en empara de vive force. Il était temps, car non seulement tous ceux qui s'étaient approchés du camp sur les vaisseaux se montraient en ennemis, mais toute la ville se mettait en mouvement et prenait les armes. Les nôtres mirent alors le feu à tous les palais où ils avaient été logés, en sorte que l'incendie s'étendit sur une longueur de six à sept milles. Cependant les cors et les clairons rappelaient en toute hâte les soldats des points qu'ils occupaient, et à mesure qu'ils arrivaient, le duc les formait en bataillons, tandis que Baudouin, établi sur l'autre rive, protégeait le passage. Le duc traversa donc le pont sans aucune difficulté, et s'arrêta au dehors de la ville, dans une plaine vaste et ouverte de toutes parts. Vers le soir on livra combat entre l'église des saints martyrs Côme et Damien et le palais neuf de Blachemer; les Grecs y perdirent beaucoup de monde et, ne pouvant résister à l'attaque de notre armée, ils se retirèrent de la ville, pendant que les nôtres restaient maîtres du port et du champ de bataille, prix glorieux de leur résistance.

Le lendemain, au point du jour, le peuple, se levant selon les ordres du duc, alla parcourir le royaume et le territoire de l'empereur et le ravagea horriblement pendant cinq jours, afin de rabaisser l'orgueil de l'empereur et de tous les siens. L'empereur, en effet, instruit de ce désastre, prit son parti, et il envoya une députation au duc pour faire cesser le pillage, en lui offrant satisfaction en tout point. Le duc y consentit avec bonté, pourvu qu'on lui donnât des otages, tels qu'il pût y trouver une garantie suffisante de sa liberté et de sa vie, et promit qu'il n'hésiterait point alors à se rendre auprès de l'empereur, afin de s'entendre avec lui de vive voix. A peine les députés de l'empereur se retiraient-ils avec cette réponse, qu'arrivèrent auprès du duc d'autres messagers venant de la Pouille, où tardait encore le prince Bohémond, qui le saluèrent ainsi au nom de leur maître : « Bohémond, prince très riche de Sicile et de Calabre, te prie de ne point te réconcilier avec l'empereur, de te retirer vers les villes de Bulgarie, Andrinople et Philippopolis, et d'y passer la saison d'hiver, jusqu'à ce que Bohémond puisse lui-même marcher avec toi pour attaquer cet empereur et envahir son royaume. » A ce message le duc répondit, de l'avis de tous les siens, qu'il n'avait pas quitté son pays et ses parents pour chercher des profits, ni pour détruire les chrétiens, qu'il avait entrepris au nom du Christ le voyage de Jérusalem, qu'il voulait accomplir ce projet avec le consentement de l'empereur, s'il pouvait parvenir à recouvrer ses bonnes grâces et sa bienveillance. Les députés de Bohémond repartirent pour la Pouille avec ce message.

Cependant l'empereur, informé de l'ambassade de Bohémond, sollicitait plus vivement le duc de se calmer et d'entrer avec lui en conférence, promettant de livrer en otage son fils très chéri, nommé Jean, et de lui donner tout ce dont il aurait besoin, lui et les siens. Le duc, ayant pris l'avis de ses fidèles, repassa donc le pont et envoya en toute confiance Conan, comte de Montaigu, et Baudouin du Bourg, hommes très nobles et habiles à manier la parole, pour aller recevoir comme otage le fils de l'empereur, qui leur fut remis. Lorsqu'il l'eut confié à la garde des siens, le duc s'embarqua et se fit transporter à Constantinople. Baudouin n'entra point dans le palais de l'empereur, mais il resta sur le rivage avec la multitude.

En voyant le magnifique et honorable duc avec tous les siens, dans l'éclat de leurs riches vêtements d'hermine ou de menu vair, l'empereur admira vivement leur splendeur. Assis sur son trône, selon sa coutume, il leur donna à tous et sans se lever le baiser de paix, dans l'ordre de leur rang, puis il parla au duc en ces termes : « J'ai appris que tu es un chevalier et un prince puissant, et, de plus, que tu es un homme très sage et d'une parfaite fidélité : c'est pourquoi je t'adopte comme mon fils, et remets en ta puissance tout ce que je possède, afin que mon empire et mon territoire puissent être protégés et délivrés par toi de la présence de cette multitude déjà rassemblée et de celle qui viendra par la suite. »

Apaisé par ces paroles de paix et de bonté, le duc ne se borna pas à se reconnaître le fils de l'empereur, mais, lui donnant la main, il se déclara son vassal, et tous les seigneurs présents en firent autant. La paix et la bonne harmonie étant ainsi rétablies entre l'empereur et le duc, celui-ci retourna à ses logements sur le détroit et renvoya à l'instant même le fils de l'empereur. De ce moment peuple et soldats vécurent assez bien ensemble et le commerce s'opéra en toute tranquillité.

Vers le milieu du mois de mars, le duc, apprenant que les

autres princes approchaient avec leurs troupes, fit tous ses préparatifs pour traverser l'Hellespont, pressé d'agir ainsi par les instances de l'empereur, qui fit toujours ses efforts pour empêcher que deux armées ne se trouvassent ensemble devant Constantinople.

En effet, le prince Bohémond se trouvait déjà en Bulgarie, accompagné de son neveu le comte Tancrède, du prince Richard et d'une foule d'autres seigneurs de son pays, qui ne tardèrent pas à gagner Constantinople, où venait d'arriver le comte de Saint-Gilles. L'empereur chercha à les entraver dans leur marche par une foule d'artifices et de ruses, promettant tant de biens et de richesses au prince Bohémond, que celui-ci se laissa séduire et lui rendit hommage : ce que refusa constamment le comte de Toulouse, disant qu'il n'était point venu pour reconnaître un autre seigneur, ni pour combattre pour un autre prince que Celui pour lequel il avait renoncé à sa patrie et à ses biens. Aussi l'empereur Alexis ne lui fit-il que peu de présents.

Cependant tous les princes se trouvant enfin réunis se mirent en marche vers Nicée. Pour plus de sûreté, ils avaient demandé un guide qui leur fît connaître la route, et un certain Grec nommé Tatin, familier d'Alexis, homme méchant et perfide, qui avait eu les narines mutilées pour punition de sa méchanceté, vint se joindre à l'armée par ordre de l'empereur, afin qu'il y eût, comme on disait couramment parmi les soldats, une oie au milieu des cygnes et une méchante couleuvre parmi les anguilles. Tout ce qui se faisait dans l'expédition était rapporté à l'empereur par cet homme, qui travestissait par ses paroles les pensées et les intentions.

Comme les princes s'avançaient vers Nicomédie, le vénérable prêtre Pierre l'Ermite, qui s'était mis à l'abri des rigueurs de l'hiver sur la frontière de Bithynie, vint à la rencontre des légions avec le petit nombre des pèlerins qui avaient survécu au désastre de leur expédition. Ils se réunirent à l'armée après avoir présenté leurs salutations aux chefs, qui accueillirent Pierre avec bonté, lui demandant le récit de ses malheurs. Les princes, pleins de compassion pour les compagnons de son infortune, les comblèrent des témoignages de leur générosité. L'armée, qui s'était fort accrue par la grâce de Dieu, se trouva enfin réunie, formant une seule et même force au nom du Dieu vivant. Lorsqu'ils eurent tous dressé leurs tentes devant la ville de Nicée, ils firent une revue et un recensement général de leurs légions, et ils trouvèrent qu'ils avaient six cent mille fantassins, y compris les princes, et cent mille cavaliers cuirassés. Tous sortirent devant la ville qu'ils se disposaient à attaquer.

Nicée est située au milieu d'une plaine, à peu de distance des montagnes, qui l'entourent presque de tous côtés; un lac spacieux s'étend à côté de la place, garnie de murailles et de fossés remplis d'eau. La population était nombreuse et guerrière, et la ville était en outre protégée par le voisinage de Soliman, qui se trouvait dans les montagnes avec des forces innombrables, ainsi que le fit savoir un espion dépêché par lui aux défenseurs de Nicée et qui fut arrêté par les princes chrétiens.

A peine, en effet, avait-on dressé les tentes du comte de Toulouse qui venait de rejoindre l'armée, que Soliman descendit des montagnes, suivi de toute son armée, qui marchait en plusieurs corps et par plusieurs chemins, nombreuse comme le sable de la mer. Les troupes de Soliman assaillirent aussitôt le comte Baudouin, frère du duc, avec les siens.

Pendant que ceux-ci résistaient vaillamment à l'assaut des ennemis, Adhémar, évêque du Puy, encourageait le peuple, en disant : « O race consacrée à Dieu, qui avez tout quitté pour l'amour de lui, richesses, champs, vignes et châteaux, la vie éternelle sera bientôt acquise à quiconque recevra la couronne du martyre dans cette bataille. » Aussitôt les chevaliers s'élancent en grand nombre au secours de leurs frères, portant des coups aussi prompts que la foudre, et courant de tous côtés de toute la rapidité de leurs chevaux, secondés par l'effort du duc Godefroy et de Bohémond. On entendait dans cette sanglante mêlée un horrible fracas de lances et le cliquetis incessant des glaives et des casques; mais, le peuple chrétien ayant enfin remporté la victoire par la grâce de Dieu, Soliman et les siens prirent la fuite vers la montagne, tandis que les chrétiens lançaient dans la ville, par-dessus les remparts, un grand nombre de têtes de Turcs, afin d'effrayer les défenseurs de la place. En outre, mille autres têtes de Turcs furent entassées sur des chariots et transportées jusqu'au port de Civitot, pour être de là envoyées à l'empereur.

Cependant, et malgré la retraite de Soliman, tous les efforts des princes restaient vains contre les murailles de Nicée, sans cesse attaquées par le peuple chrétien. Déjà plusieurs chevaliers de marque avaient péri dans les combats, et les défenseurs de la ville étaient sans cesse recrutés et pourvus de vivres par les vaisseaux qui sillonnaient le lac. Les princes, voyant cela, résolurent d'envoyer chercher des navires sur le bord de la mer, afin de les transporter sur des chariots jusqu'au lac, après les avoir démontés en plusieurs pièces. On exécuta ce projet en l'espace d'une seule nuit et on traîna les navires jusqu'au lac, en y employant le secours des câbles et les efforts réunis des hommes et des chevaux, à la grande admiration des ennemis eux-mêmes, qui s'étonnaient de voir tout à coup les vaisseaux se multiplier ainsi sur le lac.

Cependant, les efforts des catapultes et les attaques impétueuses des troupes ne pouvant parvenir à faire la moindre brèche aux murailles, la mort de tant d'hommes courageux attristait cruellement le duc Godefroy et les autres princes, lorsqu'un Lombard, maître ès arts et constructeur de grandes machines, se présenta un jour devant eux, en disant : « Je vois que vos machines travaillent en vain et que la mort plane tous les jours autour des murailles, réduisant sans cesse vos forces. J'ai donc résolu de me présenter devant vous, afin de pouvoir, avec l'aide de Dieu, contraindre la grosse tour qui vous paraît si forte de s'abaisser jusqu'à terre, sans que vos compagnons soient exposés à aucun danger, afin que vous puissiez ainsi vous ouvrir un chemin jusqu'à l'ennemi qui vous résiste. Je demande seulement que vous m'assistiez en me fournissant à frais communs tous les objets nécessaires à l'exercice de mon art. » La convention ayant été promptement acceptée, le maître ès arts fit toutes ses dispositions et fit coudre ensemble des claies tressées en osier avec un art merveilleux, recouvertes de peaux. Lorsque la machine qui devait garantir les ouvriers fut complètement terminée, des chrétiens armés de leurs cuirasses et de leurs casques, la poussant tous ensemble, l'établirent contre les murailles, malgré tous les efforts que purent faire les Turcs pour les en empêcher, puis laissèrent le maître et les ouvriers travailler à l'abri de leur construction. Les Turcs, prévoyant bien le mal que cette nouvelle machine de guerre pourrait faire à leur ville, cherchèrent en vain à la détruire, à l'aide de grosses pierres ou de poix embrasée ; mais ni les pierres ni les torches enflammées ne s'arrêtaient sur ces plans inclinés. Le maître ès arts cependant ne cessait de creuser la terre au pied de la grosse tour, en remplissant à mesure les creux qu'il faisait à grand renfort de bois et de matières inflammables, auxquelles il mit ensuite le feu et qui, consumés de toutes parts par les flammes, laissèrent tout à coup la tour antique sans appui ; elle s'ébranla subitement dans le milieu de la nuit, s'affaissant avec un tel fracas que tous crurent entendre les roulements du tonnerre. Sans être complètement détruite, la muraille présentait ainsi plusieurs brèches, par lesquelles on pouvait passer, non sans quelques difficultés. Ce fut alors que l'épouse de Soliman, qui était demeurée jusqu'à ce jour dans la ville, vivement effrayée de la chute de la tour, se fit transporter par les siens au milieu de la nuit et s'embarqua sur le lac, espérant par là échapper aux chrétiens ; mais les chevaliers chargés de la défense des passages, s'étant aperçus de son départ, firent avancer les navires nouvellement établis sur les eaux, en sorte qu'ils s'emparèrent de la dame et de ses deux jeunes fils, qui furent amenés aux princes.

Les Turcs cependant, voyant la citadelle détruite et l'épouse de Soliman au pouvoir des chrétiens, demandèrent à remettre les clefs de la ville entre les mains de l'empereur de Constantinople, auquel cette place était soumise avant que Soliman s'en fût emparé. Tatin au nez coupé intercéda pour les chefs de l'armée turque auprès des princes, qui consentirent à les laisser sortir sains et saufs de la ville pour aller faire leurs soumissions à l'empereur et en outre à rendre la femme et les enfants de Soliman qui étaient retenus en captivité.

L'empereur fut rempli de joie en apprenant ces nouvelles, mais le peuple chrétien et les simples guerriers, qui pendant le cours du siège avaient travaillé avec d'autant plus d'ardeur qu'ils comptaient s'enrichir des dépouilles de Nicée, se montrèrent fort irrités de ne point recevoir une récompense proportionnée à leurs peines, et ce fut avec difficulté que les princes, dissimulant eux-mêmes leur ressentiment, parvinrent à les calmer, en les encourageant à poursuivre sans retard le but de leur entreprise.

La ville de Nicée ayant été prise le 20 juin 1097, l'armée fit ses préparatifs de départ pour se mettre en marche le 29 juin. L'armée était en route depuis deux jours déjà, lorsqu'elle fut surprise à l'aube du jour par les forces de Soliman, descendues de la montagne à la faveur des ténèbres. Dans ce premier moment de surprise et de stupeur, le malheureux peuple qui n'avait pas d'armes défensives tombait de toutes parts; Guillaume, fils du marquis et frère de Tancrède, jeune homme de belle espérance, fut frappé d'une flèche et tomba en combattant vaillamment au milieu des siens; Robert de Paris succomba de la même manière; Tancrède lui-même, se précipitant comme la foudre au milieu des ennemis, fut arraché à la mort par Bohémond, qui l'entraîna à sa suite de vive force. Les légions commençaient à s'ébranler; les rangs étaient rompus et beaucoup prenaient la fuite, lorsque le fils de Guillaume, le noble duc de Normandie, découvrant sa tête, s'écria à haute voix : « Holà ! Bohémond, pourquoi fuir? La Pouille est loin de nous, Otrante est loin de nous; loin de nous est l'espoir d'atteindre une région latine. C'est ici qu'il faut demeurer, ici nous attend la glorieuse mort des vaincus ou la glorieuse couronne des vainqueurs; plus heureux que tout autre celui à qui sera promptement ouvert le paradis! En avant donc, mes amis! Normandie! » Ainsi rappelés à eux-mêmes, les chevaliers s'arrêtent dans leur fuite sans éprouver désormais aucune crainte,

Tancrède fut arraché à la mort par Bohémond, qui l'entraîna de vive force.

et le peuple, reprenant courage, secondé et encouragé à la fois par l'apparition du duc Godefroy et du comte Raymond, qui viennent d'accourir, s'élance sur les ennemis et les refoule à leur tour jusqu'à leur camp, situé au milieu d'une riche vallée. Là les nôtres, retrouvant les chrétiens qui avaient déjà été emmenés prisonniers, les ramènent avec eux en triomphe, chargés des dépouilles et de l'immense butin dont ils s'étaient emparés. Ceux que Soliman avait conduits à ce combat de Dorylée formaient, à ce qu'on assure, une armée de plus de cent cinquante mille hommes, en ne comptant que les cavaliers armés. Parmi ceux des nôtres qui assistèrent à cette rude affaire, il n'y eut jamais au delà de cinquante mille cavaliers au plus.

Après un repos nécessaire de trois jours, les croisés entrèrent en Pisidie. Cherchant à prendre un chemin raccourci, ils tombèrent dans un pays brûlant et dépourvu d'eau, où une chaleur immodérée et les souffrances d'une soif intolérable faillirent faire périr tous les pèlerins. Plus de cinq cents personnes, hommes ou femmes, moururent victimes des tourments de la soif ou des ardeurs du soleil. Cette déplorable calamité s'étendait au delà des hommes : les bêtes de somme, chargées de leur bagage, refusaient tout service, les faucons et autres bêtes de chasse tombaient sans vie dans les mains des seigneurs, rendant bientôt leur dernier souffle, les chiens abandonnaient ceux qu'ils avaient coutume de suivre le plus fidèlement, et, ce qui était plus dangereux encore, les chevaux, ces fidèles compagnons de bataille, en qui les maîtres avaient placé toute leur confiance pour la conservation de leurs jours, accablés par l'excès de la soif et de la chaleur, succombaient misérablement comme de viles bêtes de somme. Lorsqu'ils parvinrent enfin sur les rives du fleuve si longtemps cherché vainement, ils rencontrèrent bientôt un plus grand péril, car un grand nombre de ceux qui avaient échappé à la mort trouvèrent au milieu de l'abondance des eaux la fin de leur vie, et il en arriva autant à une foule d'animaux.

Plusieurs des seigneurs s'étaient momentanément séparés de l'armée pour se livrer à des expéditions particulières, mais le duc et quelques-uns des siens, désirant s'adonner au plaisir de la chasse, s'enfoncèrent dans l'épaisseur des forêts. Le duc Godefroy se trouvait seul, lorsqu'il aperçut un ours énorme, qui présentait le plus terrible aspect. Il venait d'attaquer un pauvre pèlerin qui ramassait du bois dans la forêt et il le poursuivait pour le dévorer autour d'un arbre où le malheureux cherchait un abri. Le duc, toujours prêt à porter secours aux chrétiens ses frères, tira soudain son glaive, et, avertissant son cheval par un vigoureux coup d'éperon, il vola vers le pauvre homme, pour l'arracher, dans sa détresse, aux dents et aux griffes de l'animal dévorant, et, poussant de grands cris à travers les épaisses broussailles, il se présente tout à coup en face de ce cruel ennemi. L'ours, en voyant le cheval et le cavalier se diriger promptement vers lui, plein de confiance dans sa férocité et dans la force déchirante de ses griffes, ne tarda pas à marcher à la rencontre du duc, ouvrant la gueule comme pour le mettre en pièces, et, se dressant tout entier pour résister ou plutôt attaquer, il poussa en avant ses griffes aiguës, prenant soin en même temps de protéger sa tête et ses bras des coups du glaive qui le menaçait et échappant souvent au duc qui veut le frapper. Ses horribles grognements ébranlaient en même temps la forêt et les montagnes, si bien que ceux qui les entendaient ne pouvaient assez s'en étonner. Le duc, en voyant l'animal rusé et méchant résister avec une audacieuse férocité, plein d'émotion et vivement indigné, releva la pointe de son glaive et, s'avançant témérairement vers la bête fauve, chercha à le percer de part en part. Malheureusement l'animal, évitant encore le glaive, enfonce aussitôt ses griffes aiguës dans la tunique du duc, le serre entre ses pattes, le renverse de son cheval et, le jetant par terre, se dispose à le déchirer avec ses dents.

Dans cette extrémité pleine d'angoisse, le duc, rempli de douleur en se sentant sur le point de périr sous la dent d'une bête féroce par une mort honteuse, rassemble toutes ses forces et se relève à l'instant sur ses pieds. Au moment où il était tombé de cheval à l'improviste, en luttant avec l'animal furieux, son glaive

Le duc Godefroy demeurait toujours debout.

s'était embarrassé entre ses jambes ; il le saisit promptement pour égorger l'ours, et pendant qu'il le tient encore par la poignée, il se fait à lui-même une large blessure dans le gras de la jambe et les nerfs qui s'y rattachent. Son sang coulait en abondance et il perdait peu à peu ses forces ; cependant il demeurait toujours debout, se défendant avec acharnement. Enfin un de ses compagnons d'armes, nommé Husechin, ayant entendu les cris perçants du pauvre homme qui avait été arraché à la mort et les horribles grognements de l'ours qui retentissaient dans la forêt, arriva de toute la vitesse de son cheval pour porter secours au duc, en attaquant avec lui le monstre affreux ; il lui perce bientôt le sein et lui brise les côtes. La bête succombe enfin et le duc, sentant pour la première fois la douleur de sa blessure, pâlit et tombe presque en défaillance. Tous accoururent en foule sur le lieu où était tombé le vigoureux athlète, le chef des conseils, le guide des pèlerins ; les princes de l'armée le firent conduire au camp sur un brancard, au milieu des pleurs des hommes et des hurlements des femmes. Le corps de l'ours fut partagé entre les chefs.

Cependant, dès que le duc fut guéri de sa blessure et que les princes qui s'étaient éloignés de l'expédition se furent rapprochés de l'armée, le conseil des chefs résolut de marcher au plus tôt sur Antioche, car les Turcs, qui fuyaient des montagnes et de toute la Romanie, couraient se renfermer dans ses murailles pour concourir à sa défense. Seul le comte Baudouin, frère du duc, manquait à la réunion, s'étant emparé, moitié par ruse, moitié par force, de la ville d'Édesse, dont il avait été déclaré duc et prince. Le duc Robert de Normandie avait été désigné pour conduire les éclaireurs aux approches d'Antioche. Il marchait donc en avant, conduisant sa cavalerie, jusqu'à ce qu'il arriva auprès d'un pont antique jeté sur le fleuve Fer, en avant de la ville. Les talus de ce pont étaient défendus par deux tours constamment occupées par les Turcs, qui accueillirent aussitôt les pèlerins par une grêle de flèches.

Tandis qu'un combat opiniâtre s'engageait ainsi sur le pont, sept cents Turcs qu'on avait appelés d'Antioche se portèrent à la défense des gués, afin d'empêcher aucun chrétien de gagner le passage. L'armée s'avançait cependant, tandis que l'évêque du Puy, qui s'était porté en avant de ses frères, encourageait les combattants par de courageuses paroles : « Ne craignez point le choc de vos adversaires, criait-t-il, mais tenez ferme contre les chiens dévorants. C'est aujourd'hui que Dieu combattra pour vous. » Les chrétiens, à ces paroles de l'illustre pontife, formant une tortue avec leurs boucliers, s'avancent vigoureusement et en grand nombre sur le pont, tandis qu'une foule d'autres, forçant le fleuve à cheval ou passant à pied les gués, parvenaient à se maintenir sur l'autre rive. Les Turcs furent enfin mis en déroute et s'enfuirent vers Antioche par les défilés des coteaux et des montagnes qui leur étaient connus. Les princes renoncèrent à les poursuivre, ne voulant pas se rapprocher trop tôt des murs de la ville, où toutes les forces de l'ennemi se trouvaient réunies.

Lorsque Accien, chef et prince d'Antioche, apprit la défaite de ses premiers défenseurs, le visage abattu et le cœur rempli de crainte, il se trouva saisi d'une grande douleur et s'occupa aussitôt avec zèle de réunir dans la place des vivres et des armes. On disait qu'Antioche contenait alors six ou sept mille hommes de cavalerie et quinze à vingt mille fantassins, bien équipés et prêts à marcher au combat.

Antioche s'élève dans la Célésyrie, sur le versant méridional d'une haute montagne; les murailles qui descendent des hauteurs vont jusqu'au fleuve Fer, embrassant ainsi un vaste espace au milieu duquel se dressent deux mamelons; le plus haut des deux est couronné par une citadelle inexpugnable. Les sources et les fontaines abondent dans l'enceinte. Sur quelques points, le fleuve Fer, se rapprochant, baigne les murs de la ville. Lorsque, le 18 octobre, notre armée s'établit enfin sous les murailles, le fracas des armes, le hennissement des chevaux, le retentissement des clairons et des trompettes, les cris des soldats formaient une clameur immense qui semblait monter jusqu'au ciel. De l'autre côté, le silence le plus absolu régnait dans la ville : on n'y entendait ni cri ni tumulte, et il semblait que la place fût absolument dépourvue de défenseurs, tandis qu'elle était, au contraire, abondamment munie de troupes et d'approvisionnements de tout genre.

L'armée dut se borner à bloquer les trois portes supérieures, les autres portes de la ville étant défendues par le fleuve. L'attaque des différentes issues fut confiée aux divers princes. Tancrède fut chargé de veiller sur le pont de pierre par lequel les Turcs cherchaient souvent à faire des sorties, surprenant et détruisant ainsi les pèlerins qui passaient par le pont de bateaux pour gagner le versant de la montagne et ramener du bois ou du fourrage pour leurs chevaux.

Notre armée avait ainsi à supporter non seulement les assauts qu'elle livrait aux assiégés et leurs irruptions subites par les portes du Fer, mais les attaques des ennemis extérieurs, répandus dans la campagne et cachés dans la montagne, qui avaient tellement ravagé les environs, qu'il fallait s'aventurer au loin pour chercher des vivres, au risque d'y perdre la vie. Ce fut alors que la disette commença à pénétrer dans le camp, succédant à une abondance qui avait engendré la prodigalité. La famine devint bientôt si grave, qu'elle amena des maladies contagieuses, et la mort faisait de tels ravages dans l'armée, qu'on renonçait à célébrer les offices des morts pour ceux qui succombaient journellement. Les princes, navrés de douleur et sentant bien que les péchés des pèlerins avaient attiré sur eux la colère divine, ordonnèrent un jeûne de trois jours et interdirent dans le camp la débauche et les excès qui s'y étaient développés en dépit de la misère. Ce fut à ce moment d'abattement et de tristesse que le délégué de l'empereur, Tatin au nez coupé, voyant les malheurs qui nous accablaient, et ayant inutilement cherché à persuader aux princes d'abandonner le siège d'Antioche, annonça que, dans l'intérêt commun, il avait formé le projet de se rendre à Constantinople, afin de presser le départ de l'expédition que faisait préparer l'empereur pour renforcer l'armée des pèlerins. Les princes, connaissant depuis longtemps l'esprit de ruse et de fourberie qui animait cet homme, ne mirent aucun obstacle à ses désirs. Il partit donc, comme s'il comptait revenir peu après, laissant derrière lui ses tentes et la plupart de ceux qui l'avaient suivi ; mais il ne reparut jamais à l'armée, et donna ainsi un exemple pernicieux à tous ceux qui étaient dévorés du désir de prendre la fuite en secret, au mépris de tous leurs serments.

Tatin n'était pas le seul perfide chargé d'espionner les mouvements de l'armée chrétienne. Tous les rois de l'Orient, inquiets pour le sort de leurs États, envoyaient secrètement dans notre camp des émissaires qui se cachaient parmi les nôtres, se disant Grecs ou Arméniens, et jouant pour la plupart leur rôle avec beaucoup d'habileté. Les princes cherchaient en vain un moyen de débarrasser l'armée de cette peste, lorsque Bohémond, doué de plus de sagacité et de force d'esprit que les autres, dit au conseil : « Laissez-moi me charger seul du soin de cette affaire. » Chacun y consentit, et le soir, vers la nuit tombante, au moment où tout le monde était occupé des préparatifs du souper, il fit égorger quelques Turcs qu'il tenait en prison et ordonna qu'on préparât un grand feu afin de les rôtir et de les arranger avec le plus grand soin, comme pour être mangés. Il ordonna en même temps aux siens, si quelqu'un venait demander ce que signifiaient ces préparatifs, de répondre que les princes avaient décidé qu'à l'avenir tous les ennemis ou espions qui seraient saisis seraient traités de la même manière et serviraient ainsi à la nourriture du peuple. Le bruit s'en répandit en effet dans tout le camp, et de là dans toutes les régions de l'Orient, par les récits des espions qui s'en retournaient aussitôt chez ceux qui les avaient envoyés; en sorte que l'armée se trouva en grande partie délivrée de cette plaie et que les résultats des conseils des princes furent moins souvent divulgués parmi les ennemis.

Les nouvelles de l'affaiblissement progressif de l'armée chrétienne excitaient contre elle le courage des ennemis, qui redoublaient d'efforts pour attirer à leur secours d'importants renforts. On parlait de l'immense armée que le roi des Perses faisait lever dans ses domaines pour marcher à la délivrance d'Antioche, et cette nouvelle jeta tant d'effroi dans l'armée, que le comte de Chartres, prince jusqu'alors considéré pour sa prudence et sa sagesse, en vint à feindre la maladie, prit congé de ses frères et se mit en marche avec tous ses serviteurs, pour s'établir, disait-il, à Alexandrette, afin de réparer sa santé délabrée. Cette retraite le marqua pour toujours du sceau de l'infamie et obligea les princes à déclarer que quiconque tenterait de s'échapper en secret du camp sans avoir en obtenu l'autorisation, serait considéré comme sacrilège, homicide et passible du dernier supplice. Dès ce moment, soit amour du devoir, soit crainte du châtiment, la désertion cessa d'éclaircir les rangs déjà si amoindris des pèlerins.

Cependant les envoyés du prince Accien étaient arrivés chez le roi des Perses, dans la terre de Khorazan, à Samarcande. Le roi avait auprès de lui le prince Corbogath, et tous deux écoutèrent les plaintes de Soliman, naguère chargé de la défense de Nicée et maintenant obligé de solliciter du secours pour Antioche. Le prince Corbogath était un homme orgueilleux et d'un caractère sauvage. « Je m'étonne, dit-il, du langage de Soliman, lorsque je l'entends s'effrayer de l'invasion des chrétiens. Jadis j'ai détruit cent mille d'entre eux auprès de Civitot, lorsque je fus envoyé pour secourir Soliman contre l'empereur des Grecs, et plus tard mes soldats écrasèrent les innombrables bataillons de Pierre l'Ermite, dont les ossements couvrent encore le pays. »

Soliman était trop habile pour ne pas répondre avec modération à ces insultes; il reprit : « O notre frère et ami Corbogath, pourquoi nous estimes-tu si peu et nous représentes-tu comme dénués de courage? Tu as bien pu vaincre sans peine cette race molle et efféminée des Grecs, et j'ai moi-même reconnu que les bataillons de Pierre l'Ermite n'étaient qu'un ramassis d'hommes débiles et de mendiants épuisés par la longue route, en sorte qu'il n'était pas difficile de les détruire; mais sache que ceux-ci sont des hommes très forts, qui manient admirablement leurs chevaux et qui ne se laissent effrayer dans les combats ni par l'aspect de la mort, ni par les armes de quelque genre qu'elles soient, étant eux-mêmes couverts de vêtements de fer; sache aussi que leur audace est telle, que mille de leurs chevaliers, s'ils s'avancent pour combattre, n'hésitent pas à attaquer vingt mille des nôtres, et qu'ils s'élancent dans nos rangs, comme des lions ou des léopards, portant partout la mort avec eux. Moi aussi, j'avais méprisé leurs forces, je m'étais flatté de détruire toute cette multitude comme j'avais naguère vaincu l'armée de Pierre l'Ermite; vous voyez cependant en quel état ils nous ont réduits. »

Le fier Corbogath, après avoir entendu le récit de Soliman, n'ouvrit la bouche que pour se livrer encore à sa jactance et à son orgueil, disant : « Si je conserve la vie, il ne passera pas six mois avant que je ne me sois mesuré avec ces chrétiens, et, je le jure par mes dieux, je les détruirai de telle sorte que leur postérité ne cessera de s'en affliger. »

Poussé par les désirs de Corbogath comme par les prières de Soliman, le roi du Khorazan ordonna donc à tous les seigneurs de ses vastes États de préparer leurs armes, et il commanda en même temps que l'on forgeât des chaînes pour en charger tous les chrétiens prisonniers. Les préparatifs se poursuivirent avec tant de rapidité, que les troupes du Grand Roi ne tardèrent pas à se mettre en marche sous les ordres de Corbogath lui-même.

Cependant la mère de ce prince vint vers lui triste et dolente, et portant un visage consterné. Lorsqu'ils furent retirés seuls dans sa chambre, elle lui dit : « Mon fils, consolation de ma vieillesse, unique gage de mes affections, je viens à toi en grande hâte et fatiguée d'une longue route. J'étais dans Alep, la grande ville, lorsque des discours fâcheux ont frappé mes oreilles et m'ont atteint le cœur d'une grande douleur; on a dit que tu rangeais tes troupes et que tu voulais combattre les chrétiens; je suis donc venue en grande hâte, voulant savoir de toi si cela était véritable ou non. » Corbogath répondit: « Ma mère, on ne vous a jamais rien dit de plus vrai. » Sur quoi elle reprit : « Mon fils, qui t'a donné ce conseil plein d'iniquité? Tu n'as pas encore éprouvé le courage des chrétiens, et surtout de la nation des Francs; si tu avais lu les écrits des prophètes et des antiques sages, tu n'ignorerais pas que leur Dieu est le Tout-Puissant et le Dieu des dieux. Si tu combats contre les chrétiens, tu auras à combattre Dieu lui-même et ses anges; mais c'est être hors de sens que de se vouloir attaquer au Tout-Puissant, c'est courir à sa perte. O mon fils, qui a renversé Pharaon avec son armée dans la mer Rouge? Qui a chassé Sihon, roi des Amorrhéens, Og, roi de Basçan, et ceux de tous les royaumes de Canaan pour donner aux siens ces royaumes en héritage? Ce Dieu est irrité contre nous, parce que nous n'écoutons pas sa voix : il a donc envoyé contre nous son peuple des pays les plus éloignés de l'Occident et il lui a donné en propre ce pays; nul n'est en état de repousser cette nation, nul n'est assez fort pour l'exterminer. »

Alors le fils dit : « Je crois, ma mère, que tu as perdu la raison ou que les furies d'enfer t'agitent. Qui t'a dit qu'on ne pouvait exterminer ce peuple? Ce que j'ai avec moi de grands et d'émirs surpasse en nombre tous les chrétiens réunis ensemble! Et leur chair n'est-elle pas, comme la nôtre, susceptible d'être entamée par le fer? » Mais la mère reprit : « Je te conjure au nom de tous nos dieux d'éviter la présence de ces hommes et de ne leur point livrer de combat. Je sais bien que tu n'y mourras pas encore; mais, avant que l'année soit écoulée, tu quitteras cette vie, et toi qui jouis maintenant d'une honorable renommée dans tous les pays d'Orient, qui n'as point d'égal à la cour du roi, lorsque tu auras été vaincu, autant ta gloire aura été élevée, autant sera grande ton ignominie; toi qui autrefois avais coutume de mettre en fuite une grande armée avec peu de guerriers, tu apprendras à fuir à la tête d'une armée nombreuse et à prendre ta course devant un nombre inférieur comme un lièvre devant les chiens! » Alors le fils, emporté de colère et ne pouvant plus supporter les discours de sa mère, l'interrompit en disant : « Pourquoi frapper en vain l'air d'inutiles paroles, ô ma mère? Aucun courage n'est en état de nous résister, aucune armée n'est en état de lutter avec la nôtre. Mais dis-moi d'où tu sais que nous serons vaincus dans le combat et que je périrai de mort subite? » A quoi sa mère répondit : « Depuis cent ans nos pères ont appris par la divination et les entrailles des animaux que la nation des chrétiens devait venir nous attaquer et nous vaincre ; et, pour ce qui te regarde, dès le moment où tu as commencé à rassembler des troupes pour cette guerre, j'ai recherché avec une inquiète sollicitude tout ce qui pouvait m'informer de l'avenir ; j'ai contemplé les astres avec les astrologues et le secours de la science, j'ai pratiqué les sortilèges, et tout ce que j'ai vu s'unit pour promettre aux Francs les honneurs de la victoire et m'annoncer ta mort, comme je te l'ai dit. » Alors il répondit : « Ma mère, n'en parlons plus ; je combattrai les Francs le plus tôt qu'il me sera possible. » Voyant qu'elle ne pouvait rien gagner sur lui, elle retourna au lieu d'où elle était venue, emportant avec elle une foule de dépouilles.

Déjà les princes avaient envoyé en avant des chevaliers pour examiner l'armée des Turcs, et les chefs étaient réunis en conseil, lorsque Bohémond prit à part Godefroy, Robert de Flandre et Raymond de Toulouse, leur parlant ainsi : « Mes seigneurs et frères très chéris, je possède un secret que je vais maintenant vous confier et par lequel, si Dieu nous est favorable, notre armée pourra être délivrée. Depuis plus de sept mois nous sommes devant Antioche, et l'on m'a fait la promesse de me remettre la ville. La convention qui existe entre moi et celui qui doit me livrer la place ne peut être rompue ; à quelque heure que je lui en donne le signal, il doit m'ouvrir l'une des tours qui conduisent à la ville, qu'il habite lui-même. J'ai promis de donner à cet homme d'immenses sommes d'argent et je supporterai seul tout le poids de cette affaire, à une seule condition, c'est que, vous qui êtes les capitaines de l'armée, vous consentiez à ce que la ville soit livrée entre mes mains lorsqu'elle sera prise : à ce prix, je poursuivrai jusqu'au bout mon entreprise. »

Godefroy et le comte Robert n'hésitèrent pas à accepter cette condition, à laquelle souscrivirent avec empressement tous les chefs de l'armée. Raymond seul s'y refusa obstinément. Il fut convenu qu'on ne parlerait point de cette affaire et qu'elle resterait dans le plus profond secret. Les princes cependant apprirent le nom de l'ami de Bohémond, Émir Feir, descendant d'une des plus illustres familles d'Antioche et demeuré fidèle à la foi de ses ancêtres. Son habileté dans les affaires avait amené le prince Accien à lui confier la garde d'une des tours; mais un vague soupçon commençait à se répandre dans la ville qu'elle devait être livrée par les chrétiens d'Antioche à l'armée des pèlerins, lorsque Bohémond révéla son secret aux chefs de l'armée.

A peine l'assemblée des princes s'était-elle séparée, que Bohémond s'empressa de faire savoir à Émir Feir que le moment était venu de tenir ses engagements. Celui-ci, enflammé d'un nouveau courage à cette nouvelle, dépêcha son fils à Bohémond, invitant les princes à sortir du camp vers la neuvième heure comme s'ils marchaient vers l'ennemi, pour revenir ensuite à la première veille, afin d'être prêts pour l'assaut vers le milieu de la nuit. Bohémond conduisit en secret ce jeune homme aux princes auxquels il s'était confié. Tous admirèrent l'adresse et la fidélité d'Émir Feir, promettant de suivre en tout ses instructions.

Cependant Bohémond, agité et respirant à peine, visitait l'un après l'autre tous les princes, les exhortant à se tenir prêts. Il portait lui-même à la main une échelle de cordes garnie de crochets, qui devait être fixée contre le rempart. On était au milieu de la nuit; un calme profond régnait dans la ville, lorsque le messager de Bohémond parvint auprès d'Émir Feir pour lui demander s'il était temps que son maître s'avançât au pied des murailles. « Assieds-toi là, lui dit Émir Feir, jusqu'à ce que le gardien de nuit qui s'avance là-bas avec une escorte nombreuse, ait passé ce poste. » En effet, le gardien approchait et, trouvant Émir Feir veillant à la garde de la tour, le combla d'éloges et passa outre. « Cours vite, dit aussitôt Émir Feir, et que ton maître se hâte d'arriver avec une troupe d'hommes choisis. »

Bohémond n'attendait que ce signal et se trouva bientôt près de la tour, au moment même où Émir Feir venait de transpercer de son épée un frère qu'il avait et qu'il craignait de voir s'opposer à l'exécution de ses desseins, pieux et criminels tout à la fois. Alors, retournant vers les remparts, il donna le signe de reconnaissance à ceux qu'il attendait et fit descendre une corde pour remonter l'échelle. Lorsqu'elle fut solidement liée par les deux bouts, Bohémond s'avançant intrépidement en franchit rapidement tous les échelons ; sa main atteignit les revêtements du rempart ; Émir Feïr la saisit avec force, disant en même temps : « Vive cette main ! » car il savait bien que Bohémond montait lui-même. Le chef des pèlerins passe alors la tête par une ouverture, engageant ses frères à monter comme lui ; mais, ceux-ci étant encore inquiets et hésitants, Bohémond redescend par l'échelle pour les presser de monter : ce qu'ils firent enfin. En un clin d'œil le rempart de la tour fut garni, ainsi que quelques-unes des tours voisines. Un instant plus tard, ayant tué les gardes des tours, les nôtres ouvraient sans bruit une petite porte bâtarde dont ils rompirent les serrures et par laquelle se précipitèrent ceux qui attendaient au dehors ; ceux-ci s'élancèrent vers la porte du pont, dont ils massacrèrent les gardes. Aussitôt les soldats chrétiens firent retentir le son des clairons et des trompettes, donnant l'éveil au camp et à la ville, au moment où les princes chrétiens, entraînant leurs bataillons, occupaient à la fois les avenues et les portes. Le peuple du camp se précipite à leur suite, tandis que les habitants d'Antioche, à peine réveillés, se demandent ce que signifie ce tumulte et commencent à fuir devant leurs ennemis renforcés de tous les chrétiens de la ville, si longtemps opprimés, qui s'empressent de se joindre à leurs frères.

Déjà la ville tout entière était livrée au pillage, aux flammes et au massacre ; car on assure que plus de dix mille habitants périrent en cette nuit. Le prince aussi, fuyant dans la campagne, égaré par sa douleur, périt de la main d'un soldat. Plus de trois cents de ses Turcs, cherchant à se réfugier dans la citadelle, furent précipités par nos soldats sur la pente escarpée ; mais la citadelle elle-même restait imprenable, et les Français ne tardèrent pas à s'apercevoir du danger que leur faisait courir l'approche des troupes de Corbogath. D'assiégeants ils devenaient assiégés. La ville ne contenait plus de vivres.

Trois jours après la prise d'Antioche, qui avait eu lieu le 3 juin 1098, les forces de Corbogath occupaient toute l'étendue du pays

Emir Feïr saisit la main de Bohémond avec force.

à perte de vue. Le découragement recommençait à s'emparer des pèlerins; un grand nombre, abandonnant leurs compagnons et ne se souvenant plus des serments qu'ils avaient prêtés, descendaient le long des murailles avec des cordes ou dans des paniers et s'enfuyaient vers la mer. Beaucoup tombèrent entre les mains des ennemis; d'autres, parmi lesquels on comptait quelques personnages illustres, parvinrent jusqu'au rivage et forcèrent les maîtres des vaisseaux de lever l'ancre pour partir avec eux. Quelques autres, plus abominables encore, se rendirent auprès de l'émir et renièrent la doctrine et la foi du Christ, informant en même temps les Turcs de l'état de notre armée.

Les princes redoublaient de vigilance pour arrêter cette désertion, mais ils ne mettaient point obstacle aux combats qui se livraient tous les jours devant la ville; la disette recommençait à décimer l'armée chrétienne, qui n'avait pu ravitailler la place où elle s'était aussitôt enfermée, et les chefs décidèrent d'envoyer une députation à Corbogath, chef de l'armée assiégeante. Ils ne trouvèrent d'abord personne qui voulût se charger d'un message pour ce prince farouche; enfin Pierre l'Ermite s'offrit sans hésiter. Ayant reçu les instructions du duc Godefroy et des autres chefs, il partit seul sous la protection de Dieu et se rendit à la tente de Corbogath, marchant sans crainte au milieu des Gentils. A l'aide des interprètes, il communiqua à Corbogath le message dont il était chargé : « Corbogath, prince très illustre, les chefs de l'armée chrétienne ont résolu, si tu veux croire au Christ, le Seigneur qui est le vrai Dieu, et renoncer aux impuretés des Gentils, de se faire tes chevaliers; ils remettront entre tes mains la ville d'Antioche, et sont prêts à te servir comme leur seigneur et leur prince. » Mais Corbogath refusa non seulement d'y consentir, mais même de l'entendre; il voulut que Pierre l'Ermite fût instruit des rites sacrilèges des Gentils et déclara qu'il n'y renoncerait jamais.

Pierre lui annonça alors un autre message : « Les princes chrétiens, dit-il, ont encore pensé, puisque tu refuses d'avoir pour sujets tant d'hommes illustres et de devenir toi-même chrétien, que tu pourrais choisir dans ta nombreuse armée vingt jeunes chevaliers, qu'eux-mêmes en choisiraient autant, et qu'après avoir donné des otages et prêté serment des deux côtés, toi par ton Dieu, eux par leur Dieu, ces chevaliers pourraient combattre entre les deux armées en combat singulier. Si la victoire ne demeurait pas aux chrétiens, ils s'en retourneraient en paix et sans aucun obstacle dans leur pays, abandonnant la ville d'Antioche ; mais si les tiens ne pouvaient triompher, vous vous retireriez en renonçant à ce siège et en nous laissant la ville et le territoire ; par ce moyen, vous ne permettriez pas que les deux armées se détruisissent mutuellement. Si cependant tu repousses avec mépris cette proposition des chrétiens, sois assuré que tous viendront combattre contre toi. » Corbogath répondit aussitôt dans son orgueil : « Pierre, voici la seule résolution que les chrétiens puissent prendre : Que toute la jeunesse encore imberbe se rende vers moi pour me servir moi et mon seigneur le roi de Khorazan, nous l'enrichirons de nos bienfaits et de nos présents ; que les jeunes filles viennent également à nous et reçoivent la permission de vivre. Quant à ceux qui ont déjà de la barbe ou quelques cheveux blancs, ils devront tous perdre la tête, ainsi que les femmes mariées : autrement, je n'aurai aucun égard pour l'âge ; je les ferai tous passer au fil de l'épée, et ceux que j'aurai voulu réserver, je les emmènerai chargés de chaînes et de fers. » Il montra en même temps à Pierre une quantité inconcevable de fers et de chaînes de toutes les sortes.

Pierre rapporta aussitôt au camp les paroles insolentes qu'il avait recueillies de la bouche de Corbogath. Tous les chevaliers se pressaient autour de Pierre, curieux de connaître les réponses de Corbogath et de savoir si le messager rapportait la guerre ou l'espoir de conclure un traité de paix. Ainsi entouré de la foule des fidèles, Pierre commençait à leur raconter les menaces qui étaient sorties des lèvres de Corbogath ; mais le duc Godefroy le prit bientôt à part, l'invitant à ne pas redire les choses qu'il avait pu entendre dans le camp ennemi, de peur que l'armée, frappée d'effroi, ne cherchât dans la fuite le moyen d'éviter le combat, qui paraissait inévitable à tous les princes. Après le conseil, ils annoncent en effet aux pèlerins leur résolution arrêtée de combattre dès le lendemain.

Chacun était rentré dans sa tente pour faire ses préparatifs de bataille sans donner un moment aux douceurs du sommeil, et, le lendemain dès l'aube du jour, après la célébration du service divin, ces hommes qui, la veille et l'avant-veille tristes et abattus, pouvaient à peine lever les yeux et marcher la tête haute, se montrent maintenant en public, renonçant à toute faiblesse, et, comme doués de nouvelles forces, portent leurs armes en guerriers intrépides qui se promettent la victoire.

Le 28 juin, les troupes s'étant rangées en bataille avant de sortir de la ville, s'avancent contre l'ennemi, enseignes déployées, comme le reconnut bientôt un homme d'une habileté consommée, nommé l'émir Dalis, qui connaissait bien nos forces et les étendards de tous les chefs. Il courut aussitôt à la tente de Corbogath. « A quoi songes-tu, lui dit-il, de jouer aux échecs ? Voici les Francs qui viennent ! — Viennent-ils pour combattre ? » demande Corbogath. « Je ne le sais pas encore, répond l'émir Dalis, je te le dirai tout à l'heure. » Puis il regarde de nouveau et répète : « Ce sont bien les Francs. — Mais que penses-tu de leurs projets ? » demande le chef. Alors Dalis, considérant l'armée avec plus d'attention, reconnaît l'étendard de l'évêque du Puy en tête du troisième bataillon, et, sans s'arrêter plus longtemps, il dit à Corbogath : « Ce sont bien les Français qui viennent : ou fuis sur-le-champ, ou songe à bien combattre. C'est la bannière du grand pape que je vois en tête de l'ennemi ; tremble donc d'être aujourd'hui vaincu par ceux que tu te flattais d'écraser hier. »

« Je vais, dit Corbogath, envoyer dire à ces Francs que je souscris aux propositions qu'ils m'ont fait faire hier. — Tu tiens ce langage trop tard, » repartit l'émir. Corbogath cependant, essayant en vain de retenir les nôtres par un corps envoyé audevant d'eux, commence à considérer plus sérieusement ce qu'il avait d'abord regardé comme un jeu, et semble bien près de craindre ceux dont il méprisait naguère la faiblesse. Avant que nos troupes eussent occupé toute la plaine qui s'étend entre la ville et les montagnes, Corbogath avait sagement disposé ses bataillons, et les clairons donnaient déjà le signal du combat.

Aussitôt les trois premiers corps s'élancent contre l'ennemi, attaquant les Turcs de la lance et du glaive. Seul, le corps commandé par Bohémond, se trouvant assailli à l'improviste, menaçait d'être complètement détruit, lorsque le duc, averti de son danger, courut à son secours, bientôt suivi par le vaillant Tancrède. Les Turcs, écrasés à leur tour, cherchent d'autres moyens de défense : tirant du feu de la pierre avec leur adresse accoutumée, ils enflamment un immense tas de paille qui se trouvait là ; une fumée épaisse et noire aveuglant les chevaux et les cavaliers ralentit l'ardeur de la poursuite des nôtres ; ils repoussent cependant pour la seconde fois les Turcs qui commençaient à reformer leurs bataillons et ils les contraignent à chercher leur salut dans la fuite.

Cependant Corbogath attendait sur une éminence l'issue de cette grande lutte. Lorsqu'il vit ses légions dispersées de tout côté et ne résistant plus sur aucun point, ne songeant plus qu'à sa sûreté personnelle, il abandonna son camp. Oubliant son armée, emporté par la frayeur, sans attendre personne et changeant sans cesse de chevaux pour accélérer sa marche, il atteignit enfin les bords de l'Euphrate, qu'il franchit sans retard. Son armée, privée de chef, avait en même temps perdu le courage et la force de résister ; les nôtres ne les poursuivirent pas longtemps, massacrant sans résistance ceux qui ne pouvaient pas fuir et se ruant sur les vivres amassés dans le camp, au milieu du plus riche butin. Tel qui la veille supportait les plus rudes privations rentra dans Antioche chargé de provisions et de richesses. Les Turcs qui occupaient encore la citadelle, désespérant désormais de recevoir du secours, capitulèrent aussitôt, ne demandant que la vie sauve avec leurs femmes et leurs enfants. Lorsqu'ils eurent remis la citadelle aux princes, la bannière de Bohémond fut arborée sur la plus haute tour, comme seigneur et prince de la place. Seul le comte Raymond de Toulouse s'empara de la tour qui dominait le pont du Fer et la garnit d'hommes de sa suite ; aussi fut-ce à lui seul que Bohémond continua d'en vouloir au fond de son âme, mais il cacha longtemps ce secret.

Peu après la victoire que Dieu leur avait accordée, les princes, qui avaient à cœur de se montrer fidèles à leurs serments, envoyèrent Baudouin, comte de Hainaut, et Hugues le Grand, frère du roi de France, en députation à l'empereur, pour lui déclarer qu'ils se considéraient comme dégagés envers lui de toute promesse et de tout engagement, puisque lui-même avait manqué de parole en ne leur envoyant point le secours promis et en cédant aux insinuations des hommes timides qui avaient déserté leur camp. Mal en prit aux deux princes chargés de cette mission, car, étant tombés dans une embuscade de Turcopoles sur le territoire de Nicée, Baudouin de Hainaut, percé de flèches, fut entraîné comme prisonnier, tandis que Hugues le Grand parvenait à grand'peine jusqu'à Constantinople, d'où il ne revint plus auprès de ses frères : ce qui ne lui fut pas à honneur et gloire.

Cependant, et malgré les vivres qui abondaient de toutes parts au port Saint-Simon, une maladie cruelle sévissait dans l'armée. L'un des premiers qui succomba au fléau fut le vénérable évêque du Puy, au deuil de tous, riches et pauvres. Peu avant de mourir, il fit appeler les princes et leur dit : « Tant que Dieu l'a permis et que la santé du corps m'est demeurée, ni mon zèle ni mes services ne vous ont manqué, mes frères; mais maintenant je m'affaiblis et le terme de ma vie approche. Ainsi que le pape Urbain m'avait donné à vous pour vous servir de ministre de la science sainte, je vous donne celui-ci. » Et il leur présenta Arnoul, qui n'était inférieur à nul autre pour un tel combat; puis, fermant les yeux, il passa, bientôt dans le sein de Jésus, qu'il avait suivi de toutes ses forces du cœur et de la voix, tant que l'éternelle bonté lui avait conservé la vie.

Cependant l'armée commençait à s'impatienter des délais qui retenaient les princes à Antioche au lieu de marcher vers Jérusalem, but suprême de leur pèlerinage, en sorte qu'un grand nombre d'hommes d'armes quittaient secrètement le camp pour s'avancer vers la ville sainte; il fut donc décidé dans le conseil des chefs, et malgré les obstacles qu'y apportait l'ambition personnelle de plusieurs, empressés à s'assurer des trésors et des conquêtes, que l'armée s'avancerait vers Jérusalem au mois de mars, après s'être préalablement réunie à Laodicée, qui était déjà au pouvoir des pèlerins. Les forces des chrétiens se trouvaient en masse au delà des défilés de Tripoli, lorsque le duc Godefroy reçut une députation des habitants chrétiens de la ville de Bethléem, et principalement des fidèles que les Turcs avaient chassés de la ville de Jérusalem, en les accusant de trahison à l'occasion de l'arrivée des armées chrétiennes dans le pays. Ils venaient demander, au nom du Seigneur Jésus-Christ, que l'armée poursuivît sa marche sans plus tarder, car les Gentils réunis de tous les points de l'Orient pour la défense de Jérusalem ne cessaient de massacrer les malheureux fidèles du Christ rassemblés à Bethléem et dans les villages environnants. Le duc leur promit du secours et envoya aussitôt cent chevaliers cuirassés pour occuper Bethléem. A peine avaient-ils quitté le camp, que toute l'armée se trouva instruite de la députation que le duc venait de recevoir de Bethléem. Déjà tous les chrétiens, grands et petits, avaient levé le camp, et s'étaient mis en route à travers les gorges et les défilés des collines. Les chevaliers, ardents à se porter en avant, pressaient leur marche afin de n'être pas resserrés et arrêtés dans les passages par les gens de pied qui affluaient de toutes parts, poussés par le même désir d'arriver promptement à Jérusalem. Gaston de Béziers et Tancrède arrivaient au moment même où la première rosée couvre encore l'herbe des champs, poussant devant eux un grand troupeau de bestiaux qu'ils avaient enlevés aux Sarrasins qui les gardaient, et lorsqu'on leur demanda où ils avaient pris ce butin, ils répondirent qu'ils l'avaient pris dans la plaine de Jérusalem. En entendant ainsi prononcer le nom de Jérusalem, tous versèrent d'abondantes larmes, heureux de se trouver si près des Lieux Saints, de la ville désirée, pour l'amour de laquelle ils avaient supporté tant de fatigues et de périls et bravé la mort sous tant d'aspects divers.

Leur ardent désir de voir la cité sainte leur fit promptement

Jérusalem et la montagne des Oliviers.

oublier tous leurs travaux et leur lassitude, et ils pressèrent leur marche plus qu'ils n'avaient coutume de faire. Ils avancèrent ainsi sans se ralentir, chantant des hymnes de louange, poussant des cris vers le ciel et versant des larmes de joie. L'armée était en ce moment forte de soixante mille individus de l'un et l'autre sexe.

Tancrède cependant, ayant devancé la marche de l'armée, avait fait le tour de la ville, pliant les genoux pour remercier Dieu de ce qu'il lui avait été donné de contempler Jérusalem. Aussitôt après qu'il eut planté sa bannière dans le voisinage de la tour de David et donné l'ordre de dresser son camp, Tancrède s'éloignant seul, sans compagnon, sans écuyer, monta sur la montagne des Oliviers, d'où il avait appris que le Fils de Dieu était remonté vers son Père. Quelle témérité! Quelle manière de faire un siège! Tancrède chevalier assiège le couchant et Tancrède assiège aussi le Levant! D'un côté il n'a qu'un petit nombre d'hommes, de l'autre côté il est seul. Du haut de la montagne des Oliviers il porte ses regards vers la ville, dont il n'est séparé maintenant que par la vallée de Josaphat; alors il voit le peuple courant çà et là par les rues, les tours remplies d'armes, les chevaliers frémissant d'impatience; il voit les hommes courant aux armes, les femmes versant des larmes, les prêtres allant offrir des prières au ciel; partout les voies publiques retentissent de cris, de fracas, de hennissements de chevaux. Très souvent il reporte ses regards vers le temple du sépulcre du Seigneur et sur le Calvaire : c'est le point de vue le plus éloigné; mais comme il est aussi le plus élevé, on le découvre de toutes parts. Tancrède pousse de profonds soupirs et se couche sur la terre; il voudrait donner sa vie pour qu'il lui soit permis d'imprimer ses lèvres sur ce Calvaire dont le sommet se présente à sa vue.

Les princes s'étaient cependant tous réunis autour de la cité sainte, pour examiner les moyens de s'emparer de la ville. Ils furent bientôt convaincus qu'il n'y avait rien à faire du côté de l'orient et du midi, à cause de la profondeur des vallées environnantes, et se décidèrent à tenter le siège du côté du nord. Ils formèrent donc leur camp, mais une moitié de la ville ne se trouvait pas investie. Ce fut le troisième jour de la seconde semaine de juillet que le siège de Jérusalem fut entrepris par l'armée des pèlerins, qui endurèrent bientôt d'excessives fatigues, tant par les attaques incessantes des ennemis que par la rareté de l'eau potable devant les murs de la place. Ceux qui allaient en puiser rapportaient dans des outres de peau de chèvre une eau toute trouble, devenue boueuse à la suite des querelles qui s'élevaient entre ceux qui voulaient puiser en même temps et remplie en outre de sangsues. Les princes et les riches avaient des raisins et du vin en abondance; mais les pauvres, qui avaient épuisé leurs dernières ressources pour achever leur pèlerinage, étaient réduits à se désaltérer de cette eau malsaine et dangereuse. Ce fléau augmentant chaque jour, un saint ermite qui habitait dans les environs de Jérusalem conseilla aux pèlerins de faire pénitence de leurs péchés et puis, sous la direction de Dieu, d'attaquer avec plus de confiance les murailles et les Sarrasins qui les défendaient.

Par suite de ces conseils, les princes ordonnèrent un jeûne de trois jours, à la suite duquel tous les chrétiens se réuniraient sur la montagne des Oliviers, vers le lieu d'où le Seigneur Jésus monta aux cieux, puis ils s'arrêtèrent en toute humilité et dévotion sur une autre place, celle où il enseigna à ses disciples à prier. Pierre l'Ermite et Arnoul de Roie ayant parlé au peuple apaisèrent les nombreuses querelles qui s'étaient élevées entre les pèlerins en diverses occasions; entre autres ils réconcilièrent le comte Raymond et Tancrède, qui étaient brouillés depuis longtemps.

Le jour fixé pour la première attaque de la ville approchait. Le duc Godefroy reconnaissant que sur le côté qu'il s'était chargé d'assiéger, les ennemis s'étaient extrêmement renforcés en armes et en vaillants guerriers, résolut de transporter ses machines de guerre sur un autre point : ce qu'il opéra à grand renfort de bras pendant la nuit. Les assiégés se trouvèrent surpris en voyant la tour mobile qu'avait fait construire le duc placée si près des remparts de la ville, qu'on pouvait presque combattre corps à corps.

Dès que le jour parut, tous les croisés, revêtus de leurs armes, s'avancèrent pour commencer l'attaque, résolus à périr pour le Christ ou à conquérir la liberté de la cité chrétienne; au milieu d'un peuple si nombreux, on ne voyait pas un vieillard, un homme faible ou jeune encore, que sa dévotion n'entraînât au combat; les femmes mêmes se mêlaient aux travaux des hommes sans consulter leurs forces.

Les nôtres faisaient pleuvoir sur les ennemis une foule de traits et de dards, lançant, avec de petites machines appelées mangonneaux, des pierres contre les remparts, tandis que les guerriers montés dans la tour mobile cherchaient à la faire avancer près des murailles; mais ils en étaient empêchés par un grand fossé large et profond qui se trouvait sous les remparts, et que les plus grands efforts tendaient à combler, tandis que les assiégés accablaient de flèches et de dards enflammés tous ceux qui s'avançaient pour soutenir cette entreprise.

La nuit était venue mettre fin au combat sans que les croisés eussent pu parvenir à entrer dans la ville. A peine les premières lueurs de l'aurore annonçaient-elles le retour du jour, qu'ils s'élancèrent de nouveau à l'assaut des remparts, avec une ardeur infatigable. Déjà les tours qu'avait fait avancer le comte Raymond avaient été détruites, mais le duc occupait encore la sienne avec son frère Eustache; les claies d'osier dont elle était couverte ayant constamment amorti la violence des chocs, étaient replacées et rattachées avec des cordes dès qu'elles se trouvaient renversées par une pierre.

Ce fut de cette tour du duc Godefroy que partit la première attaque couronnée de succès, car les deux frères Ludolf et Engelbert, chevaliers du duc, qui occupaient l'étage inférieur de la tour, ayant cru remarquer que les efforts des ennemis se ralentissaient momentanément, sortirent de la tour et, jetant des arbres en avant sur le rempart, entrèrent les premiers dans la ville, mettant en fuite les gardiens de la muraille. Le duc et son frère Eustache volèrent aussitôt à leur secours, et la foule des pèlerins, se voyant devancée par ces hardis agresseurs, dressa des échelles contre les murailles, tout à coup dégarnies de défenseurs.

En effet, les citoyens et les soldats réunis dans Jérusalem, voyant les chrétiens dans l'intérieur de la ville augmenter de nombre à chaque instant, ne songèrent plus qu'à fuir. La plupart d'entre eux espéraient se retrouver dans le palais du roi Salomon, édifice très vaste et très solide, mais les Français y étaient arrivés en même temps qu'eux ; ils commencèrent à massacrer les Gentils. Les portes de la ville avaient été ouvertes et la multitude du peuple chrétien se précipitait pour entrer avec tant de hâte, que plusieurs personnes périrent écrasées sous les pieds des hommes et des chevaux.

Cependant le massacre était horrible autour du palais de Salomon, sur l'escalier de la citerne royale et dans toutes les rues de la ville. Les femmes qui s'étaient réfugiées dans les tours du palais ou sur les points les plus élevés étaient frappées du glaive ; on enlevait des bras de leurs mères les enfants à la mamelle : ni l'âge ni le rang ne pouvaient soustraire les Sarrasins à la mort. Quiconque s'emparait le premier d'une maison ou d'un palais en devenait possesseur avec tout ce qui s'y trouvait. Ce fut ainsi que Tancrède, courant en toute hâte vers le temple, suivi et assisté de toute sa troupe, y enleva une immense quantité d'or et d'argent dont les murailles étaient revêtues. On travailla pendant deux jours sans relâche à enlever les trésors dont les Turcs avaient enrichi cet oratoire. On disait que deux Sarrasins sortis de la ville pendant le siège avaient obtenu grâce pour leur vie auprès de Tancrède en lui révélant l'existence de toutes ces richesses. Après être demeuré deux jours dans le temple, il en fit ouvrir les portes, emmenant avec lui tous ses trésors, qu'il partagea fidèlement avec Godefroy, dont il était le chevalier. On dit que dix chameaux ou mulets auraient à peine suffi pour les transporter.

Tandis que Tancrède, poussé par son avidité, se dirigeait vers le temple du Seigneur pour en enlever les richesses, que tous les princes recherchaient avidement les dépouilles des Turcs, et que le peuple chrétien, se portant vers le palais de Salomon, faisait un massacre affreux des Sarrasins, le duc Godefroy, s'abstenant de tout massacre, et ne conservant auprès de lui que trois de ses compagnons, dépouilla sa cuirasse et s'enveloppa d'un vêtement de laine; puis il sortit pieds nus des murailles, pour rentrer ensuite par la porte qui fait face à la montagne des Oliviers, et alla de là tout droit se présenter devant le sépulcre de de Notre-Seigneur Jésus-Christ, fils du Dieu vivant, sur lequel il versa des larmes, priant et louant Dieu de ce qu'il avait été jugé digne de voir ce qu'il avait toujours si ardemment désiré.

Cependant le duc étant sorti du sanctuaire de ce Sépulcre, le cœur inondé de joie, rentra chez lui pour y chercher le repos. Déjà toute l'armée se délassait après la victoire et le carnage, et cette nuit-là les chrétiens, maîtres de Jérusalem, goûtèrent les douceurs d'un profond sommeil. Mais dès le lendemain, comme la discorde commençait à se glisser parmi les princes, les uns, comme le comte Raymond et Tancrède, ayant accepté de grosses sommes d'argent pour protéger un certain nombre de Sarrasins, et d'autres n'ayant pas respecté cette protection, il fut décidé que tous les Gentils retenus prisonniers, rachetés ou non rachetés, périraient sans retard par le glaive, de peur que leurs astucieuses inventions n'amenassent des malheurs et des discussions dans l'armée.

Le troisième jour après la victoire, en effet, les princes ayant publié leur résolution, tous les chrétiens coururent aux armes pour détruire ceux des Gentils qui avaient survécu au premier massacre. Les jeunes filles et les matrones étaient lapidées ou décapitées, malgré leurs cris et leurs supplications; elles imploraient en vain la miséricorde des pèlerins, qui avaient tellement livré leur âme à la passion du carnage, que toutes les places de la ville de Jérusalem se trouvèrent encombrées de cadavres.

Après cette déplorable extermination des Sarrasins, et le lendemain qui était un dimanche, les princes de l'armée tinrent conseil et résolurent de confier au comte Raymond de Toulouse le gouvernement de la ville et la garde du tombeau du Seigneur, puisqu'il avait fait vœu de ne jamais retourner dans sa patrie; mais le comte ayant refusé, de même que tous les autres capitaines successivement choisis pour cet emploi, le duc Godefroy fut enfin désigné, quoiqu'il s'en défendît, pour le souverain commandement, dont il ne consentit jamais à porter les insignes, disant qu'il ne pouvait porter une couronne d'or dans la cité sainte où le Rédempteur du monde avait porté une couronne d'épines.

La prise de Jérusalem fut ainsi accomplie par la miséricorde de Dieu, l'an de grâce 1099, le quinzième jour de juillet, le sixième jour de la semaine et vers la neuvième heure du jour, trois ans après que le peuple fidèle eut entrepris son long et difficile pèlerinage. Le douzième jour du mois d'août, une grande bataille fut livrée près d'Ascalon, où fut vaincu l'émir Afdal, considéré dans tout l'Orient comme le premier après le roi de Babylone, et cette victoire mit le sceau à la conquête accomplie au nom de Dieu par le peuple chrétien. Tous les princes annoncèrent alors au duc Godefroy l'intention de retourner dans leur patrie. Ce fut avec larmes qu'il se sépara d'eux, en les conjurant de ne point oublier ceux qui demeuraient en exil pour le service et la défense du saint sépulcre. Les princes, de leur côté, versaient des pleurs de tendresse et de regret. Ils se donnèrent enfin la main d'adieu et se quittèrent en louant la miséricorde du Seigneur qui avait marché en avant des armées chrétiennes, auquel soit honneur et gloire aux siècles des siècles. Amen!

SAINT LOUIS

QUATRIÈME RÉCIT

JOINVILLE. LE CONFESSEUR DE LA REINE MARGUERITE.

Le royaume chrétien de Jérusalem était fondé, et fondé surtout par les mains des Français. L'Europe tout entière a pris part aux croisades, mais c'est à l'histoire de France bien plus qu'à toute autre que se rattache celle de ces grandes expéditions. Un pèlerin français, Pierre l'Ermite, a prêché la première croisade. C'est en France, au concile de Clermont, qu'elle fut résolue; un prince dont le nom est demeuré français, Godefroy de Bouillon, l'a commandée; le royaume de Jérusalem a parlé la langue de nos pères; les Orientaux ont donné à tous les Européens le nom de Francs; pendant deux siècles la conquête et la défense de la Terre Sainte se lient étroitement à tous les sentiments, à toutes les idées, à toutes les vicissitudes de notre patrie. Deux rois de France, Louis le Jeune et Philippe Auguste, ont commandé deux croisades, avant les aventures héroïques et pieuses dont le roi saint Louis a le dernier rempli l'Orient. Ce sont des croisés français qui ont conquis Constantinople, ce sont des historiens français qui ont raconté les expéditions des Européens à la délivrance du saint sépulcre. Guillaume de Tyr excepté, tous les historiens des croisades dont le nom reste connu, Jacques de

Vitry, Albert d'Aix, Foucher de Chartres, Guibert de Nogent, Raoul de Caen, Villehardouin, Joinville et bien d'autres, sont des Français.

Les conquêtes si laborieusement acquises et si longtemps défendues étaient cependant perdues pour la France comme pour la chrétienté, lorsque le roi saint Louis, tout jeune encore et depuis peu de temps affermi sur le trône, résolut d'aller reconquérir pour Jésus-Christ le saint sépulcre et Jérusalem. Sa mère, la reine Blanche de Castille, qui avait sagement gouverné le royaume pendant l'enfance de son fils, ne voulait à aucun prix le laisser aller en Terre Sainte. Le roi était malade et en grand danger de mort la première fois que cette pensée avait traversé son esprit. A peine eut-il recouvré la parole, car il était comme mort, qu'il fit demander l'évêque de Paris et l'évêque de Meaux et réclama la croix du pèlerinage d'outre-mer. Les évêques ne voulaient pas la lui donner, mais le bon roi dit qu'il ne voulait manger ni boire qu'il n'eût la croix. Voyant donc son extrême désir, l'évêque de Paris lui donna la croix, qu'il devait porter trois ans sur sa poitrine avant d'entreprendre le voyage de Terre Sainte. Dès qu'elle l'avait su croisé, sa mère la reine Blanche avait mené grand deuil sur lui autant que s'il eût été mort.

Beaucoup de seigneurs et de prélats s'étaient croisés à la suite du roi, qui comme lui étaient restés en France, quand une fois l'évêque de Paris lui dit : « Mon seigneur roi, vous rappelez-vous que lorsque vous avez pris la croix et que nous avons cédé à votre désir de prononcer tout à coup ce vœu redoutable, vous étiez faible et, pour dire le vrai, d'un esprit troublé, ce qui ôtait à vos paroles de leur poids et de leur autorité? Le seigneur pape, qui connaît les nécessités de votre royaume, vous donnera volontiers une dispense. Voilà : nous avons à redouter la puissance du schismatique Frédéric, les trahisons naguère réprimées des Poitevins, les querelles subtiles des Albigeois; l'Allemagne est agitée, l'Italie n'a pas de repos; l'accès de la Terre Sainte est difficile : à peine pourriez-vous y être reçu; derrière vous resteront les haines implacables du pape et de Frédéric : à qui nous laisseriez-vous, tous faibles et désolés? » Entendant ainsi parler l'évêque, qui aurait fait plus sagement de se taire, la reine Blanche, qui ne désirait rien tant que de voir son fils renoncer à ce voyage d'outre-mer, dit à son tour que le roi la devrait écouter, car elle ne lui avait jamais donné que de sages conseils, comme il le savait bien, et que Dieu prenait plaisir à voir un fils écouter sa mère; d'ailleurs, s'il restait en son royaume, la Terre Sainte n'en aurait pas à souffrir, car on y enverrait plus d'hommes et d'argent qu'il n'en pourrait mener lui-même. Le roi, entendant tout ceci, dit à l'évêque : « Vous dites que je n'étais pas en possession de mon esprit quand j'ai pris la croix; eh bien, comme vous le désirez, je vous la rends; je vous remets, seigneur évêque, la croix que j'avais revêtue. » L'évêque tendit la main pour recevoir la croix que le roi avait détachée de son épaule, et tous les assistants se réjouissaient, quand le roi, changeant tout à coup de visage, leur dit : « Mes amis, maintenant à coup sûr je ne manque ni de sens ni de raison, je ne suis ni faible ni troublé dans mon esprit; je demande ma croix. Celui qui sait toutes choses sait qu'aucun aliment n'entrera dans ma bouche jusqu'à ce qu'elle soit replacée sur mon épaule. » A ces mots tous les assistants déclarèrent qu'il y avait là le doigt de Dieu, et personne n'osa plus élever aucune objection contre la volonté du roi.

Le roi, s'étant croisé de nouveau, se mit en chemin pour aller outre-mer, en l'an de grâce 1248. Il emmena en sa compagnie ses frères les comtes d'Artois et d'Anjou, et grand nombre de seigneurs et prélats. Son frère Alphonse, comte de Poitiers, s'était aussi croisé, mais il demeura cette année-là avec sa mère la reine Blanche à la garde du royaume. La reine était comme une femme désespérée, baisant sans cesse le roi son fils et répétant en pleurant : « Beau très doux fils, beau tendre fils, je ne vous verrai jamais plus, le cœur me le dit bien. » La reine Marguerite, femme du roi, s'en allait avec lui au voyage d'outre-mer; pour rien au monde elle n'eût voulu demeurer en arrière avec la reine sa belle-mère, qui tant de fois l'avait fait souffrir par la grande jalousie qu'elle éprouvait de l'amour du roi son fils pour sa femme.

Le roi et son armée s'en allèrent par la Bourgogne, passant à Lyon sur le Rhône, où se tenait le pape Innocent, qui n'osait rentrer à Rome, par crainte de l'empereur Frédéric qui l'avait en grande haine. Quand ils eurent parlé ensemble et que le roi eut reçu sa bénédiction, il se dirigea vers le port d'Aigues-Mortes, où il avait donné rendez-vous à ses barons.

Ce fut là qu'il retrouva le sénéchal de Champagne, le sire de Joinville, qui raconte ainsi le jour de l'embarquement sur les navires : « Quand on eut fait entrer par la porte les chevaux que nous devions emmener outre-mer, on referma la porte et on la boucha bien comme on bouche un tonneau, parce que, lorsque le vaisseau est en mer, toute la porte se trouve dans l'eau. Alors le maître nautonier cria à ses nautoniers qui étaient à la proue du vaisseau : « Êtes-vous prêts? » Et ils répondirent : « Oui, sire, que les clercs et les prêtres s'avancent! » Et aussitôt qu'ils furent venus, il leur cria : « Chantez de par Dieu, » et ils s'écrièrent tout d'une voix : *Veni creator Spiritus!* et le maître cria : « Faites voiles, au nom de Dieu ! » En très peu de temps le vent frappa les voiles et nous eut enlevé la vue de la terre, tellement que nous ne vîmes que le ciel et l'eau. Chaque jour le vent nous éloignait des pays où nous étions nés. Par là je vous montre que bien fou est celui qui ose se mettre en tel péril avec le bien d'autrui ou en péché mortel, car on s'endort le soir sans savoir si on se trouvera au fond de la mer le lendemain matin. » .

Le bon roi, qui avait passé l'hiver dans l'île de Chypre où les pèlerins de tous les pays devaient le rejoindre, ordonna que les vaisseaux fussent chargés de vins et de vivres pour repartir le vendredi avant la Pentecôte, disant à ses barons qu'ils allassent tout droit à sa suite vers l'Égypte, car ainsi on avait résolu d'attaquer d'abord les païens, depuis que le roi Jean de Brienne, qui était nommé roi de Jérusalem, avait tenu la ville de Damiette pour Jésus-Christ pendant plus d'un an et ne l'avait perdue que par fâcheuse aventure. Le samedi donc le roi mit à la voile et tous les autres vaisseaux aussi : ce qui était une très belle chose à voir, car il semblait que la mer fût couverte des vaisseaux, qui furent évalués à dix-huit cents, tant grands que petits.

Le jeudi après la Pentecôte, le roi arriva devant Damiette, et nous trouvâmes là toutes les forces du soudan sur le bord de la mer, qui étaient fort belles à voir, car le soudan porte des armoiries d'or où frappait le soleil qui les faisait resplendir. Le bruit qu'ils faisaient avec leurs timbales et leurs cors sarrasinois était épouvantable à entendre.

Un grand nombre de vaisseaux s'étaient égarés par la force du vent, en sorte que le roi n'avait pas avec lui plus de la troisième partie de ses gens; mais il ne voulut jamais attendre que le reste de l'armée le rejoignît, disant que cela encouragerait les ennemis, en sorte qu'à peine la galère qui portait l'enseigne de Saint-Denis qu'on appelle l'oriflamme eut-elle touché terre, que le roi traversa à grands pas le pont de son vaisseau et, malgré le légat qui le voulut retenir, sauta dans la mer, où il avait de l'eau jusqu'aux aisselles. Il alla donc son bouclier au cou, son casque en tête et sa lance en main, jusqu'à ses gens qui étaient sur le rivage de la mer. Quand il vint à terre et qu'il aperçut les Sarrasins, il demanda quelles gens c'étaient, et on lui dit que c'étaient des Sarrasins; il mit aussitôt sa lance sous son aisselle et son bouclier devant lui, et il eût couru sus aux Sarrasins si ses chevaliers qui étaient avec lui l'eussent laissé faire.

Les Sarrasins annoncèrent par trois fois à leur soudan, par des pigeons messagers, que le roi était abordé, sans que jamais ils en reçussent de réponse, parce que le soudan était malade. Voyant cela, ils crurent que le soudan était mort et quittèrent Damiette. On le vint dire au roi, qui envoya un chevalier pour s'assurer si c'était vrai. Le chevalier revint qui dit que oui. Alors le roi fit chanter le *Te Deum laudamus*, il monta à cheval et nous aussi, et nous allâmes nous loger devant Damiette, bien étonnés que les Turcs nous l'eussent ainsi livrée, car autrement nous n'eussions pu en devenir maîtres que par famine, comme le roi Jean avait fait du temps de nos pères.

Lorsque nous fûmes établis dans la ville, le roi résolut de ne pas marcher contre les Sarrasins avant l'arrivée de son frère, le comte de Poitiers, qui amenait l'arrière-ban de France. Le roi fit donc faire de grands fossés autour du camp, au bord desquels guettaient toute la nuit des archers et des arbalétriers.

Quand le comte de Poitiers fut venu, on ne savait encore si on irait vers Alexandrie, ainsi que le conseillait le bon comte Pierre de Bretagne; mais le comte d'Artois y était contraire, qui voulait aller tout droit à Babylone, parce que c'était le chef-lieu de tout le royaume d'Égypte, et que si l'on voulait tuer le serpent, il fallait d'abord lui écraser la tête. Le roi s'en tint donc au conseil de son frère.

Assez près de Damiette, nous trouvâmes un cours d'eau qui sortait de la grande rivière d'Égypte, et au passage de ce bras le soudan nous envoya cinq cents de ses chevaliers, les mieux montés qui se trouvassent dans son armée, pour harceler le roi pendant sa marche. Le roi ayant défendu qu'on répondît à leurs attaques, les Sarrasins s'enhardirent et attaquèrent les Templiers qui formaient le premier corps, si bien que l'un des chevaliers du Temple fut renversé de son cheval, juste devant les pieds de frère Renaud de Vichiers, qui était alors maréchal du Temple. Quand il vit cela, il cria aux autres frères : « A eux! de par Dieu! car je ne le saurais plus souffrir! » Il piqua des éperons, et toute l'armée aussi, en sorte que tous les Turcs, dont les chevaux étaient déjà fatigués, périrent en cette rencontre.

Les Sarrasins étant campés de l'autre côté du fleuve, personne ne pouvait aller les combattre sans passer à la nage, en sorte que le roi résolut de faire faire une chaussée pour aller vers eux, et, afin de protéger ceux qui travaillaient dans la rivière, il fit élever deux redoutes qu'on appelait des *chats-châteaux* ou galeries couvertes, pour garantir ceux qui feraient le guet contre les Sarrasins.

Un soir où nous faisions le guet de nuit près des chats-châteaux, les Sarrasins amenèrent une machine appelée pierrière et ils mirent du feu grégeois dans la fronde de la machine. Lorsque le bon chevalier messire Gautier de Cureil, qui se trouvait là avec moi, vit ce qu'ils faisaient, il dit : « Seigneur de Joinville, nous sommes dans le plus grand péril, car s'ils brûlent nos châteaux et que nous demeurions, nous sommes perdus ou brûlés, tandis que si nous quittons le poste qu'on nous a donné à garder, nous sommes déshonorés ; c'est pourquoi, nul ne nous peut garder en ce danger, si ce n'est Dieu. Je suis donc d'avis que toutes les fois qu'ils nous lanceront le feu, nous nous mettions à genoux et que nous priions Notre-Seigneur qu'il nous délivre de ce péril. » Sitôt qu'ils nous tirèrent le premier coup, nous fîmes comme le bon chevalier nous l'avait enseigné et nous n'eûmes aucun mal. La nature du feu grégeois était telle qu'il faisait un bruit en venant, comme s'il eût été la foudre fendant les airs ; on aurait cru qu'un dragon volait, et il faisait aussi clair dans le camp que s'il eût été grand jour, tant il jetait de lumière. Trois fois ils nous lancèrent le feu grégeois cette nuit-là, et à chaque fois que notre saint roi l'entendait, il se relevait, nous a-t-on dit, sur son lit, et tendait ses mains vers Notre Seigneur, en pleurant et en disant : « Beau sire Dieu, gardez-moi mes gens ! » Et je crois vraiment que ses prières nous rendirent bien service dans le besoin. Une des fois qu'ils jetèrent ainsi le feu grégeois, il tomba près du chat-château que les gens de monseigneur de Courtenay gardaient sur la rive du fleuve. Alors un des chevaliers vint me dire : « Sire, si vous ne nous aidez, nous sommes tous brûlés ; car les Sarrasins ont tant lancé leurs traits, qu'il y en a comme une grande haie qui vient brûlant vers notre château. » Nous nous élançâmes vers eux et trouvâmes qu'il disait vrai. Nous éteignîmes le feu, et avant que nous l'eussions éteint, les Sarrasins nous chargèrent tous de leurs traits qu'ils lançaient à travers le fleuve.

On en était là, lorsque le connétable, messire Imbert de Beaujeu, vint dire au roi qu'un Bédouin était venu proposer de lui indiquer un bon gué, pourvu qu'on lui donnât cinq cents besants.

Le roi dit qu'on les lui donnât, car le Bédouin ne voulait pas indiquer le gué avant d'avoir touché l'argent. Le roi et ses trois frères devaient les premiers tenter le passage. L'on avait ordonné que le Temple ferait l'avant-garde, et que le comte d'Artois aurait le second corps de bataille après le Temple. Mais sitôt que le comte d'Artois eut passé le fleuve, ses gens se lancèrent sur les Turcs qui fuyaient devant eux. Les Templiers lui mandèrent qu'il leur faisait grand affront, et ils le priaient qu'il les laissât aller devant, ainsi que cela avait été réglé par le roi. Monsieur le comte d'Artois ne leur osa répondre, à cause de monseigneur Foucaud du Merle, qui tenait la bride de son cheval. Or ce Foucaud du Merle, qui était très bon chevalier, n'entendait rien de ce que les Templiers disaient au comte, parce qu'il était sourd, et il s'écriait : « A eux ! à eux ! » Quand les Templiers virent cela, ils pensèrent qu'ils seraient déshonorés s'ils laissaient le comte d'Artois aller devant eux, et ils piquèrent des éperons à qui mieux mieux, poursuivant les Turcs qui s'enfuyaient devant eux, tout au travers de la cité de Mansourah, jusqu'aux champs du côté de Babylone.

Nous étions allés, mes chevaliers et moi, après quelques Sarrasins qui chargeaient leurs bagages à main gauche dans leur camp. Comme nous en sortions, nous trouvâmes bien environ six mille Turcs qui avaient quitté leurs tentes et s'en étaient venus aux champs. Quand ils nous virent, ils nous coururent sus, et occirent monseigneur Hugues de Conflans qui était avec moi, pendant que mes chevaliers et moi piquions des éperons pour aller délivrer monseigneur Raoul de Warou qu'ils avaient jeté à terre. Pendant que j'en revenais, les Turcs me frappèrent de leurs lances : mon cheval s'agenouilla sous le coup, et je m'en allai en avant par-dessus ses oreilles. Je me redressai bien du coup et mis l'épée à la main, sur quoi monseigneur Érard de Siverey (que Dieu absolve !) vint à moi et nous dit de nous retirer près d'une maison ruinée et que nous attendrions là le

Un Bédouin était venu proposer de lui indiquer un bon gué.

roi qui venait. Nous fîmes ainsi, mais les Turcs nous assaillirent de toutes parts et un certain nombre entrèrent dans la maison ruinée, qui nous piquaient du premier étage avec leurs lances. Plusieurs des seigneurs qui étaient avec moi furent blessés, entre autres monseigneur Érard de Siverey d'un coup d'épée au visage ; le nez lui tombait sur la lèvre. Alors je me souvins de monseigneur saint Jacques, que j'invoquai : « Beau sire saint Jacques, aidez-moi et secourez-moi dans ce besoin ! » Aussitôt que ma prière fut faite, monseigneur Érard de Siverey me dit : « Sire, si vous croyiez que ni moi ni mes héritiers n'en eussions de reproche, je vous irais querir du secours du comte d'Anjou, que je vois là au milieu des champs. » Je lui dis : « Monseigneur Érard, il me semble que vous nous feriez grand honneur si vous alliez querir du secours pour sauver nos vies, car la vôtre est bien en aventure. » Et je disais bien vrai, car il mourut de cette blessure. Il demanda conseil à tous nos chevaliers qui étaient là et tous approuvèrent l'avis que je lui avais donné, et quand il eut ouï cela, il me pria de lui laisser aller son cheval que je tenais par le frein avec les autres, et ainsi fis-je. Il vint au comte d'Anjou et le pria qu'il me vînt secourir, moi et mes hommes, et le comte d'Anjou dit qu'il le ferait, bien qu'on le lui déconseillât ; plusieurs de ses sergents piquèrent aussitôt des éperons, et quand les Sarrasins les virent venir, ils nous laissèrent.

Comme j'étais à pied avec mes chevaliers, tout blessé et meurtri, le roi arriva avec tout son corps de bataille, à grands bruits et cris de trompettes et de cymbales ; il s'arrêta sur le chemin en ordre de bataille. Jamais je ne vis si beau chevalier, car il paraissait au-dessus de tous ses gens, les dépassant des épaules, un casque doré sur la tête, une épée d'Allemagne à la main. Comme il se tenait là, combattant contre les Turcs, un de mes écuyers qui s'était enfui avec nos bannières revint à moi, me ramenant un petit roussin sur lequel je montai, et m'en allai avec le roi, côte à côte.

Pendant ce temps, monseigneur Robert, comte d'Artois, était entré dans Mansourah, s'étant pris de querelle avec le grand maître du Temple. « Si vous avez peur, dit le comte Robert à messire Guillaume de Sonnac, qui était pour lors le grand maître des Templiers, il vous est aisé de demeurer ici. — Ni moi ni mes frères n'avons peur, répondit monseigneur Guillaume, et nous ne demeurerons point, car où vous irez nous irons; mais sachez que nous doutons si vous ou nous reviendrons. » Le chef des croisés anglais, le comte de Salisbury, qu'on appelait Guillaume Longue-Épée, disait comme le grand maître; mais le comte Robert s'emportait dans sa volonté. « Comte Robert, s'écria Guillaume, j'irai sans crainte à des dangers de mort, et sache que nous serons tout à l'heure en un point où tu n'oseras pas approcher de la queue de mon cheval. » Le roi avait envoyé à son frère des messagers pour lui dire de l'attendre; mais il n'en tint compte et entra dans la ville avec tous ceux qui le suivaient, dont bien peu devaient revenir.

Tandis qu'on disputait autour du roi s'il fallait entrer comme lui dans la ville, le connétable, monseigneur Imbert de Beaujeu, vint à lui, qui lui dit que le comte d'Artois son frère se défendait dans une maison à Mansourah, et qu'il l'allât secourir. Le roi lui dit : « Connétable, allez devant et je vous suivrai. » Je dis au connétable que je serais son chevalier, et il m'en remercia beaucoup. Nous nous mîmes donc en chemin pour aller à Mansourah; mais les Turcs se jetaient entre nous et le corps du roi, qui était venu près du fleuve, battant et repoussant tous les autres corps. Les chevaux étaient las, et le jour était devenu très chaud, en sorte que nous voyions le fleuve couvert de lances et de boucliers, de chevaux et de gens qui se noyaient et périssaient. Nous vînmes à un petit pont qui était sur un ruisseau coulant près du fleuve, et je dis au connétable qu'il fallait demeurer pour garder ce ponceau. « Sans quoi, les Turcs s'élanceront par deçà sur le roi, et s'il se trouve assailli des deux côtés, nos gens pourront bien succomber. » Et nous fîmes ainsi. On dit ensuite que nous eussions tous été perdus dans cette journée, si le roi n'avait payé de sa personne, car le sire de Courtenay et monseigneur Jean de Saillenay me contèrent que six Turcs étaient venus saisir le cheval du roi par le frein et qu'ils l'emmenaient prisonnier ; mais lui seul s'en délivra à grands coups d'épée. Et quand ses gens virent la défense que faisait le roi, ils reprirent courage, et plusieurs réussirent à passer le fleuve, se portant vers lui pour l'aider.

Pendant que nous gardions le petit pont, voici venir à nous le comte Pierre de Bretagne, qui arrivait tout droit de Mansourah, et qui était blessé d'un coup d'épée au visage, en sorte que le sang lui tombait dans la bouche. Il était sur un cheval bai, bien membré ; il avait jeté ses rênes sur l'arçon de sa selle, qu'il tenait à deux mains. Il ne semblait cependant pas faire grand cas des Turcs, car, tout en crachant le sang de sa bouche, il disait : « Eh bien, par le chef de Dieu, avez-vous vu de ces goujats ? » A la fin de son corps de bataille venaient le comte de Soissons et monseigneur Pierre de Neuville, qui avait envoyé assez de coups dans cette journée. Quand ils furent passés et que les Turcs virent que nous restions à garder le pont, ils les laissèrent, car nous avions le visage tourné vers eux. Je vins donc au comte de Soissons, dont j'avais épousé la cousine germaine, et je lui dis : « Sire, je crois que vous feriez bien si vous demeuriez à garder ce pont, car si nous l'abandonnions, les Turcs que vous voyez ci devant vous se lanceraient par là, et le roi serait assailli par derrière et par devant. » Il me demanda si je resterais aussi ; je dis : « Oui, bien volontiers. » Quand le connétable entendit cela, il me dit de ne pas bouger qu'il ne revînt et qu'il irait chercher du secours.

Je demeurai donc sur mon roussin avec le comte de Soissons à droite et monseigneur Pierre de Neuville à gauche. Alors un Turc vint des environs du corps de bataille du roi, qui était derrière nous, et frappa dans le dos messire Pierre de Neuville avec une masse, si bien qu'il le fit tomber sur le cou de son cheval ; puis il se précipita sur le pont et rejoignit les siens. Quand les Turcs virent que nous ne quitterions pas le pont, ils passèrent le ruisseau et se mirent entre le ruisseau et le fleuve, ce qui fit que nous nous portâmes vers eux, afin d'être prêts à leur courir sus, soit qu'ils voulussent se jeter sur le roi ou passer le pont.

Il y avait devant nous deux sergents du roi, Guillaume de Boons et Jean de Gamache, contre lesquels les Turcs avaient amené tout plein de vilains à pied qui leur lançaient des mottes de terre; mais ils ne purent jamais arriver jusqu'à nous. En dernier lieu, ces vilains leur lancèrent trois fois le feu grégeois, et Guillaume de Boons reçut une fois le pot de feu sur son bouclier d'acier, car si le feu eût pris à ses habits, il était brûlé. Nous étions de notre côté tout couverts de traits qui n'atteignaient pas les sergents. Il advint heureusement que je trouvai la veste d'un Sarrasin, toute rembourrée d'étoupes; je m'en fis un bouclier, en tournant vers moi le côté fendu; et bien m'en prit, car je ne fus blessé de leurs traits qu'en cinq endroits, tandis que mon roussin le fut en quinze endroits. Toutes les fois que nous voyions les sergents du roi trop pressés, nous leur courions sus, et ils s'enfuyaient. Le beau comte de Soissons, à ce point où nous en étions, plaisantait encore avec moi, et me disait : « Sénéchal, laissons hurler cette canaille, car par la coiffe-Dieu (c'était son juron) nous parlerons de cette journée dans les chambres des dames! »

Ce fut le soir, au soleil couchant, que le connétable nous amena les arbalétriers du roi. Quand les Sarrasins les virent se ranger devant nous, ils s'enfuirent. Alors le connétable me dit : « Sénéchal, voilà qui va bien maintenant, allez-vous-en voir le roi, et ne le quittez plus. » Sitôt que je vins vers le roi, je lui fis ôter son casque, et je lui donnai mon chapeau de fer, pour qu'il eût de l'air. A ce moment arrivait vers lui frère Henri de Ronnay, prévôt de l'Hôpital, qui avait passé le fleuve; il lui baisa la main tout armée. Et le roi lui demanda s'il savait quelques nouvelles du comte d'Artois son frère, et il lui dit qu'il en savait bien des nouvelles, car il était certain que le comte d'Artois son frère était en Paradis. « Et sire, ajouta-t-il, consolez-vous grandement, car jamais roi de France n'eut si grand honneur que vous; pour combattre vos ennemis, vous avez passé une rivière à la nage, vous les avez déconfits et chassés du champ de bataille, et vous avez pris leurs engins et leurs tentes, où vous coucherez cette nuit. » Le roi répondit qu'il adorait Dieu pour tous les dons qu'il lui faisait, mais les larmes lui tombaient des yeux bien grosses.

Nous couchâmes donc sur le champ de bataille et, trois jours après, le camp du roi fut assailli par les Sarrasins, qui avaient vu la cotte d'armes du comte d'Artois après qu'il avait été tué, et ils croyaient que c'était celle du roi et qu'il avait péri. Leurs chefs leur disaient : « Corps sans chef n'est pas à redouter, ni peuple sans roi. S'il vous plaît donc, nous les attaquerons, car nous ne pouvons manquer de les vaincre, puisqu'ils ont perdu leur chef. »

Quand les Sarrasins approchèrent de nos gens, ils tirèrent, selon leur coutume, si grande quantité de traits et lancèrent tant de pierres, que plusieurs de ceux qui étaient là dirent qu'ils n'avaient jamais vu de grésil plus épais. On voyait bien qu'ils ne craignaient en rien la mort. Quand les uns étaient las, les autres revenaient à leur place tout frais et reposés, et il ne semblait pas qu'ils fussent des hommes, mais des bêtes sauvages tout enragées. Nous nous défendions de notre mieux dans le camp, en courant sus aux ennemis. Le roi allait tout le premier, toujours de bonne mine, et il paraissait bien à son visage qu'il n'avait en son cœur ni crainte ni émoi. Quand les Sarrasins furent repoussés et s'enfuirent, le roi nous dit : « Nous devons de grandes grâces à Notre-Seigneur, puisqu'il nous a fait deux fois en cette semaine un tel honneur, que mardi, le jour qui précède le carême, nous les avons chassés de leur camp, où nous sommes logés, et que le vendredi suivant, qui est aujourd'hui, nous nous sommes défendus contre eux, nous à pied et eux à cheval. »

Cependant j'avais été pris de la maladie de l'armée à la suite de mes blessures, et cette maladie venait de ce qu'étant en carême nous ne mangions que des bourbottes, et ces bourbottes mangeaient dans le fleuve les gens morts, dont il y avait grand nombre. A cause de ce malheur et de la malpropreté du pays, où il ne tombe jamais une goutte d'eau, la maladie devint telle, que la chair de nos jambes séchait jusqu'à ce que la peau en devînt toute noire et tachetée comme une vieille botte, en même temps qu'il nous venait aux gencives de la chair morte qu'il fallait faire ôter par les barbiers. C'était grande pitié d'entendre par tout le camp crier les gens auxquels on enlevait cette chair pourrie, car ils criaient ainsi que des femmes qui sont en mal d'enfant.

Nous voyant ainsi en grande misère de maladie et de famine, le conseil du roi prit jour avec le conseil du soudan pour faire la paix. Les conditions de l'accord furent que le roi rendrait Damiette au soudan, qui lui remettrait le royaume de Jérusalem. Ils demandèrent quelle sûreté on leur donnerait de ravoir Damiette, et le conseil leur offrit de retenir un des frères du roi jusqu'à la reddition de Damiette. Mais les Sarrasins dirent qu'ils ne traiteraient pas qu'on ne leur laissât la personne du roi en gage; sur quoi monseigneur Geoffroy de Sargines le bon chevalier dit qu'il aimerait mieux que les Sarrasins nous eussent tous pris ou tués que de s'entendre reprocher d'avoir laissé le roi en otage. Ainsi fut rompu l'accord.

Quand le roi vit qu'il ne pouvait plus demeurer où il était sans danger de mort pour lui et pour tous les siens, il donna ordre de tout préparer pour revenir à Damiette, et il fit dire aux mariniers comment il fallait recueillir tous les malades, commandant en même temps qu'on coupât les cordes qui tenaient les ponts entre nous et les Sarrasins; mais il n'en firent rien. Nous nous embarquâmes le mardi dans l'après-midi, et lorsqu'il fit nuit, je dis à mes mariniers qu'ils levassent leur ancre et que nous descendrions le courant; mais ils n'en osaient rien faire, de peur d'être pris par les galères du soudan qui étaient entre nous et Damiette. Les mariniers avaient fait de grands feux sur la rive, auprès desquels les attendaient les malades. Tandis que je priais mes hommes de partir, les Sarrasins entrèrent dans le camp, et je les vis qui tuaient les malades sur le bord du fleuve. Aussitôt les mariniers qui devaient emmener les malades coupèrent les cordes de leurs ancres et vinrent à nous avec tant de force, qu'ils faillirent nous couler à fond. Comme nous descendions le fleuve, le roi, qui avait la maladie de l'armée et la dysenterie très fort, se serait bien sauvé dans une galère avec les malades s'il avait voulu, mais il dit que, s'il plaisait à Dieu, il ne quitterait pas son peuple. Le soir il se pâma plusieurs fois, en sorte qu'on nous criait à nous qui naviguions sur le fleuve que nous attendissions le roi.

Or je vous dirai comment le roi fut pris, ainsi qu'il me le raconta lui-même.

Il avait laissé son corps de bataille, se remettant, lui et messire Geoffroy de Sargines, à monseigneur Gaucher de Châtillon, qui faisait l'arrière-garde. Le roi était monté sur un petit roussin, couvert d'une housse de soie, et il n'avait personne derrière lui que messire Geoffroy de Sargines, qui l'amena jusqu'au village où il fut pris, en le défendant contre les Sarrasins qui les harcelaient, comme un bon serviteur défend contre les mouches la coupe de son maître. Toutes les fois que les Sarrasins approchaient, il prenait sa pique, qu'il avait mise entre lui et l'arçon de sa selle et, la plaçant sous son aisselle, il courait sus aux ennemis, les chassant ainsi d'auprès du roi. Il mena donc le roi jusqu'au village, où on le descendit de cheval à demi mort. On le coucha au giron d'une bourgeoise de Paris qui était venue en pèlerinage, et on ne croyait pas qu'il vécût jusqu'au soir. Monseigneur de Montfort vint là, qui dit au roi qu'il avait vu l'émir avec lequel il avait traité de la trêve et que, s'il voulait, il irait vers lui pour conclure la trêve aux conditions qu'il demanderait. Le roi dit qu'il le voulait bien. La trêve allait donc être conclue, lorsqu'il arriva à nos gens un très grand malheur. Un traître sergent, qui avait nom Marcel, se mit à crier aux chevaliers : « Rendez-vous, messires, le roi vous le mande! ne faites pas occire le roi! » Tous crurent que le roi le leur avait mandé et remirent leurs épées aux Sarrasins. Quand l'émir vit qu'ils rendaient leurs épées, il dit à monseigneur Philippe de Montfort qu'il ne convenait pas de donner une trêve à des gens qui étaient déjà prisonniers. C'est ainsi qu'ils furent tous pris.

Nous le fûmes en même temps sur l'eau, nous qui naviguions sur le fleuve; car les chevaliers que le roi avait mis sur ses bâtiments légers pour garder les malades prirent peur et s'enfuirent. Des deux côtés du fleuve il y avait une très grande quantité de petits vaisseaux à nos gens qui ne pouvaient avancer et que les Sarrasins arrêtaient, tuant les hommes et les jetant à l'eau, pendant qu'ils tiraient à terre les coffres des bagages pour les piller. Les Sarrasins qui étaient à cheval sur la rive tiraient sur notre galère, parce que nous ne voulions pas aller à eux. Mes gens m'avaient mis une armure de tournoi, de peur que je ne fusse blessé par les traits. En ce moment mes chevaliers, qui étaient sur le pont, me crièrent : « Sire, les Sarrasins menacent vos mariniers qui veulent vous mener à eux. » Je me fis lever par les bras tout faible que j'étais et, tirant l'épée, je leur dis que je les tuerais les uns après les autres s'ils me menaient à terre. Ils me dirent qu'ils ne pouvaient faire que deux choses, ou me mener à terre ou m'ancrer au milieu du fleuve jusqu'à ce que le vent fût tombé. Je leur dis que j'aimais mieux être ancré dans le fleuve qu'aller me faire tuer à terre, et ils le firent. Nous ne tardâmes guère à voir venir quatre galères du soudan où il y avait bien mille hommes. Alors j'appelai mes hommes et mes chevaliers et je leur demandai ce qu'ils voulaient que nous fissions, de nous rendre aux Sarrasins montant les galères, ou à ceux qui étaient à terre ; nous nous accordâmes tous à mieux aimer nous rendre aux gens des galères, dans l'espoir de rester ensemble. Il n'y eut que mon cellerier qui ne pensa pas de même et qui dit : « Sire, je ne me rallie pas à cet avis. » Je lui demandai auquel il se ralliait, et il me dit : « Je suis d'avis que nous nous laissions tous tuer et nous irons tous en paradis. » Mais nous ne le crûmes pas.

Quand je vis qu'il fallait nous laisser prendre, je pris mon écrin et mes joyaux, et je les jetai dans le fleuve et mes reliques aussi. Alors un de mes mariniers me dit : « Sire, si vous ne me laissez dire que vous êtes le cousin du roi, on nous occira tous, et vous avec. » Je dis que je voulais bien qu'il le dit. Quand les gens de la première galère qui venait contre nous ouïrent cela, ils jetèrent leurs ancres tout près de notre vaisseau. Alors Dieu envoya un Sarrasin vêtu de chausses de toile écrue, qui s'en vint nager jusqu'à notre vaisseau et m'embrassa par les flancs en me disant : « Sire, vous êtes perdu si vous ne faites acte de courage ; car il

On descendit de cheval le roi à demi mort.

vous faut sauter de votre vaisseau sur la pointe de la quille de cette galère; si vous sautez, ils ne vous regarderont pas, car ils ne pensent qu'au butin qu'ils trouveront dans votre vaisseau. » On me jeta en même temps une corde de la galère et je sautai comme Dieu voulut; car je chancelais tellement que, si le Sarrasin n'avait sauté après moi pour me soutenir, je tombais à l'eau.

On me mit dans la galère, le Sarrasin me tenant toujours embrassé, et il criait : « Cousin du roi! » sans quoi on m'eût occis sans miséricorde. Deux fois on me jeta à terre et une fois à genoux, et je sentis le couteau à ma gorge. Dieu me sauva cependant à l'aide du Sarrasin, qui me conduisit jusqu'au château. Quand je vins au milieu des chevaliers sarrasins, ils m'ôtèrent mon armure et, par pitié pour moi, ils me jetèrent une vieille couverture d'écarlate doublée de fourrure que madame ma mère m'avait donnée. A cause de la peur que j'avais et aussi à cause de ma maladie, je tremblais bien fort. Je demandai à boire et on m'apporta de l'eau dans un pot; dès que je la mis dans ma bouche pour l'avaler, elle jaillit dehors par les narines. Quand je vis cela, j'envoyai chercher mes gens et je leur dis que j'étais mort, car j'avais un abcès dans la gorge, et dès qu'ils virent que l'eau me jaillissait par les narines, ils se mirent à pleurer. Quand les chevaliers sarrasins les virent pleurer, ils demandèrent à celui qui m'avait sauvé pourquoi mes gens pleuraient, et il dit qu'ils me croyaient perdu, puisque j'avais un abcès dans la gorge. Alors l'un d'eux nous fit dire de ne pas nous désoler, car il me donnerait quelque chose à boire qui me guérirait dans deux jours : ce qui fut vrai.

Monseigneur de Warou, qui était de ma compagnie et se trouvait sur la même galère que moi, était encore en plus triste état, car il avait eu les deux jarrets coupés à la bataille de la Mansourah, et sachez que, comme il ne pouvait se tenir sur ses pieds, un vieux chevalier sarrasin le portait toujours suspendu à son cou ainsi qu'un enfant en nourrice.

Quelques jours après, le grand amiral des galères m'envoya chercher et descendre sur la rive avec tous les autres prisonniers qui avaient été pris sur l'eau. Tandis qu'on descendait les autres malades des galères où ils étaient détenus, je vis des Sarrasins tout près, l'épée nue, en sorte que tous ceux qui tombaient, ils les tuaient et les jetaient dans le fleuve. Je fis dire par mon Sarrasin que ce n'était pas bien fait et que c'était contre les enseignements de Saladin, qui dit qu'on ne devait jamais tuer un homme après qu'on lui avait donné à manger de son pain et de son sel. Et l'amiral me répondit que ces hommes ne pouvaient se soutenir, tant ils étaient malades; il fit venir mes mariniers devant moi et me dit qu'ils avaient tous renié Jésus-Christ; sur quoi je lui dis qu'il n'eût pas confiance en eux, car aussi vite qu'ils nous avaient quittés, ils les quitteraient aussi, s'ils voyaient le temps propre pour le faire. L'amiral me dit alors qu'il était d'accord avec moi, car Saladin disait qu'on ne vit jamais devenir bon Sarrasin lorsqu'on avait été chrétien, ni bon chrétien lorsqu'on avait été Sarrasin. Il me mena alors dans le pavillon où se trouvaient tous les barons, qui furent en grande joie de me revoir, car ils me croyaient perdu.

Nous n'étions là que depuis quelques instants lorsqu'on fit lever l'un des hommes les plus riches qui se trouvassent là et on l'emmena dans un autre pavillon. Les Sarrasins tenaient beaucoup de chevaliers et d'autres prisonniers dans une cour close d'un mur de terre. Ils les tiraient de là l'un après l'autre et leur demandaient : « Veux-tu renier? » Ceux qui ne voulaient pas renier, on les faisait mettre d'un côté et on leur coupait la tête. Ceux qui reniaient étaient d'un autre côté. En ce moment le soudan nous envoya son conseil pour nous parler, et nous lui dîmes de s'adresser au bon comte Pierre de Bretagne. Il y avait là des gens qui savaient le sarrasinois et le français, que l'on appelle drogmans, et il mettaient en français le sarrasinois pour le comte Pierre. Ils disaient : « Sire, le soudan envoie savoir si vous voulez être délivré. » Le comte répondit : « Oui. — Que donnerez-vous au soudan pour votre délivrance? — Ce que nous pourrons faire et supporter raisonnablement, dit le comte. — Et donneriez-vous bien pour votre délivrance quelques-uns des châteaux des barons d'outre-mer? » Le comte répondit qu'il n'avait pas de pouvoir sur ces châteaux, parce qu'on les tenait de l'empereur d'Allemagne qui vivait alors. Ils demandèrent si, pour notre délivrance, nous rendrions quelqu'un des châteaux de l'Hôpital ou du Temple. Le comte répondit que cela ne pouvait être, puisque, lorsqu'on y plaçait un châtelain, on lui faisait jurer sur les reliques que, pour délivrer quelque homme que ce fût, il ne rendrait le château remis à sa garde. Ils répondirent alors que nous n'avions évidemment pas envie d'être délivrés et qu'ils allaient nous envoyer ceux qui joueraient avec nous de l'épée comme ils avaient fait avec les autres. Et ils s'en allèrent.

A peine étaient-ils partis, qu'il entra dans notre pavillon une foule de jeunes Sarrasins, l'épée au côté; ils amenaient avec eux un homme vieux, à la tête blanche, qui nous demanda s'il était vrai que nous crussions en un Dieu qui avait été livré pour nous, blessé et mis à mort pour nous et ressuscité le troisième jour. Nous répondîmes que oui. Alors il nous dit que nous ne devions pas nous attrister si nous souffrions des persécutions pour lui; « car, dit-il, vous n'êtes pas encore morts pour lui, comme il est mort pour vous, et s'il a eu le pouvoir de ressusciter, soyez certains qu'il vous délivrera quand il lui plaira. »

Alors il s'en alla et les autres avec lui, que nous croyions devoir nous couper aussitôt la tête. Nous apprîmes peu de temps après que le roi avait traité de notre délivrance, et voici comment il avait fait. Les conseillers du soudan avaient éprouvé le roi comme ils avaient fait pour nous, afin de voir s'il voudrait leur promettre de livrer les châteaux du Temple ou de l'Hôpital, ou ceux des barons du pays, et Dieu voulut que le roi répondît de la même manière que nous avions fait. Ils le menacèrent alors de le mettre dans les banicles. C'est le plus cruel tourment que l'on puisse souffrir, car ce sont deux morceaux de bois pliants tout garnis de dents dans lesquels on lie les jambes des gens jusqu'aux chevilles, et puis on fait asseoir un homme sur les morceaux de bois; en sorte qu'il ne demeure pas un demi-pied d'os qui ne soit brisé, et on recommence ainsi plusieurs jours de suite. Mais le roi répondit à ces menaces qu'il était leur prisonnier et qu'ils pouvaient faire de lui ce que bon leur semblerait.

Quand ils virent qu'ils ne pouvaient vaincre le bon roi par des menaces, ils revinrent à lui et lui demandèrent combien il voudrait donner d'argent au soudan en outre de la reddition de Damiette? Et le roi leur répondit que si le soudan voulait prendre de lui une somme raisonnable de deniers, il manderait à la reine qu'elle les payât pour leur délivrance. Alors les conseillers revinrent à la charge, disant que si la reine voulait payer un million de besants d'or, qui sont cinq cent mille livres, ils délivreraient le roi; celui-ci les fit jurer sur leur parole, et dès qu'ils eurent juré, le roi dit aux émirs qu'il payerait volontiers les cinq cent mille livres pour la délivrance de ses gens et Damiette pour la délivrance de sa personne, car il n'était pas homme qu'on pût racheter à prix d'argent. Quand le soudan eut ouï cela, il dit : « Certes le Franc est généreux de n'avoir pas marchandé sur une si grosse somme; allez lui dire que je lui donne cent mille livres pour payer la rançon. »

« En ce temps-là, les émirs de la Halca, c'est-à-dire de la garde du soudan, ayant comploté entre eux contre lui, le poignardèrent au bord du fleuve assez près de notre galère. L'un des meurtriers, qui avait nom Faress-Eddin-Octay, s'en vint au roi, la main tout ensanglantée, et lui dit : « Que me donneras-tu, à moi qui ai tué ton ennemi qui t'aurait fait mourir s'il eût vécu? » Mais le roi ne lui répondit rien.

Il vint bien au moins trente de ces chevaliers de la Halca à notre galère, les épées toutes nues à la main et les haches danoises pendues en l'air, en sorte que je demandai à mon seigneur Baudouin d'Ibelin, qui savait le sarrasinois, ce que ces gens disaient, et il me dit qu'ils nous voulaient voir couper la tête. Il y avait là tout plein de gens qui se confessaient à un frère de la Trinité, qui avait nom Jean et qui était au comte Guillaume de Flandre. Mais, pour mon compte, je ne me souvins plus d'un seul péché que j'eusse fait; et je réfléchis que plus je me voudrais défendre et esquiver, pis cela me vaudrait. Je me signai donc et je m'agenouillai aux pieds de l'un d'eux qui tenait une hache de charpentier et je dis : « Ainsi mourut sainte Agnès ! » Messire Guy d'Ibelin, connétable de Chypre, s'agenouilla près de moi et se confessa à moi ; je lui dis : « Je vous absous par le pouvoir que Dieu m'a donné » ; mais quand je me levai de là, je ne me souvenais plus d'aucune chose qu'il m'eût dite ou racontée.

Ils nous firent partir de là où nous étions et ils nous mirent à fond de cale, sans doute pour tuer l'un après l'autre. Nous étions là dans une telle souffrance le soir et toute la nuit, que nous ne pouvions plus respirer ; mes pieds étaient contre le bon comte Pierre de Bretagne et les siens étaient contre mon visage. Le lendemain, les émirs nous firent tirer de la prison où nous étions et ceux qui le purent allèrent devant eux, afin de s'accorder comme ils l'avaient fait avec le soudan : je n'y allai pas, étant trop gravement malade.

Les émirs avaient mis par écrit les serments que devait faire le roi, qui étaient que, s'il ne tenait pas ses conventions avec eux, il voulait être déshonoré comme le chrétien qui renie Dieu et sa loi, qui crache sur la croix et marche dessus. Et le roi dit que, s'il plaisait à Dieu, il ne ferait pas ce serment-là. « Si vous ne jurez, sire, lui dit-on, ils vous feront couper la tête, ainsi qu'à tous vos gens. » Le roi dit qu'ils en pouvaient faire à leur volonté, et qu'il aimait mieux mourir bon chrétien que de vivre dans la haine de Dieu et de sa Mère.

Le patriarche de Jérusalem, qui était âgé de quatre-vingts ans, avait obtenu un sauf-conduit des Sarrasins, et était venu auprès du roi pour l'aider à négocier sa délivrance. Les émirs le prirent et l'enlevèrent d'auprès du roi, le liant à la perche du pavillon les mains derrière le dos, si étroitement que ses mains devinrent aussi grosses que sa tête et que le sang lui jaillissait sous les ongles. Le patriarche criait au roi : « Sire, jurez sans crainte, je prends sur mon âme le péché du serment que vous ferez, puisque vous êtes résolu à le tenir. » Je ne sais pas comment le serment fut arrangé, mais les émirs se tinrent enfin pour satisfaits.

Dès que le soudan avait été tué, on avait fait apporter devant la tente du roi les insignes de son rang, et on dit au roi que les émirs avaient grandement le désir de lui offrir de le faire soudan de Babylone, parce qu'ils disaient que le roi était le plus juste chrétien qu'ils eussent encore rencontré. Le roi me demanda si je croyais qu'il eût pris le royaume de Babylone, au cas qu'il lui eût été offert. Et je lui dis qu'il eût agi bien en fou, puisqu'ils venaient de tuer leur seigneur; mais il me dit que vraiment il ne l'eût pas refusé.

Les conventions du roi et des émirs étant enfin conclues, il fut décidé que le roi et les personnages considérables qui étaient avec lui seraient délivrés dès que Damiette serait rendue. Et ne croyez pas que la reine, qui était à Damiette, n'ait pas eu sa part des persécutions que nous avions subies. Trois jours avant qu'elle accouchât lui vint la nouvelle que le roi était pris; et cette nouvelle l'effraya si fort qu'elle criait en dormant : « A l'aide ! à l'aide ! » car elle croyait voir sa chambre pleine de Sarrasins, en sorte qu'elle faisait coucher devant son lit un vieux chevalier de quatre-vingts ans qui la tenait par la main, et chaque fois qu'elle criait, il lui disait : « Madame, n'ayez pas peur, je suis ici. » Avant d'accoucher, elle fit sortir tout le monde de la chambre, excepté le chevalier, et elle s'agenouilla devant lui et lui demanda en grâce que si les Sarrasins prenaient la ville, il lui coupât la tête avant qu'ils la pussent prendre. Et le chevalier répondit : « Soyez certaine que je le ferai volontiers, car j'avais déjà pensé que je vous tuerais avant qu'ils nous eussent pris. »

La reine accoucha d'un fils qui eut nom Jean et on l'appela Tristan, à cause de la grande douleur où on était quand il naquit. Dès qu'elle fut accouchée, le même jour on vint dire à la reine que les gens de Pise et de Gênes et des autres communes voulaient s'enfuir parce qu'ils n'avaient pas à manger. Elle les fit venir devant son lit : « Seigneurs, dit-elle, pour l'amour de Dieu, ne quittez pas cette ville, car vous voyez bien que monseigneur le roi et ceux qui sont avec lui seraient tous morts si elle était perdue. Ayez pitié au moins de cette chétive créature qui est là gisante devant vous, et attendez que je sois relevée. » Elle fit acheter tous les vivres qui se trouvaient dans la ville pour nourrir les gens des communes, et elle fut obligée de se lever avant son terme, afin que la place pût être rendue aux Sarrasins. La reine s'en alla à Acre pour attendre le roi.

Au soleil levant, le lendemain de l'Ascension (6 mai 1250), monseigneur Geoffroy de Sargines rendit la ville aux émirs. Nous aurions dû être délivrés au même moment, mais ils nous retinrent jusqu'au soleil couchant sans nous donner à manger. Les émirs furent en dispute tout le jour. L'un d'eux disait : « Seigneurs, si vous me voulez croire, nous ferons mourir le roi et tous les grands qui sont ici; d'ici à quarante ans, nous ne risquons rien ; leurs enfants sont petits, et Damiette est à nous ; nous le pouvons faire sûrement. » Mais un autre Sarrasin disait : « Si nous tuons le roi après avoir tué le soudan, on dira que les Égyptiens sont les plus mauvaises gens et les plus déloyaux qui soient au monde. » Ils se disputèrent ainsi jusqu'au soir, et notre mort fut presque résolue; mais Dieu, qui n'oublie pas les siens, permit enfin que nous fussions délivrés, et on nous fit boire et manger avant de nous mettre à terre pour aller rejoindre le roi dans le pavillon où il avait été retenu. On jeta ensuite une planche à terre pour embarquer le roi et le comte d'Anjou son frère. Quant au comte de Poitiers, ils le retinrent en otage jusqu'à ce que le roi leur eût fait compter les deux cent mille livres qu'il devait payer sur la rançon avant de sortir du fleuve.

Bien des gens avaient conseillé au roi qu'il se rendît sur son vaisseau qui l'attendait en pleine mer, afin de se tirer des mains des Sarrasins; mais il dit qu'il ne partirait pas du fleuve avant d'avoir payé. Sitôt que le payement fut fait, le roi dit que son serment était acquitté et que nous pouvions partir de là pour retrouver le vaisseau. Ce que nous fîmes; mais nous allâmes bien une grande lieue sans que personne parlât, tant nous étions inquiets du comte de Poitiers. Enfin monseigneur Philippe de Montfort vint sur une galiote, qui cria au roi : « Sire, parlez à votre frère le comte de Poitiers, qui est sur cet autre vaisseau. » Alors le roi s'écria : « Illuminez ! Illuminez ! » Ce que nous fimes, car la joie était aussi grande qu'elle pouvait l'être parmi nous.

Nous arrivâmes ainsi jusqu'à Acre, où nous n'étions pas depuis longtemps, quand le roi envoya chercher ses frères, le comte de Flandre et les autres seigneurs, auxquels il dit : « Madame ma mère m'a mandé et prié, autant que faire se peut, de m'en aller en France, car mon royaume est en grand péril, et je n'ai ni paix ni trêve avec les Anglais. Mais ceux à qui j'en ai parlé disent que si je m'en vais d'ici, cette terre est perdue, car nul n'osera y demeurer avec si peu de gens. Dites-moi donc ce que vous en pensez, et comme c'est une grosse affaire, je vous donne un répit de huit jours pour y réfléchir. »

Le dimanche après, nous revînmes devant le roi, qui nous demanda quel conseil nous lui donnerions, de demeurer ou de s'en aller. Ils répondirent tous qu'ils avaient chargé monseigneur Guy de Mauvoisin de dire le conseil qu'ils voulaient donner au roi. Le chevalier dit donc ainsi : « Sire, vous ne pouvez demeurer en ce pays avec honneur pour vous et votre royaume, car de tous les chevaliers qui vinrent en votre compagnie, il n'y en a pas dans cette ville cent de reste. Ils vous conseillent donc, Sire, de vous en aller promptement en France chercher des troupes et de l'argent, afin de revenir ici vous venger des ennemis de Dieu qui vous ont retenu en prison. » Tous dirent la même chose, jusqu'à ce que le légat s'adressât au comte Jean de Jaffa et lui fît la même demande. « Seigneur, repartit celui-ci, ne me le demandez pas : mon château étant sur la frontière, on croirait que je conseille le roi pour mon profit si je l'engageais à rester. » Le roi demanda cependant qu'il dît ce qu'il pensait ; alors le comte répondit que si le roi pouvait tenir la campagne un an, il se ferait grand honneur en restant. Tous ceux qui étaient assis après le comte de Jaffa s'accordaient avec monseigneur Guy de Mauvoisin.

J'étais assis en face du légat, qui me demanda à mon tour ce qu'il me semblait, et je répondis que j'étais d'accord avec le comte de Jaffa. Le légat me dit tout fâché : « Comment le roi pourrait-il tenir la campagne avec le peu de troupes qu'il a ? »

Je repartis : « On dit, Sire, je ne sais si c'est vrai, que le roi n'a rien encore dépensé du sien, mais seulement de l'argent du clergé. Qu'il envoie chercher des chevaliers en Morée et outre-mer ; il en aura assez quand on saura qu'il paye bien et largement, et il pourra tenir la campagne un an, s'il plaît à Dieu. Au moins pourra-t-il délivrer les pauvres prisonniers qui ont été pris au service de Dieu et au sien et qui jamais n'en sortiront si le roi s'en va. » Il n'y avait là personne qui n'eût quelqu'un de ses proches en prison : aussi tous se prirent à pleurer. Les seigneurs commençaient pourtant à se disputer ; mais le roi dit : « Messires, je vous ai bien entendus ; je vous dirai dans huit jours ce que j'ai résolu. »

Quand nous fûmes sortis, l'assaut commença contre moi de toutes parts : « Le roi est bien fou, sire de Joinville, s'il vous croit contre tout le conseil de France ! » Le roi me fit mettre à table à côté de lui, comme c'était sa coutume quand ses frères n'étaient pas là ; mais il ne me parla pas, ce qui n'était pas sa coutume, en sorte que je croyais qu'il était fâché contre moi de ce que j'avais dit qu'il n'avait point encore dépensé de ses deniers. J'allai donc à une fenêtre grillée qui était dans un renfoncement près du lit du roi, et je tenais mes bras passés parmi les barreaux de la fenêtre, pensant que si le roi s'en allait en France, je m'en irais vers le prince d'Autriche qui me tenait pour parent, afin d'y rester jusqu'à ce qu'une autre croisade vînt dans le pays délivrer les prisonniers, suivant le conseil que m'avait donné un mien cousin, le sire de Boulancourt, quand j'étais parti pour le voyage d'outre-mer : « Vous allez à la croisade, m'avait-il dit, mais prenez garde au retour ; car un chevalier, pauvre ou riche, est déshonoré s'il revient laissant aux mains des Sarrasins le menu peuple de notre Seigneur, en compagnie duquel il est allé. »

Je me tenais ainsi à la fenêtre, quand le roi vint s'appuyer sur mes épaules et me mit ses deux mains sur la tête. Je crus que c'était monseigneur Philippe de Nemours, qui m'avait souvent causé des ennuis ; je dis : « Laissez-moi en paix, messire Philippe! » Mais, par aventure, en tournant la tête, la main du roi me toucha au milieu du visage et je reconnus que c'était lui à une émeraude qu'il avait au doigt, et il me dit : Tenez-vous coi, car je veux vous demander comment, vous qui êtes jeune, avez été si hardi que de me conseiller de demeurer contre tous les grands hommes et les sages de France qui me conseillaient de m'en aller. — Sire, fis-je, si j'avais une mauvaise pensée dans le cœur, je ne vous conseillerais jamais de la suivre. — Ainsi, dit le roi, vous pensez que je ferais une mauvaise action si je m'en allais? — Oui, Sire; ainsi Dieu me soit en aide. — Et si je demeure, demeurerez-vous? — Oui, si je puis, à mes frais ou à ceux d'autrui. — Soyez donc content, me dit-il, car je vous sais bon gré de ce que vous m'avez conseillé; mais ne parlez à personne de toute la semaine. » Je fus plus à l'aise après cette parole et je me défendais plus hardiment contre ceux qui m'attaquaient, jusqu'à ce que le dimanche fut venu, où nous nous retrouvâmes tous en présence du roi, qui nous dit ces paroles : « Seigneurs, je remercie beaucoup ceux qui m'ont conseillé de m'en aller en France, comme ceux qui m'ont conseillé de demeurer; mais j'ai réfléchi que si je demeure il n'y a point de péril que mon royaume se perde, car madame la reine a bien des gens pour le défendre, tandis que les barons de ce pays-ci disent tous qu'il est perdu et le royaume de Jérusalem si je m'en vais, car personne n'osera y demeurer après moi. J'ai donc regardé qu'à aucun prix je ne laisserais le royaume de Jérusalem, puisque je suis venu pour le garder et conquérir. C'est donc à vous, chevaliers et seigneurs, de venir me dire lesquels d'entre vous veulent demeurer avec moi, car je vous donnerai tant que la faute sera à vous et non à moi, si vous ne voulez demeurer. » Sur ces paroles, beaucoup de chevaliers furent ébahis et d'autres pleurèrent.

Le roi ordonna, dit-on, que ses frères retourneraient en France. Je ne sais si ce fut de leur volonté ou de celle du roi; mais ils montrèrent beaucoup de douleur de quitter le roi, et me prièrent l'un et l'autre de prendre bien garde à lui, faisant de

Le roi vint s'appuyer sur les épaules du sire de Joinville.

grands dons à tous ceux qui demeuraient. J'étais engagé pour l'hôtel du roi avec mes chevaliers, car j'avais perdu sur l'eau tout ce que j'avais, en sorte qu'il ne me restait rien. Tandis que le roi était à Acre, il vit venir des envoyés du Vieux de la Montagne qui lui faisait demander comment il se faisait qu'il ne lui eût pas envoyé des présents pour le retenir comme ami, ainsi que faisaient tous les princes dont il tenait la vie entre ses mains, ayant pour ses serviteurs des hommes qui ne craignaient pas d'affronter la mort pour exécuter le moindre de ses commandements. Le roi lui fit parler par les maîtres de l'Hôpital et du Temple, qui ne craignent rien de ses vengeances, parce que le Vieux de la Montagne sait bien que, s'il faisait tuer un grand maître, il serait aussitôt remplacé par un autre tout aussi bon, et les deux maîtres dirent en sarrasinois aux envoyés qu'il était bien hardi d'avoir fait parler au roi comme ils avaient fait, et que si ce n'eût été pour l'amour du roi, ils auraient fait noyer les messagers dans la mer d'Acre. « Nous vous commandons, ajoutèrent-ils, que sous quinze jours vous reveniez ici de la part de votre seigneur, apportant au roi des lettres et des présents dont il se puisse tenir satisfait; » ce qu'ils firent au temps indiqué, apportant au roi la chemise du Vieux, pour indiquer que, la chemise étant plus près du corps que tout autre vêtement, le Vieux voulait tenir le roi plus près de son amour que tout autre prince. Avec cette chemise étaient venus toutes sortes de présents et joyaux précieux, dont le roi renvoya au Vieux les équivalents, en beaux draps d'écarlate, coupes d'or et freins de chevaux en argent, avec le frère Yves le Breton, qui savait le sarrasinois. Il expliqua ainsi au Vieux que sa croyance n'était pas bonne et lui dit beaucoup de bonnes paroles ; mais le Vieux ne voulut pas le croire. Quand il chevauchait par ses États, il avait un crieur devant lui qui portait une hache avec un long manche couvert d'argent et des couteaux fichés dans le manche, criant à tous les passants : « Détournez-vous de devant la face de celui qui porte la mort des rois entre ses mains. »

Comme le roi l'avait fait à Césarée, il voulut faire à Jaffa et relever les murailles, fortifiant les places contre les Sarrasins, et il y dépensait beaucoup d'argent, espérant toujours qu'il réussirait, par traité ou par force, à reprendre le royaume de Jérusalem; mais ses espérances s'évanouissaient l'une après l'autre comme de la fumée. Cependant, tandis que le roi était à Jaffa, on lui dit que le soudan de Damas lui permettrait bien d'aller à Jérusalem et lui donnerait un bon sauf-conduit. Le roi avait grande envie d'y aller, mais on ne le lui conseilla pas, puisqu'il serait obligé de laisser Jérusalem entre les mains des Sarrasins, comme avait dit le roi Richard Cœur de Lion d'Angleterre lorsqu'il se trouvait aussi en Terre Sainte sans avoir pu reconquérir Jérusalem. Un de ses gens avait voulu le mener en un lieu d'où il pouvait voir la cité sainte; mais il avait jeté sa cotte d'armes devant ses yeux, disant en pleurant : « Beau sire Dieu, ne souffre pas que je voie ta sainte cité, puisque je ne puis pas la délivrer des mains de tes ennemis! »

Quand le roi eut relevé les fortifications du bourg de Jaffa, il voulut aller fortifier la cité de Sayette, dont les Turcs avaient abattu les murailles; nous campâmes en route sur le rivage près d'Acre. Là vint à passer une grande troupe de pèlerins d'Arménie allant à Jérusalem, qui me firent prier que je leur montrasse le saint roi. J'allai au roi, qui était assis sur le sable contre le mât de son pavillon, et je lui dis en riant : « Sire, il y a là des pèlerins de la grande Arménie qui s'enquièrent du saint roi; mais je ne désire pas encore baiser vos os. » Il se mit à rire aussi et me dit de les aller querir, en sorte qu'il les recommandât lui-même à Dieu; et ainsi fis-je.

Je rejoignis le roi à Sayette, où il était arrivé avant moi, et je trouvai qu'il avait déjà fait enfouir les corps des chrétiens qui avaient été laissés depuis sans sépulture; il les avait portés lui-même dans les fosses qu'il avait fait creuser pendant que les autres se bouchaient les narines avant de toucher à ces cadavres en pourriture. Ce fut pendant que nous étions à Sayette que le roi reçut la nouvelle de la mort de sa mère. Il en montra un si grand deuil, que de deux jours personne ne put lui parler. Après cela, il m'envoya querir par un valet de chambre. Comme je rentrais, il me vit, et, tendant les bras : « Ah ! sénéchal, j'ai perdu ma mère ! — Je ne m'en étonne pas, Sire, répondis-je, elle devait mourir ; mais je m'étonne que vous, qui êtes un homme sage, ayez montré un si grand deuil, car vous savez que l'Écriture dit que, quelque chagrin que l'homme ait au cœur, il ne doit pas le laisser paraître sur son visage, car en le faisant il chagrine ses amis et rend joyeux ses ennemis. » Il fallait bien maintenant que le roi retournât en France, car son royaume n'avait plus de chef, la reine sa mère étant morte, qui l'avait si longtemps et si sagement gouverné. Les barons du pays le sentirent bien eux-mêmes, et ils dirent au roi : « Sire, vous avez fortifié la ville de Sayette, celle de Césarée et le bourg de Jaffa, ce qui est un grand bien pour la Terre Sainte, et vous avez beaucoup renforcé la cité d'Acre par les tours et les remparts que vous y avez élevés. Nous ne voyons pas maintenant que votre présence puisse apporter grand profit au royaume de Jérusalem, en sorte que nous vous donnons l'avis de préparer votre passage, afin que vous puissiez vous en retourner en France après Pâques. » Ce que le roi fit, et nous nous embarquâmes la veille de saint Marc, après Pâques, ayant bon vent au départ. Comme nous approchions de l'île de Chypre, notre vaisseau heurta contre un banc de sable qui était caché sous l'eau, fort heureusement pour nous ; car si nous avions donné sur les rochers, notre vaisseau eût été brisé et nous tous noyés. Nous voyant en grand péril, les nourrices des enfants vinrent à la reine et lui dirent : « Madame, que ferons-nous de vos enfants ? Les éveillerons-nous et les lèverons-nous ? » car on était au milieu de la nuit. Et la reine dit : « Vous ne les réveillerez ni ne les lèverez, mais vous les laisserez aller à Dieu tout endormis, » et elle le disait comme une femme qui avait grande espérance qu'ils dussent vivre éternellement dans le paradis.

Lorsque le jour fut venu, le roi envoya querir les maîtres plongeurs et consulter les nautoniers, auxquels il demanda : « Si le vaisseau était à vous, et qu'il fût chargé de marchandises à vous, est-ce que vous en descendriez ? » Ils répondirent tous ensemble que non, parce qu'ils aimeraient mieux mettre leurs personnes à l'aventure que de perdre un navire. « Et pourquoi me conseillez-vous de descendre? » dit-il alors. Les nautoniers dirent que le jeu n'était pas égal, et que ni or ni argent ne pouvait valoir le prix des personnes qui étaient pour lors sur le bâtiment. « Seigneurs, dit alors le roi, j'ai ouï votre avis et celui de mes gens, je vous dirai maintenant le mien. Si je descends du vaisseau, il y a ici cinq cents personnes et plus qui demeureront dans l'île de Chypre par crainte de perdre leur vie, car il n'y en a pas une qui n'aime sa vie autant que j'aime la mienne, et peut-être ne rentreront-elles jamais dans leur pays. C'est pourquoi j'aime mieux me mettre en la main de Dieu avec ma femme et mes enfants que de causer un si grand dommage à toutes les personnes qui sont ici. » Dieu montra bien que le roi avait raison, et il nous sauva de ce péril, et, après que nous eûmes été dix semaines en mer, nous débarquâmes au château d'Hyères, bien que le roi eût d'abord voulu toucher terre à Aigues-Mortes, d'où il était parti.

Aussitôt qu'il eut mis le pied en son royaume, le roi s'en fut à Paris, où furent réglés en parlement la paix avec le comte de Bretagne et le mariage du roi Thibaut de Navarre avec la fille du roi, madame Isabelle, lequel se célébra à Melun avec grande pompe.

Après que le roi fut revenu de Terre Sainte, chacun admirait la sagesse que le roi semblait avoir acquise en ses voyages; il fut souvent telle occasion où l'on déclara qu'il n'y avait dans son conseil personne qui fût aussi sage que lui. Quand on lui parlait de certaines choses, il ne disait pas: « J'en prendrai conseil, » mais quand il voyait le droit clair et évident, il répondait seul, sans conseil, tout de suite, comme je lui vis faire dans une requête que lui avaient adressée tous les prélats de France.

L'évêque d'Auxerre parlait pour eux tous. « Sire, dit-il, les archevêques et évêques qui sont là m'ont chargé de vous dire que la chrétienté déchoit et se perd en vos mains, et qu'elle déchoiera plus encore si vous n'y avisez, parce que personne ne craint plus une excommunication. Nous vous requérons donc de commander à vos baillis et sergents qu'ils contraignent les excommuniés qui auront subi la sentence pendant un an et un jour, de donner satisfaction à l'Église. » Et le roi leur répondit seul, sans conseil, qu'il le ferait volontiers, pourvu qu'on lui donnât connaissance de la sentence, afin qu'il pût juger si elle était juste ou non. Les prélats se consultèrent et répondirent qu'ils ne lui donneraient pas connaissance de ce qui appartenait au droit ecclésiastique. Alors le roi repartit qu'il ne leur donnerait pas non plus connaissance de ce qui appartenait à lui-même et qu'il ne commanderait point à ses sergents de contraindre les excommuniés à se faire absoudre, qu'ils eussent tort ou raison. « Car si je le faisais, dit-il, j'agirais contre Dieu et contre le droit. Pour vous en donner un exemple, les évêques de Bretagne ont tenu pendant sept ans le comte de Bretagne sous une excommunication dont il a eu l'absolution par la cour de Rome, en sorte que si je l'avais contraint dès la première année, je lui aurais fait tort. »

Maintes fois arrivait-il qu'en été le roi allât s'asseoir au bois de Vincennes après la messe et s'arrêtait sous un chêne, nous faisant tous asseoir auprès de lui. Alors tous ceux qui avaient affaire venaient lui parler sans empêchement d'huissier ni d'autres gens, et il leur demandait de sa propre bouche : « Y a-t-il quelqu'un ici qui ait sa partie ? » Et ceux qui avaient leur partie se levaient, et il disait : « Taisez-vous, et on vous expédiera tous l'un après l'autre ! » Et quand il voyait quelque chose à amender dans la sentence que rendaient messire Pierre de Fontaines ou monseigneur Geoffroy de Villette, il le disait sur-le-champ lui-même ; il faisait souvent la même chose dans le jardin de Paris, faisant étendre des tapis autour de lui pour tous ceux qui se venaient asseoir.

Il advint que le saint roi négocia tant, que le roi d'Angleterre, sa femme et ses enfants vinrent en France pour traiter de la paix entre lui et eux. Les gens de son conseil étaient très contraires à cette paix, disant : « Sire, Sire, nous nous émerveillons beaucoup que vous vouliez donner au roi d'Angleterre une si grande partie de la terre que vous et vos devanciers avez conquise sur lui par suite de sa forfaiture. Si vous croyez que vous n'y avez pas droit, il nous semble que vous ne faites pas bonne restitution au roi d'Angleterre, si vous ne lui rendez pas toute la terre qu'il a perdue, et si vous croyez y avoir droit, vous perdez tout ce que vous lui rendez. » A cela le saint roi répondit : « Seigneurs, je suis certain que les devanciers du roi d'Angleterre ont perdu justement la conquête que je tiens, et la terre que je lui donne, je ne la donne pas comme une chose à laquelle je sois obligé envers lui ni envers ses enfants, mais pour mettre de l'amitié entre mes enfants et les siens qui sont cousins germains. Et il me semble que ce que je lui donne je l'emploie bien, parce qu'il n'était pas mon homme-lige et que par là il entre en mon hommage. » Mais il ordonna que ceux des seigneurs qui avaient des possessions en Angleterre choisissent l'hommage du roi d'Angleterre ou le sien, « car nul homme vivant ne peut convenablement servir deux maîtres, » disait-il.

La prévôté de Paris était alors vendue aux bourgeois et il advenait que lorsque quelqu'un l'avait achetée, il soutenait ses parents et ses enfants en leurs méfaits, parce que les jeunes gens comptaient sur ceux des leurs qui tenaient la prévôté. C'est pourquoi le menu peuple était foulé et ne pouvait avoir raison des gens riches, en sorte que le peuple ne pouvait plus rester dans les terres du roi et allait demeurer en d'autres seigneuries. Avec ça il y avait tant de larrons et de malfaiteurs à Paris, et dehors, que le pays d'alentour en était plein. Le roi, qui mettait grand soin à s'informer de la vérité, en étant instruit, ne voulut plus que la prévôté fût vendue. Il abolit aussi toutes les mauvaises impositions dont le peuple était grevé et s'enquit par tout le royaume où il pourrait trouver un homme de bien qui fît bonne et raide justice en n'épargnant pas plus le riche que le pauvre. On lui indiqua Étienne Boileau, qui maintint et garda si bien la prévôté, que les malfaiteurs, larrons et meurtriers, n'osaient plus rester à Paris, car ni parenté, ni or, ni lignage ne les pouvaient garantir d'être pendus. La terre du roi commença donc à s'amender et le peuple y revint à cause du bon droit qu'on y maintenait. En même temps qu'elle se peuplait, les ventes, les saisies et les achats valaient le double de ce que le roi en touchait auparavant.

C'est ainsi qu'on put voir comment le roi, lorsqu'il fut heureusement revenu en France, se conduisit pieusement envers Dieu, justement envers ses sujets, miséricordieusement envers les affligés, humblement pour son propre compte, et c'est le jugement des plus clairvoyants qu'autant que l'or est plus précieux que l'argent, autant la façon de vivre et d'agir que le roi rapporta de son voyage en Terre Sainte fut supérieure à son ancienne conduite, quoique dès sa jeunesse il eût toujours été digne d'une grande estime.

Il avait toujours aimé à donner largement aux pauvres; mais depuis son voyage d'outre-mer il répandait partout ses aumônes, donnant lui-même à manger aux pauvres tous les jours et coupant leur pain de ses propres mains.

Il me demanda un jour : « Sénéchal, quelle chose est-ce que Dieu? » Et je lui répondis : « Sire, c'est si bonne chose que meilleure ne peut être. — Vraiment, me dit-il, c'est bien répondu. Et dites-moi encore une chose : Aimeriez-vous mieux être lépreux ou avoir commis un péché mortel? » Et moi qui jamais ne lui mentis, je répondis que j'aimerais mieux avoir commis trente péchés mortels que d'être lépreux. Quand nous fûmes seuls, il m'appela et me fit asseoir à ses pieds. « Vous parlâtes en étourdi et en fou, me dit-il, en ce que vous avez dit tout à l'heure; car il n'y a pas de lèpre si laide que d'être en péché mortel, et il est bien vrai que lorsque l'homme meurt, il est guéri de la lèpre du corps; mais quand l'homme qui a fait le péché mortel meurt, il ne sait pas et n'est pas certain s'il a eu un tel repentir que Dieu lui ait pardonné : c'est pourquoi il doit avoir grande peur que cette lèpre ne lui ferme l'entrée du paradis. »

On vit bien que le saint roi craignait la lèpre moins que le péché mortel, car un vendredi saint, étant au château de Compiègne, il alla en pèlerinage dans les églises du lieu, suivi de ses sergents, qui portaient à la main de l'argent qu'ils remettaient au roi pour le donner aux pauvres au nom de Dieu, selon les besoins de chacun. Comme il passait par un chemin, un lépreux qui s'y trouvait fit retentir sa trompe, ce qui avertit le roi, car ce malheureux pouvait à peine parler. Aussitôt, mettant son pied nu dans l'eau bourbeuse et froide qui coulait dans la rue, il s'en alla vers le lépreux et lui remit son aumône en lui baisant la main. Ce qui causa un grand étonnement parmi ceux qui le suivaient et qui disaient entre eux : « Voyez ce que fait le roi, qui a baisé la main du lépreux. »

C'est ainsi que le bon roi comblait son peuple de bonheur et d'amour, tellement qu'il eût été longtemps encore le plus heureux peuple du monde, si le roi n'avait été pénétré d'une pensée qu'il nous fit bientôt savoir, comme je vous dirai. Le roi manda tous ses barons à Paris pendant le carême de l'an de grâce 1267. Je m'excusai près de lui d'une fièvre quarte que j'avais alors, mais il me fit dire qu'il voulait absolument que je vinsse, et qu'il avait à Paris de bons médecins qui savaient bien guérir la fièvre quarte. Je m'en allai donc à Paris. Quand j'y arrivai, je ne trouvai point le roi, ni personne qui sût me dire pourquoi le roi m'avait mandé; mais le lendemain matin, comme j'étais allé à sa chapelle, je le trouvai monté sur l'échafaud des reliques, qui faisait apporter la vraie croix en bas. Deux chevaliers qui étaient de son conseil commencèrent à parler l'un à l'autre, qui disaient : « Ne me croyez jamais si le roi ne se croise ici; » et l'autre répondit : « Si le roi se croise, ce sera une des douloureuses journées qui jamais fut en France. Si nous ne nous croisons pas, nous perdrons l'affection du roi, et si nous nous croisons, nous ne serons pas agréables à Dieu, car nous nous croiserions pour le roi et non pour lui. »

Donc il advint que le roi se croisa le lendemain, et je sus alors pourquoi il m'avait mandé, car il me pressa beaucoup de me croiser, et aussi fit le roi de Navarre. Mais je répondis que tandis que j'avais été au service de Dieu et du roi outre-mer, on avait tellement détruit et appauvri mes gens, que jamais nous ne nous en remettrions tout à fait, eux et moi. Et je leur disais que, pour faire la volonté de Dieu, je croyais devoir rester ici pour aider et défendre mon peuple, car si je mettais mon corps en aventure pour le pèlerinage de la croix, là où je voyais tout clair que ce

Le roi répandait partout ses aumônes.

serait pour le mal et le dommage de mes gens, je courroucerais Dieu qui donna son corps pour sauver son peuple.

Je pensais et j'ai toujours pensé que ceux-là firent un péché mortel qui lui conseillèrent ce voyage, car la France était alors en bonne paix à l'intérieur et avec tous ses voisins, tandis que depuis qu'il partit l'état du royaume ne fit jamais qu'empirer. D'ailleurs, dans la grande faiblesse de corps où il était, la chose était insensée, car il ne pouvait ni aller en char ni chevaucher, et il permit que je le portasse dans mes bras depuis l'hôtel du comte d'Auxerre, où je pris congé de lui, jusqu'aux Cordeliers. Et pourtant, faible comme il était, s'il fût demeuré en France, il eût pu vivre encore assez pour faire beaucoup de bien.

Le roi partit au mois de mai de l'an de grâce 1269, ayant avec lui beaucoup de barons et chevaliers, ses trois fils et son gendre, le roi de Navarre. On avait résolu, pour recouvrer plus facilement la Terre Sainte, de soumettre d'abord le royaume de Tunis, qui, situé à mi-chemin, était un grand obstacle pour les pèlerins. Le roi s'embarqua à Aigues-Mortes comme à son premier voyage, et il confia le soin de son royaume à Mathieu, abbé de Saint-Denis de France, et au sage et fidèle chevalier Simon de Clermont, comte de Nesle. Les barons rejoignirent en grand nombre le roi au port de Castel-Castro, où il les attendait. Là il fut résolu d'un commun accord qu'on irait à Tunis, car le roi de Tunis avait envoyé message au roi de France, disant que volontiers il se ferait chrétien, pourvu qu'il en eût convenable occasion, ayant peur des Sarrasins.

Le jour de la Saint-Arnoul, le roi et les barons se trouvèrent devant le port de Tunis, et le roi envoya son amiral pour voir s'il y avait quelque empêchement à prendre terre. Il n'y en avait point, et l'amiral s'empara de tout ce qui était dans les navires qu'il trouva au port. Mais le roi et les barons ne vinrent point à terre ce jour-là, ce qui fut malavisé, car les Sarrasins eurent le temps d'arriver en foule, à pied et à cheval.

Cependant, lorsqu'il prit terre le lendemain matin, les Sarrasins effrayés reculèrent, et les Français passèrent outre jusqu'à Carthage, où ils se logèrent dans une grande plaine, toute percée de puits dont ils arrosaient leurs jardins quand le temps était trop sec.

Quand les barons furent campés dans cette plaine, les mariniers envoyèrent dire au roi qu'ils lui rendraient bien Carthage s'il voulait leur donner un peu d'aide. Il leur envoya donc cinq cents soldats à pied et quatre bataillons de chevaliers, avec lesquels ils assaillirent le château, et montèrent aux murs avec des échelles de corde munies de bons crochets de fer, sans que les Sarrasins osassent les empêcher, par crainte de l'armée du roi qui était entre eux et Carthage. Les mariniers ne perdirent qu'un des leurs, qui fut percé d'un dard. Mais, lorsque le roi et ses gens virent la population de la place qui fuyait, ils vinrent au-devant d'eux et en tuèrent un grand nombre. On ne trouva pas grand'chose dans la ville, sauf une assez bonne provision d'orge, car les habitants avaient envoyé leurs biens à Tunis avec leurs femmes et leurs enfants dès qu'ils avaient su l'approche du roi.

Quand les Sarrasins, qui avaient tiré tout le jour leurs flèches contre notre armée, virent que Carthage était prise, ils s'en retournèrent, et le lendemain ils épièrent le moment où les Français étaient à dîner et les attaquèrent si rudement, que les chrétiens durent s'armer; mais, quand les chrétiens se furent armés, les païens s'enfuirent. Le roi avait reçu dans la journée deux chevaliers du roi de Tunis, qui venaient dire de sa part que si le roi venait pour assiéger sa ville, il allait faire tuer tous les chrétiens qui se trouvaient dans son empire. Le roi répondit que plus il ferait de mal aux chrétiens, plus il lui en voudrait. En même temps il faisait faire de bons fossés autour de son camp pour défendre son armée que les Sarrasins venaient souvent assaillir, car on avait résolu d'attendre, pour attaquer Tunis, l'arrivée du roi de Sicile, frère du roi, qui avait été, comme comte d'Anjou, avec le roi en Égypte. On annonçait sa venue avant trois jours.

Cependant Jean Tristan, comte de Nevers, celui des fils du roi qui était né à Damiette avant qu'on la rendît, mourut de la fièvre dont beaucoup de gens étaient malades par l'effet du mauvais air et de la mauvaise eau. Le roi était malade aussi; il fut bientôt obligé de se coucher dans son lit, sentant qu'il allait mourir. Il fit alors appeler son fils Philippe et lui commanda de garder chèrement les enseignements qu'il avait écrits pour lui de sa main sur la bonne conduite du royaume. Il lui disait : « Beau cher fils, je te prie que tu te fasses aimer du peuple de ton royaume, car vraiment j'aimerais mieux qu'un Écossais vînt d'Écosse pour gouverner bien et loyalement que si tu gouvernais mal, au su de tous les tiens. »

Après que le roi eut répété ses commandements à Philippe son fils, il commanda qu'on lui donnât les sacrements de la sainte Église pendant qu'il était en bonne mémoire, et à chaque verset de psaume qu'on lui disait, il répondait de son mieux le suivant. Il se tourmentait de savoir qui pourrait prêcher la foi chrétienne à Tunis et désigna le père Aubry de Longpinel, qui savait en partie le langage des Turcs, ayant maintes fois prêché à Tunis, dont le roi l'aimait fort. La parole commençait à manquer au bon roi; cependant il ne cessait d'appeler à son aide les saints auxquels il avait dévotion, répétant une prière qu'on dit à la fête de saint Denis de France : « Accorde-nous, Seigneur, nous t'en prions, de mépriser par amour pour toi les prospérités de ce monde et de n'en pas craindre les revers. » Et aussi l'oraison de saint Jacques : « Sois, ô Dieu, le sauveur et le gardien de ton peuple! » Dans la nuit du dimanche au lundi, quand il ne parlait déjà presque plus, il soupira tout bas : « Jérusalem! Jérusalem! » Puis, se relevant tout à coup le lundi, il tendit ses mains vers le ciel et dit : « Beau sire Dieu, aie pitié, je te prie, de ce peuple qui demeure ici, et le ramène en son pays, afin qu'il ne tombe pas en la main de ses ennemis pour être contraint à renier ton saint nom! »

L'heure de la mort venait, le roi voulut être mis sur un lit de cendres, puis il dit en latin : « Père, je remets mon esprit entre tes mains! » et il ne parla plus, mais mourut le jour de la Saint-Barthélemy, en l'an de grâce 1270, vers l'heure où Notre-Seigneur Jésus-Christ expira sur la croix.

Quand la nouvelle se répandit dans l'armée que le roi était mort, le peuple en fut grandement troublé ; mais il ne le montrait pas trop, de peur que les Turcs ne s'aperçussent du malheur qui était advenu. Comme ils étaient en cet embarras, ils aperçurent la flotte du roi de Sicile qui arrivait à force de voiles, et bientôt ils entendirent les trompes, buccins et cymbales que le roi faisait sonner pour avertir son frère de sa venue.

Comme le roi de Sicile touchait au port, il s'étonnait que tous les gens de l'armée parussent si tristes, et il en demanda la raison à quelques-uns. On lui dit alors que le roi de France était mourant, et qu'il se hâtât, car peut-être ne le trouverait-il pas en vie. Quand le roi de Sicile ouït cette nouvelle, il pensa que, s'il laissait paraître sa douleur et sa tristesse, l'armée pourrait tomber dans le désespoir et donner ainsi aux Sarrasins meilleure raison d'assaillir. Il fit donc la meilleure mine qu'il put à ceux qu'il rencontra et s'en vint à l'armée comme à une noce, jusqu'à ce qu'il fût entré dans la tente de son frère, qu'il trouva encore tout chaud, car son esprit venait de s'envoler. Alors, se mettant à genoux, il recommanda à Notre-Seigneur l'âme du saint roi, et les larmes coulèrent sur son visage.

Il ne fut pourtant pas longtemps en cette douleur, pensant que les larmes étaient affaire de femme, et lorsque le service du bon roi eut été dit et célébré, et son corps embaumé pour l'emporter en France, il s'occupa de faire établir son camp, qui fut placé à une lieue environ de l'armée de France ; et si bien savait le roi de Sicile harceler et poursuivre les ennemis, que le roi de Tunis appela à son aide les princes du pays, afin qu'il pût mettre les chrétiens hors de son royaume.

Les Sarrasins s'avancèrent alors avec de grandes forces jusqu'au camp des Français, mais ils se sauvaient et prenaient la fuite dès que les chevaliers marchaient sur eux, si bien que le camp des païens fut plusieurs fois pris et pillé. La maladie était grande dans l'armée et les Sarrasins mouraient aussi bien que les chrétiens, en sorte que l'air était empoisonné par la puanteur des cadavres.

Mort de saint Louis.

Tous les barons auraient voulu qu'on marchât contre la ville de Tunis pour la détruire avec les Sarrasins qui étaient dedans; mais le roi de Sicile ne s'accordait pas à cela, car le roi de Tunis lui devait un tribut qu'il n'avait pas payé depuis longtemps, et c'était pour le contraindre à s'acquitter que le roi de Sicile avait conseillé à son frère de commencer son pèlerinage par la conquête de Tunis. On finit donc par convenir d'une trêve de dix ans avec de grandes richesses pour le roi et les barons et des facilités de commerce pour les marchands, qui furent bien joyeux, car jusque-là ils devaient payer la dîme de tout ce qu'ils amenaient dans le port de Tunis. Et le tribut fut assuré au roi de Sicile par le roi de Tunis, qui promit de délivrer de ses prisons tous les chrétiens qu'il y avait fait jeter à l'annonce de l'arrivée du saint roi.

Ainsi fut la paix criée par toute l'armée, sans que le roi Philippe ou ses barons pensassent davantage au pèlerinage d'outre-mer. La maladie était si grande dans le camp, que personne ne pouvait accomplir le voyage; d'ailleurs le roi avait avis par divers messagers de la part de monseigneur Simon de Merle et de l'abbé de Saint-Denis qu'il eût à se hâter de rentrer dans son royaume.

Lorsqu'il se présenta à l'abbaye de Saint-Denis, portant sur ses épaules le corps du roi son père pour le faire ensevelir au saint lieu, deux autres cercueils attendaient à la porte, celui de la reine Isabelle, femme du roi Philippe, qui était morte en Italie d'une chute de cheval, et celui du comte de Nevers, Jean Tristan, mort dans le camp des Français devant Carthage. Le roi de Navarre et la reine sa femme, fille du saint roi, étaient morts aussi, qui furent enterrés à Provins.

LA GUERRE DE CENT ANS

CINQUIÈME RÉCIT

LES ANGLAIS EN FRANCE. FROISSART

Le roi Philippe le Bel, fils du roi Philippe le Hardi et petit-fils du bon roi saint Louis, avait laissé en mourant trois fils, qui montèrent tous les trois sur le trône de France sans laisser d'enfant mâle qui pût leur succéder ; en sorte que les pairs du royaume, suivant la volonté du feu roi Charles le Bel et la loi salique de France qui ne permet pas que les femmes possèdent le trône, nommèrent et choisirent pour roi de France monseigneur Philippe de Valois, fils du comte de Valois, déboutant de la succession la reine d'Angleterre, sœur des trois rois défunts. Le roi Philippe VI fut couronné à Reims, le jour de la Trinité 1328, ce qui amena dans le royaume grande misère et désolation, ainsi qu'on peut le lire en l'histoire.

Le roi Philippe était depuis environ un an sur le trône de France, lorsqu'il lui fut conseillé d'appeler le roi d'Angleterre à lui jurer foi et hommage pour les terres qu'il tenait de lui. Le roi d'Angleterre, Édouard III, qui était jeune et ne savait pas bien encore les choses de sa terre, vint en France après quelque délai et rendit au roi Philippe un hommage simple, disant qu'il avait besoin de s'enquérir de ce qu'il devait au roi Philippe avant de lui rendre l'hommage lige ou complet. Le roi Philippe s'en tint pour content, et dit que le roi d'Angleterre avait bien parlé ; il y avait déjà en Angleterre bien des gens qui murmuraient et disaient que leur seigneur était plus proche de la couronne de France que n'était le roi Philippe et qu'elle aurait dû lui appartenir du droit de sa mère. C'était aussi ce dont l'informait et le pressait sans cesse le comte Robert d'Artois, que le roi Philippe de France avait mis hors du royaume à la suite d'un procès qu'il avait eu.

Le roi anglais commença donc à lier des alliances en Allemagne contre la puissance du roi de France; il entra aussi en relations avec un grand brasseur de Gand, Jacques d'Artevelde, tout-puissant parmi les Flamands, qui étaient pour lors en querelle avec le comte leur seigneur, lequel était grandement soutenu du roi de France. Jacques avait invité le roi d'Angleterre à venir en Flandre, d'où il envoya défier le roi de France.

Ce fut en l'an 1340, le jour avant la Saint-Jean-Baptiste, que le roi Édouard d'Angleterre se mit en mer pour aider le duc Guillaume de Hainaut, dont les Français ravageaient le pays; la flotte du roi de France se trouvait en face du port de l'Écluse, pour défendre le passage. Le roi d'Angleterre et les siens, voyant là si grande foule de mâts et de navires, demandèrent si c'était bien la flotte des Normands qui tant de fois leur avaient fait dommage, et, comme on répondit que c'était bien ce qu'il croyait, le roi dit : « J'ai depuis longtemps désiré de les combattre, et je les combattrai aujourd'hui, s'il plaît à Dieu et à monseigneur saint Georges, car vraiment ils m'ont fait tant de déplaisirs, que j'en veux prendre vengeance, si j'y puis parvenir. » Alors le roi fit ordonner tous ses vaisseaux et mettre les plus forts devant, et il fit bien garder aussi toutes les dames d'Angleterre qui étaient venues sur les vaisseaux pour voir à Gand la reine d'Angleterre, Philippine de Hainaut, qui s'y tenait depuis longtemps. Il pria alors tous ses gens de vouloir penser à bien faire et à garder son honneur, ce que tous lui promirent.

Quand le roi d'Angleterre et ses maréchaux eurent ainsi ordonné leurs batailles, ils tardèrent un peu pour ne pas avoir le soleil au visage, en sorte que l'amiral Hugues Quiéret et tous les Normands qui étaient sur les navires de France disaient : « Ils ont peur, ils reculent, ils ne sont pas gens à nous combattre; » ce dont ils s'étonnaient, car ils voyaient bien par les bannières que le roi d'Angleterre était là en personne, et ils s'en étaient grandement réjouis, car ils désiraient fort de le combattre.

La bataille commença forte et dure des deux côtés. Les archers et les arbalétriers les uns contre les autres, rudement et âprement, et les gens d'armes s'approchaient pour combattre main à main, ayant de grands crocs de fer avec lesquels les vaisseaux s'attachaient l'un à l'autre. Et sachez que les batailles et les assauts sont plus durs et plus forts par mer que par terre, car on ne peut ni reculer ni fuir, mais il faut combattre, attendre l'aventure et vendre sa vie, en prouvant à chaque instant sa force et sa prouesse. Le roi d'Angleterre s'y montra très bon chevalier, car il était pour lors en la fleur de sa jeunesse, et aussi malgré tous leurs efforts les Normands furent déconfits, péris ou noyés, en sorte que le grand vaisseau *Christophe* qu'ils avaient naguère capturé sur les Anglais fut repris par ceux-ci et tous ceux morts qui le montaient et défendaient.

Le roi Philippe de France s'était déjà avancé jusqu'à Bouvines, mais après la bataille de l'Écluse il commença à prêter l'oreille aux prières de madame Jeanne de Valois sa sœur, mère du duc Guillaume de Hainaut, qui voulait faire la paix entre les deux rois et remettre en la faveur de son frère son fils, dont les États avaient été ravagés par le roi de France. La bonne dame travailla tant et si bien, voyant toute la fleur de la chevalerie en grand péril, qu'elle réussit à obtenir une trêve, dont les conditions devaient être plus tard discutées afin d'en faire une bonne et solide paix. La trêve était jurée pour trois ans.

Tant qu'elle dura, elle fut assez bien observée, hormis en Bretagne, où naissaient alors de grandes guerres qui troubleront longtemps le royaume de France. Le duc de Bretagne venait de mourir, ne laissant point d'héritier. Il avait une nièce qu'il avait mariée au comte Charles de Blois, neveu du roi de France, et un frère de mère qu'on appelait le comte de Montfort ; celui-ci avait pour femme la sœur du comte Louis de Flandre. Dès que le comte de Montfort sut son frère décédé et bien qu'il n'eût pas dans les veines une goutte du sang de Bretagne, il se rendit à Nantes et fit tant auprès des bourgeois et des gens des environs qu'ils le reçurent comme seigneur et lui prêtèrent hommage comme au duc de Bretagne. Il décida alors avec la comtesse sa femme, qui avait un cœur d'homme et de lion, qu'ils tiendraient une fête solennelle à Nantes, où ils manderaient tous les barons notables du pays de Bretagne afin de savoir sur qui ils pouvaient compter. Ils le firent comme ils l'avaient pensé ; mais quand les jours de la fête furent arrivés, nul ne répondit à leur invitation, sauf un chevalier qu'on appelait monseigneur Hervé de Léon, qui était un homme riche et puissant. Le comte de Montfort et sa femme étaient bien courroucés et étonnés, et ils trouvèrent moyen de mettre la discorde dans Rennes, en sorte que la ville leur fut rendue, ainsi que plusieurs autres villes et châteaux ; mais les barons de Bretagne tenaient pour la comtesse de Blois.

Le comte de Montfort mit alors à la voile et s'en alla en Angleterre jusqu'à Windsor, où se tenait le roi Édouard, auquel il dit qu'il venait lui rendre foi et hommage, car il voulait tenir de lui le duché de Bretagne. Le roi anglais en fut joyeux et promit de lui envoyer du secours pour l'aider à conquérir sa terre.

Le roi Philippe, étant informé de ces choses, manda le comte de Montfort à Paris. Celui-ci ne savait pas s'il devait obéir ou non, mais il finit par s'y rendre avec trois cents chevaux.

Quand il entra dans la chambre où se tenait le roi avec les pairs, il fut fort regardé et salué de tous lorsqu'il vint s'incliner devant le roi, en disant humblement : « Sire, me voici à votre commandement et bon plaisir. » Le roi dit : « Sire de Montfort, je vous en sais bon gré et vous avez bien fait de venir ; mais je m'étonne fort que vous ayez osé faire une entreprise sur le duché de Bretagne, car vous n'y avez nul droit, et plus encore que vous ayez été trouver mon adversaire le roi d'Angleterre pour lui prêter foi et hommage comme j'en suis informé. — Ah! sire, dit le comte, ne le croyez pas, vous avez été mal instruit, et bien que je ne sache personne si près du duché de Bretagne que moi, maintenant que mon frère est défunt, je n'aurais pas honte de me désister si la cause était jugée contre moi. » Le roi pensa que le comte ne pouvait mieux dire, mais il lui ordonna d'attendre à Paris que les pairs eussent prononcé.

Quand le comte fut venu en son hôtel, il pensa que s'il attendait le jugement des barons de France, ce jugement pourrait bien tourner contre lui, car le roi devait être porté pour le comte de Blois son neveu. Il résolut donc de s'en retourner en Bretagne tout tranquillement, de peur d'être arrêté et retenu en prison jusqu'à ce qu'il eût rendu ce qu'il avait déjà pris. Ainsi qu'il pensait fit-il aussitôt, car, montant secrètement sur son bon cheval, il partit avec si peu de compagnie, qu'il était de retour en Bretagne avant que personne sût qu'il avait quitté Paris. Il se tenait avec madame sa femme dans la ville de Nantes, dont les bourgeois semblaient grandement l'aimer, lorsque les Français qui accompagnaient monseigneur le duc de Normandie, depuis que les pairs de France avaient prononcé en faveur de monseigneur Charles de Blois, vinrent mettre le siège devant Nantes. Les chevaliers escarmouchaient et détruisaient les terres des bourgeois au dehors de la cité, si bien que ceux-ci résolurent de remettre la ville aux Français; ils ouvrirent donc les portes de Nantes, en sorte que le comte de Montfort se trouva bientôt logé en la tour du Louvre pour y demeurer longtemps et ensuite y mourir, tandis que monseigneur Charles de Blois entrait en la cité et était reconnu comme le légitime seigneur et duc de Bretagne.

La comtesse de Monfort se trouvait en la ville de Rennes lorsqu'elle apprit que son mari avait été arrêté et pris. Elle en fut dolente et courroucée, pensant qu'on mettrait son seigneur à mort; mais comme elle avait, ainsi que j'ai dit, cœur d'homme et de lion, elle n'agit pas comme une femme désolée, mais bien comme un homme fier et hardi, fortifiant et rassurant ses amis et ses soldats. Elle leur montrait un petit garçon qu'elle avait et qu'on appelait Jean comme son père, en disant : « Ah ! messeigneurs, ne vous découragez pas, ni ne vous troublez à cause de monseigneur que vous avez perdu, car ce n'est qu'un seul homme. Voici mon petit enfant qui sera, s'il plaît à Dieu, son vengeur et vous fera beaucoup de bien. Je vous fournirai de tels chefs et capitaines que vous en serez bien contents. »

C'est ainsi que ladite dame consolait et encourageait ses amis et soldats qui étaient à Rennes et dans toutes les villes et châteaux ; puis elle alla avec son fils à Hennebont sur la mer, qui est une grande et forte ville avec une forteresse bien bâtie, où elle passa tout l'hiver, ayant mis à Rennes pour la défendre le bon chevalier messire Guillaume de Cadoudal et fait demander au roi d'Angleterre le secours qu'il avait promis au comte Jean. Le roi Édouard ordonna aussitôt qu'un secours prît la mer ; mais les vents et la saison étaient contraires, et la comtesse se trouvait cruellement resserrée à Hennebont, apprenant tous les jours comme elle faisait les maux qu'avaient à endurer ses gens qui défendaient Rennes contre monseigneur Charles de Blois, qui l'assiégeait avec les chevaliers de France.

On ne savait cependant pas à Hennebont que les bourgeois de Rennes étaient aussi ennuyés d'avoir à subir les maux de la guerre que l'avaient été naguère ceux de Nantes, et ils auraient bien voulu rendre la place à monseigneur Charles ; mais messire Guillaume de Cadoudal ne s'y accordait pas. Si bien qu'un jour le peuple et les bourgeois de Rennes mirent messire Guillaume en prison et rendirent la ville à monseigneur Charles, qui porta aussitôt le siège devant Hennebont.

La comtesse était elle-même aux portes bien armée comme un chevalier, chevauchant de rue en rue, exhortant ses gens à se bien défendre ; elle faisait défaire les chaussées par les femmes de la ville, dames et autres, afin de porter les pierres aux créneaux pour jeter sur les ennemis, et elle faisait aussi apporter des pots pleins de chaux vive qu'on répandait sur les assiégeants.

La comtesse de Montfort leur montrait un petit garçon qu'elle avait.

La comtesse de Montfort fit encore une entreprise très hardie. Étant montée dans une haute tour pour voir comment ses gens se comportaient, elle s'aperçut bientôt que tous les seigneurs français de l'armée avaient quitté leurs logis pour aller voir l'assaut. Elle eut aussitôt la pensée de monter sur son coursier, armée comme elle était, et elle se fit suivre par trois cents hommes à cheval, qui sortirent par une autre porte qu'on n'assaillait pas. A la tête de cette compagnie, elle se lança très hardiment sur les tentes et logis des seigneurs, auxquels elle fit mettre le feu, car ils n'étaient gardés que par des garçons et valets, qui s'enfuirent dès qu'ils virent la comtesse et ses gens. Quand les seigneurs de France virent de loin leurs logis qui brûlaient, ils y coururent en criant : « Trahison ! » Personne ne resta à l'assaut ; mais la comtesse était déjà loin, ayant pris le chemin de Brest, car elle savait bien qu'elle ne pouvait pas rentrer à Hennebont pendant que toute l'armée était ainsi émue et sur pied. Ses gens étaient inquiets et troublés, ne sachant pas ce qu'elle était devenue, et les seigneurs de l'armée criaient aux défenseurs des remparts : « Allez donc chercher votre comtesse qui est perdue ! » Mais un matin, au moment où le soleil se levait, elle apparut d'un côté de l'armée, ayant chevauché sans s'arrêter à partir de Brest ; elle entra dans la ville à grand bruit de trompettes et cymbales et à l'étonnement des Français.

La comtesse était cependant bien inquiète du secours d'Angleterre qu'elle attendait depuis si longtemps et qui avait peut-être subi quelque accident de mer ; elle savait bien que les Français cherchaient à pratiquer les défenseurs d'Hennebont pour les détacher d'elle et se faire rendre la ville et le château comme tant d'autres villes et places leur avaient déjà été rendues. Elle était donc à une fenêtre, regardant tristement du côté de la mer, lorsqu'elle aperçut enfin grande foison de vaisseaux grands et petits, qu'elle reconnut aussitôt pour la flotte d'Angleterre. Elle se mit à crier de toutes ses forces avec une grande joie : « Je vois venir ce secours que j'ai tant désiré. » Puis elle descendit pour faire préparer de tous côtés les logements des seigneurs d'Angleterre qui venaient à son aide dans Hennebont. Dès qu'ils arrivèrent, elle alla elle-même à leur rencontre avec grande révérence, les embrassant sur la joue et les fêtant si grandement qu'elle le pouvait faire, les logeant tous dans son château jusqu'à ce que leurs hôtels fussent préparés dans la ville. Aussi il ne tarda guère avant que le comte de Blois et les seigneurs de France levassent le siège d'Hennebont pour conclure une trêve avec la comtesse, qui profita de sa liberté pour passer en Angleterre, car elle avait demandé une fille du roi Édouard pour être la femme de son fils et duchesse de Bretagne.

En ce temps-là le roi d'Angleterre était encore en grande amitié et alliance avec Jacques d'Artevelde qui régnait toujours sur la ville de Gand. Celui-ci voulait cependant faire un peu trop en faveur des Anglais, demandant aux villes de Flandre de remettre le pays aux mains du roi Édouard pour devenir un duché du prince de Galles au détriment de leur seigneur, le comte de Flandre. Les conseils des villes n'avaient pas voulu répondre tout de suite là-dessus, disant que les communes de Flandre ne s'y accorderaient peut-être pas pleinement; aussi fallut-il se séparer sans obtenir la promesse des grandes choses que Jacques d'Artevelde avait promises au roi d'Angleterre.

Jacques d'Artevelde était demeuré avec le roi au lieu de retourner à Gand au moment où les membres du conseil revinrent dans la ville, et ce fut la cause de son malheur, car bien des gens murmuraient contre lui et trouvaient mauvais ce qu'il avait présenté au conseil de Flandre. Comme il rentrait enfin dans Gand avec sa troupe revenant d'Ypres et de Bruges, il aperçut le peuple amassé sur son passage, qui commença à murmurer et à mettre trois têtes en un chaperon, disant : « Voici celui qui fait trop le maître, et qui voudrait faire du comté de Flandre à sa volonté ; nous ne pouvons plus le souffrir. » On avait aussi répandu dans la ville le bruit que, depuis neuf ans et plus que Jacques d'Artevelde gouvernait le pays et touchait les revenus du comté de Flandre, il avait amassé un grand trésor qu'il avait

« Je vois venir ce secours que j'ai tant désiré. »

secrètement envoyé en Angleterre. C'était un grand mécontentement parmi les gens de Gand.

Comme il chevauchait par les rues, Jacques d'Artevelde s'aperçut bientôt qu'on avait quelque chose contre lui : les gens qui avaient coutume de le saluer bien bas tournaient le dos et rentraient dans leurs maisons. Dès qu'il fut arrivé chez lui, il fit fermer et barrer portes, grilles et fenêtres. Mais à peine ses valets avaient-ils achevé, que la rue se trouva pleine, par derrière et par devant, de toutes sortes de gens. Il se trouva donc resserré dans sa maison, sans que cela pût durer bien longtemps, car les trois quarts de la ville étaient à cet assaut. Quand Artevelde se vit si fort pressé, il se mit à la fenêtre, la tête nue, et, s'humiliant bien fort, il dit à toute cette foule : « Braves gens, que vous faut-il? Qu'est-ce qui vous trouble? Dites-le-moi, et j'y mettrai ordre. » Mais on lui répondit : « Nous voulons avoir le grand trésor de Flandre que vous avez détourné sans raison. » Artevelde reprit : « Certes, seigneurs, je n'ai pas pris un denier du trésor de Flandre. Rentrez tranquillement dans vos maisons et revenez demain matin, je vous rendrai bon compte de tout ce que j'ai fait. » Mais ils criaient plus fort : « Non, non, vous ne vous échapperez pas ainsi. Nous savons bien que vous l'avez envoyé en Angleterre, et, pour cette faute, il vous faut mourir. »

Quand Artevelde entendit ces mots, il joignit les mains et se mit à pleurer, suppliant bien tendrement le peuple de se rappeler le bien qu'il lui avait fait et les services qu'il lui avait rendus : « Ne savez-vous pas bien comment le commerce avait péri dans ce pays-ci, et je l'ai rétabli ? Je vous ai gouvernés en si grande paix, que vous avez eu tout ce qu'il vous fallait à volonté. » Mais ils s'impatientaient et criaient tous ensemble : « Descendez, et ne nous sermonnez plus de si haut, car nous voulons avoir de suite compte et raison du grand trésor de Flandre. »

Quand Artevelde vit qu'ils ne se calmaient pas, il ferma la fenêtre, espérant pouvoir sortir par les derrières de son hôtel, qui touchait à une église; mais il y avait bien là quatre cents personnes prêtes à le saisir. Il fut donc pris là entre eux, et tué sans merci. Ainsi finit Jacques d'Artevelde, qui avait si longtemps gouverné en Flandre. Les pauvres gens l'avaient premièrement élevé, les méchantes gens le renversèrent à la fin. Ces nouvelles se répandirent bientôt en tous lieux; les uns le plaignirent, et les autres furent joyeux. De ces derniers était le comte Louis de Flandre, qui se tenait pour lors à Dendermonde, car Artevelde lui avait été contraire dans toutes ses affaires.

Le roi d'Angleterre tout au rebours fut si courroucé de la mort de son grand ami et son cher compère, qu'il se mit promptement en mer pour quitter l'Écluse, disant que cette mort serait chèrement payée. Les conseils de toutes les bonnes villes de Flandre, à l'exception de Gand, envoyèrent vers lui à Westminster près de Londres pour s'excuser et proposer la main de l'héritier de Flandre à l'une des filles du roi d'Angleterre : ainsi le comté de Flandre demeurerait toujours à l'un des enfants du roi Édouard. Celui-ci s'adoucit grandement et petit à petit on oublia la mort de Jacques d'Artevelde.

Le roi Édouard s'apprêtait à cette heure à rejoindre son cousin le comte de Derby, qui guerroyait en Gascogne, et contre lequel le roi Philippe avait envoyé son fils le duc de Normandie. Mais, lorsqu'il prit la mer, le vent devint contraire et le rejeta sur les côtes de Cornouailles, où il fut retenu pendant six jours.

Or le roi d'Angleterre avait avec lui un des grands barons de la Normandie, qui s'appelait messire Godefroy d'Harcourt, que le roi Philippe avait banni du royaume par haine et par envie. Il s'en était allé en Angleterre, où il avait été bien reçu par le roi Édouard. Il conseillait donc maintenant à ce roi de prendre terre en Normandie. « Sire, disait-il, le pays de Normandie est un des plus gras du monde, et je vous promets sur ma tête que personne ne pourra vous résister, car les gens de Normandie ne furent jamais armés. Vous trouverez des villes bien bâties et tout ouvertes où vos gens s'enrichiront pour plus de vingt ans, et votre flotte pourra suivre les côtes jusqu'à tout près de Caen, en Normandie. Je vous supplie de me croire sur ce voyage. »

Mort de Jacques d'Artevelde.

Le roi Édouard s'inclinait fort aux avis de son cousin monseigneur d'Harcourt, car il ne désirait rien tant que de guerroyer. Il commanda donc à ses mariniers de tourner sur la Normandie, et il ne se passa guère de temps qu'il ne prît terre à la Hogue Saint-Vaast, dans le Cotentin. En descendant de son vaisseau, il tomba à terre si rudement, que le sang lui jaillit du nez. Ses gens voulaient l'engager à remonter sur son navire : « C'est mauvais signe, disaient-ils, ne débarquez pas aujourd'hui ; » mais le roi Édouard répondit vivement et sans délai : « Pourquoi ? Mais c'est un très bon signe pour moi, car la terre me désire. » Ce fut ainsi qu'il réconforta ses gens.

Les hommes d'armes du roi d'Angleterre chevauchaient donc en avant, trouvant le pays gras et bien pourvu, les granges pleines de blé, les maisons pleines de richesses, riches bourgeois, chars, charrettes et chevaux, pourceaux, moutons et brebis, et les plus beaux bœufs du monde qu'on nourrit en ce pays-là. Le pays était tout entier à la volonté du roi, car ces gens n'avaient jamais vu d'hommes d'armes et ne savaient ce que c'était que guerre et bataille. Ils fuyaient devant les Anglais du plus loin qu'ils en entendaient parler, laissant leurs maisons et leurs granges toutes pleines et ouvertes. Les gens du roi d'Angleterre recueillirent là bien des richesses qui ne vinrent jamais à la connaissance de personne.

Cependant les bourgeois de Caen avaient résolu de défendre leur ville. Lorsqu'ils le firent savoir au connétable, le comte de Guines, que le roi Philippe avait envoyé en Normandie pour protéger le pays, il répondit : « Qu'il en soit ainsi au nom de Dieu : vous ne combattrez pas sans moi et mes gens. » Ils sortirent donc de la ville et se mirent d'abord en assez belle ordonnance. Mais dès qu'ils virent les Anglais qui approchaient et qu'ils aperçurent les bannières et les pennons voltiger au vent, ils furent si effrayés et si déconfits sans avoir combattu, que le monde entier ne les eût pas empêchés de prendre la fuite. Ils se retirèrent en désordre dans leur ville, suivis de près par les Anglais, qui y entrèrent avec eux, faisant bientôt grand massacre par les rues et ne prenant personne à merci, car les gens commençaient à se défendre dans les maisons, et on avait déjà tué plus de cinq cents Anglais, ce dont le roi était bien irrité. Il aurait fait mettre la ville à feu et à sang sans les bonnes raisons que lui donna monseigneur Godefroy d'Harcourt. Les Anglais conquirent ainsi de grandes richesses dans la ville de Caen, qu'ils chargèrent sur leur flotte, qui partit remplie d'or, de butin et de bons prisonniers que le roi Édouard envoyait à sa femme la gentille reine Philippine. Les Anglais avancèrent à travers la Normandie jusqu'aux portes de Paris, sans que le roi Philippe leur opposât aucune résistance.

C'était sur la rivière de Somme qu'on préparait le grand effort du roi de France et de ses chevaliers, qui s'étaient amassés en grand nombre à Abbeville. Les Anglais se trouvaient alors à Oisemont et auraient bien voulu passer la rivière, mais ils ne trouvaient nulle part un gué où ils pussent traverser. Le roi Édouard fit venir devant lui les prisonniers qu'on avait faits dans le pays de Ponthieu et Vimeu, qu'il avait traversé, et il les interrogea lui-même : « Personne ne me peut-il indiquer un gué au-dessous d'Abbeville, par lequel l'armée puisse passer sans péril? Celui qui me l'enseignerait, je le tiendrais quitte de sa prison et vingt de ses compagnons pour l'amour de Dieu. »

Il y avait là un jeune paysan qu'on appelait Gobin Agace ; il s'avança pour parler : « Oui, au nom de Dieu, je vous promets sur ma tête que je vous mènerai bien à tel passage où vous passerez la rivière sans danger, vous et votre armée, lorsque le flot de la mer se sera retiré. C'est le seul endroit où l'on puisse passer, sauf au pont d'Abbeville, qui est une ville grande et bien munie de gens d'armes. A ce passage que je vous dis, monseigneur, il y a du gravier de marne blanche, dure et solide, sur lequel on peut passer sans crainte : c'est pourquoi on l'appelle la Blanche Tache. »

Quand le roi d'Angleterre eut entendu les paroles de Gobin Agace, il fut plus content que si on lui avait donné vingt mille écus, et il promit cent nobles au valet s'il voulait l'y conduire sur-le-champ : ce que Gobin fit bien volontiers. Le roi Philippe avait envoyé à la Blanche Tache messire Godemar du Fay avec une troupe de gens d'armes pour protéger le passage ; mais le roi anglais était venu en trop grande force pour qu'il fût possible de lui résister, en sorte que messire Godemar du Fay fut obligé de se retirer, poursuivi par les Anglais pendant plus d'une heure sur le chemin d'Abbeville.

Le roi Philippe fut tout courroucé quand il apprit la nouvelle que ses ennemis avaient passé la rivière, car il avait compté les trouver resserrés entre la Somme et la ville pour les combattre ; mais il résolut aussitôt de les suivre au Ponthieu, où le roi Édouard s'était arrêté près de Crécy, disant : « C'est ici le légitime héritage de madame ma mère, et je n'irai pas plus loin que je n'aie vu mon adversaire Philippe de Valois. » Ses gens avaient pris place à terre, et il attendait là l'action qui s'offrait à lui grande et périlleuse, car il n'avait pas dans son armée la huitième partie des gens qu'avait réunis le roi de France.

Le roi Édouard avait passé une partie de la nuit en prières dans son oratoire, lorsqu'il sortit au jour après avoir entendu la messe pour aller ordonner les corps de bataille. Tous ses hommes d'armes étaient à pied, ainsi que les archers. Les chevaux et les charrettes étaient rassemblés en un grand parc sur les derrières de l'armée.

Quand les trois corps de bataille furent organisés et que chacun sut ce qu'il avait à faire, le roi d'Angleterre monta sur un petit palefroi blanc, un bâton à la main, et s'en alla au pas, de rang en rang, devant le front de ses troupes, priant tous ses gens qu'ils voulussent bien penser et aider à garder son honneur et défendre son droit. Il leur disait tout cela en riant si doucement et d'un joyeux visage, que ceux qui eussent été découragés auraient pu se réconforter en le voyant et l'entendant. Quand il eut fini de passer en revue ses gens, il se retira vers le corps de bataille qu'il commandait, ordonnant que chacun mangeât à son aise et but un coup, ce qu'on fit tranquillement, pour s'asseoir ensuite chacun à sa place avec les arcs et les arbalètes à leurs pieds, afin d'être plus frais et dispos quand paraîtrait le roi de

France. Tel était le commandement du roi Édouard dans tous ses corps de bataille.

Les choses ne se passaient pas avec autant d'ordre du côté des Français. Jamais tant de princes et seigneurs n'avaient été rassemblés en une même armée, et il arrivait encore des gens d'armes de tous les côtés. Le roi était bien informé des points où se trouvaient les ennemis, les maréchaux de l'armée, le seigneur de Saint-Venant et messire Charles de Montmorency ayant chevauché en avant pour s'en enquérir, et il avait juré que, s'il plaisait à Dieu, il les combattrait le lendemain. Au souper, le soir, il pria tous les seigneurs d'être les uns envers les autres amis et courtois sans envie, sans haine et sans orgueil, et chacun le lui promit. Le samedi au matin le roi sortit d'Abbeville avec ses troupes, et ceux de ses gens qui étaient logés dans les villes voisines le rejoignirent en chemin. Trois ou quatre chevaliers furent envoyés en avant pour voir en quel état se trouvaient les ennemis. Les Anglais reconnurent bien qu'ils venaient pour les examiner ; mais ils n'en firent mine et ne bougèrent pas.

Lorsque les chevaliers revinrent auprès du roi, l'un d'eux, qui était au roi de Bohême, bon chevalier et qui s'appelait le Moine de Basèle, dit au roi : « Sire, sachez que vos ennemis sont arrêtés en trois batailles bien ordonnées et soyez assuré qu'ils vous attendront et ne pensent pas à fuir. Je vous conseille donc, sauf meilleur avis, que vous fassiez arrêter et loger aux champs vos gens pour la fin de cette journée ; car lorsque les derniers seront arrivés et que vos batailles seront ordonnées, il se fera tard et vos gens seront fatigués, tandis que leurs adversaires seront frais et reposés ; vous pourrez demain ordonner tout le combat mieux et plus mûrement que vous ne pourriez faire à cette heure, où tous les vôtres ne sont pas avec vous. »

Ce conseil et cet avis plurent au roi Philippe, et il commanda qu'il fût fait comme le Moine avait conseillé. Les deux maréchaux chevauchèrent donc, l'un en avant et l'autre en arrière, en disant aux banneretz : « Arrêtez-vous de par le roi, au nom de Dieu et de monseigneur Saint-Denis! » Ceux qui étaient les premiers s'arrêtèrent bien à cette ordonnance, mais non les derniers, qui chevauchaient toujours plus avant et voulaient rejoindre les premiers rangs. Ceux-ci à leur tour ne voulant pas être dépassés se remirent en marche, en sorte que ni le roi ni ses maréchaux ne purent être maîtres de leurs gens, jusqu'à ce qu'ils se trouvèrent en présence des Anglais.

Ce fut alors grand blâme pour ceux qui se trouvaient les premiers, car à l'aspect des ennemis qu'ils ne s'attendaient pas à voir sitôt, ils reculèrent tout à coup, si fort en désordre, que ceux qui étaient derrière s'en étonnèrent et crurent les premiers rangs déjà déconfits. Il y avait bien la place d'aller en avant pour ceux qui voulaient, mais les uns poussaient et les autres ne bougeaient pas. Pendant ce temps, il y avait dans la campagne tout un peuple des communes entre Abbeville et Crécy, qui criaient depuis le départ : « A mort ! à mort ! » tirant leurs épées quand on ne voyait encore personne.

Lorsque les Anglais virent venir toute cette armée en désordre qui marchait contre eux, ils se levèrent tranquillement, sans aucun effroi, et se rangèrent en ordre de bataille. Le prince de Galles commandait l'un des corps sous la conduite du comte d'Arundel et de lord Southampton.

Lorsque le roi Philippe vint jusqu'à la place où se tenaient les Anglais, le sang lui bouillit dans les veines, car il les haïssait, et il ne put s'empêcher de dire à ses maréchaux : « Faites passer vos Génois devant et commencer la bataille au nom de Dieu et de monseigneur Saint-Denis! » Il y avait environ quinze mille arbalétriers génois, qui eussent autant aimé ne pas commencer à combattre ce jour-là, car ils étaient rudement fatigués et échauffés après avoir fait six lieues à pied en portant leurs armes. Ils dirent donc à leur capitaine qu'ils n'étaient pas bien préparés pour faire de grands exploits de bataille. Ces paroles volèrent jusqu'au duc d'Alençon, qui en fut courroucé et dit : « On se doit bien charger de toute cette ribaudaille qui manque au besoin. »

Pendant que ces paroles couraient et que les Génois hésitaient et tardaient, la pluie commença à tomber du ciel si grosse et mélangée de tant de tonnerre et d'éclairs que chacun fut mouillé jusqu'aux os. Au-dessus des corps de bataille passaient une foule de corbeaux sans nombre qui menaient grand bruit. Les sages chevaliers disaient que c'était signe de grande bataille et effusion de sang. L'air s'éclaircit tout à coup et le soleil recommença à luire, donnant en plein dans les yeux des Français, tandis que les Anglais l'avaient par derrière.

Quand les Génois se furent enfin rassemblés et réunis, ils se mirent à crier de toutes leurs forces pour troubler les Anglais, qui se tinrent cois et ne bougèrent de leur place. Au même moment, ils tendirent leurs arbalètes et se mirent à tirer sur les Anglais; mais ceux-ci ripostèrent par une grêle de flèches qui descendirent si dru sur les Génois, qu'il semblait que ce fût de la neige. Les Génois, qui n'avaient jamais connu de tels archers que ceux d'Angleterre, quand ils sentirent ces flèches qui leur perçaient le bras, la tête ou les lèvres, se trouvèrent tout déconfits. Plusieurs d'entre eux coupèrent la corde à leurs arbalètes, d'autres les mirent à terre, et tous commencèrent à reculer.

Entre eux et les Français il y avait une haie de gens d'armes montés et parés richement, en sorte que les Génois reculant ne pouvaient s'enfuir. Alors le roi de France, irrité de leur désordre, dit à haute voix : « Or tôt, tuez toute cette ribaudaille qui nous empêche la voie sans raison. » Vous auriez vu alors des gens d'armes s'engager dans les rangs des Génois en fuite, les frapper et les occire, si bien qu'ils tombaient pour ne se plus relever, encombrant plus que jamais le chemin des chevaliers, pendant que les archers anglais continuaient à tirer sur toute cette presse, empalant les hommes et les chevaux qui ne pouvaient plus avancer.

Ce fut ainsi que commença la bataille de Crécy en Ponthieu, lorsqu'il était déjà l'heure de vêpres. Le vaillant et gentil roi de Bohême, Charles de Luxembourg, qui se trouvait là avec le roi de France, entendit par ses gens que la bataille était commencée, car il était aveugle. Il leur demanda comment se comportait l'ordonnance de nos gens, et ils dirent : « Cou-ci cou-ci! tout d'abord les Génois ont été déconfits, et le roi de France a ordonné de les tuer tous. Il y a entre eux et nos gens une si grande mêlée que c'est merveille et ils s'embarrassent grandement. — Ah! répondit le roi de Bohême, c'est un mauvais commencement pour nous! »

Puis il demanda où était son fils le roi d'Allemagne, ainsi appelé parce qu'il était l'empereur désigné; mais personne ne l'avait vu. « Mes amis, dit alors le roi de Bohême à ses chevaliers, vous êtes mes hommes et mes compagnons. Je vous requiers que vous me meniez aujourd'hui si avant que je puisse frapper un coup d'épée. » Ceux qui étaient là avec lui prouvèrent bien qu'ils aimaient son honneur, car, ayant lié ensemble les freins de leurs chevaux, de peur de perdre le roi dans la mêlée, ils mirent le roi leur seigneur en avant pour mieux accomplir son dessein, et ils s'en allèrent ainsi contre les ennemis où le bon roi de Bohême put frapper un coup d'épée, voire trois, voire quatre, et combattit vaillamment, ainsi que tous ceux qui l'avaient accompagné. Nul n'en revint et on les trouva le lendemain sur la place autour du roi leur seigneur avec tous leurs chevaux encore attachés ensemble.

Il est bien vrai que de bons gens d'armes et de grande chevalerie le roi de France en avait là une quantité. Mais il n'y en eut pas moins peu de faits d'armes, car la bataille commença tard et les Français étaient déjà las et fatigués en arrivant. Cependant les vaillants hommes et les bons chevaliers poussaient toujours en avant, aimant mieux laisser leur vie sur le champ de bataille que d'être déshonorés par la fuite. Le corps de bataille que commandait le prince de Galles était serré de près, si bien que le comte d'Arundel et les chevaliers auxquels le roi anglais avait donné son fils à garder envoyèrent vers lui pour lui demander du secours.

Le roi répondit au chevalier qui lui avait été envoyé et qui s'appelait messire Thomas de Norwich : « Messire Thomas, mon fils est-il mort ou renversé ou si blessé qu'il ne se puisse soutenir? — Non, monseigneur, à Dieu ne plaise! répartit le chevalier; mais il est en un dur assaut d'armes et il aurait besoin de votre aide. — Messire Thomas, dit le roi, retournez vers lui et vers ceux qui vous envoient et dites-leur de ma part qu'ils ne m'envoient plus chercher, quelque aventure qui leur advienne, tant que mon fils sera en vie. Et dites-leur qu'ils laissent l'enfant gagner ses éperons, car je veux, si Dieu l'a ordonné, que la victoire soit à lui, et que l'honneur en demeure à lui et à ceux auxquels je l'ai confié. »

Vous devez comprendre que le roi de France avait grande angoisse au cœur, quand il voyait ses gens ainsi déconfits par une poignée d'hommes qu'étaient les Anglais. Il en demanda conseil à messire Jean de Hainaut qui se tenait près de lui. Messire Jean lui répondit : « Certes, sire, je ne vous pourrais conseiller. Le meilleur pour vous serait de vous retirer et de vous mettre en sûreté, car je n'y vois point de remède. Il sera bientôt tard, vous pourriez aussi bien chevaucher sus à vos ennemis et être perdu que rester entre vos amis. » Le roi frémissait de mécontentement et de colère; il ne répondit pas et poussa vers le duc d'Alençon son frère, qui venait de descendre d'une petite colline pour marcher contre les ennemis; mais il ne put parvenir à le rejoindre, car il y avait entre eux grande foule de chevaliers et gens d'armes, et plus il avançait, plus la suite du roi allait s'éclaircissant.

Parmi cette suite était un jeune chevalier, monseigneur Thierry de Sancelles, qui portait la bannière de messire Jean de Hainaut; ledit chevalier montait un beau cheval noir que le roi avait donné ce matin même à messire Jean. La bannière à la main, messire Thierry de Sancelles traversa tous les rangs des Anglais. Quand il en fut hors et sur le point de retourner, il trébucha dans un fossé et tomba, car il avait été blessé par les traits des archers. Il eût été mort sans remède, car il ne pouvait pas se relever, si son page qui avait fait à sa suite le tour du corps de bataille, ne l'eût trouvé gisant dans son fossé. Il le redressa et le rassit sur son cheval, car les Anglais ne sortaient pas de leurs rangs pour poursuivre ceux qui étaient tombés; mais sachez bien que messire Thierry de Sancelles ne s'en retourna pas par le même chemin, et à vrai dire il ne l'aurait pas pu.

Cette bataille entre Broye et Crécy fut terrible et cruelle. Les gens d'armes, les chevaliers et les écuyers perdaient leurs maî-

Mort du roi de Bohême.

tres dans l'obscurité, errant par les champs et souvent s'engagent parmi les Anglais, qui ne prenaient personne à rançon ou à merci, selon qu'il avait été ordonné dès le matin, tant était grande la foule du peuple qui suivait l'armée.

Le duc d'Alençon et le comte de Flandre étaient morts et restés sur la place, ainsi que le comte d'Harcourt et le comte d'Aumale qu'aurait bien voulu sauver messire Godefroy d'Harcourt, mais il ne put parvenir jusqu'à eux. Le comte d'Auxerre était mort aussi, ayant combattu vaillamment. Sur le soir, bien tard, à la nuit tombée, le roi Philippe quitta enfin le champ de bataille, emmené par messire Jean de Hainaut qui l'avait à garder; il l'avait déjà une fois remonté, car un trait avait frappé le cheval du roi, et il avait enfin dit : « Sire, venez-vous-en : ne vous perdez pas inutilement; il est temps. Si vous avez été vaincu cette fois, vous regagnerez une autre. » Le roi partit, lui cinquième de barons seulement, se lamentant et regrettant ses gens, et ils chevauchèrent ainsi jusqu'à Broye.

Arrivés à la porte du château, ils la trouvèrent fermée ; le châtelain vint sur les remparts, auquel le roi cria : « Ouvrez! ouvrez, châtelain! c'est l'infortuné roi de France. » Le châtelain sortit aussitôt en entendant les paroles du roi; il était déjà informé de la perte de la bataille par les fugitifs qui avaient passé par le château.

Si les Anglais eussent fait la poursuite comme ils firent à Poitiers, la déconfiture et le massacre eussent été encore plus horribles à travers la nuit et les ténèbres; mais nul Anglais ne sortit de sa place pour pourchasser un homme; ils se défendaient seulement contre ceux qui les assaillaient : ce que le roi d'Angleterre avait ordonné, à cause du petit nombre de ses troupes qu'il ne voulait pas voir se disperser à la chasse.

Lorsqu'il fut tout à fait nuit, le roi Édouard, qui de tout le jour n'avait pas mis son casque, s'en vint avec son corps de bataille en bon ordre vers le prince son fils, qu'il embrassa en lui disant : « Beau fils, Dieu vous donne bonne persévérance! Vous êtes mon fils et vous vous êtes vaillamment conduit; vous êtes digne de tenir terre! » A cette parole, le prince s'inclina et s'humilia bien bas devant son père, en grande joie, ce dont il eut bien raison. A ce moment, revinrent les chevaucheurs, qui dirent au roi Édouard qu'on n'apercevait plus d'ennemis, et le lendemain messire Regnault de Cobham et sir Richard de Stafford, qui en avaient été chargés, comptèrent que onze princes étaient demeurés sur la place, quatre-vingts bannerets et douze chevaliers de lignage, sans compter trente mille soldats. Les Anglais accordèrent au roi de France une trêve de trois jours pour ensevelir ses morts, tandis que le roi Édouard chevauchait vers Calais, devant lequel il établit son siège, comme un homme décidé à y demeurer jusqu'à ce qu'il eût pris la ville.

Le roi Philippe avait donné congé à ses gens et ne fut décidé à reprendre les armes qu'à la requête et pour la délivrance de ses braves gens de Calais qui tenaient toujours la ville pour lui à grand'peine et par force de courage et de faits d'armes. Le roi Édouard savait bien que son adversaire avait recommencé à réunir ses troupes, et il s'attendait à être assiégé à son tour devant Calais toujours fermé. Il résolut donc de faire élever un château de bois qui fermerait le passage de la mer par lequel la ville était encore quelquefois pourvue de vivres par l'entreprise de certains marins d'Abbeville; nul ne pouvait plus entrer dans Calais ni sortir quand ce château fut construit et muni d'hommes et d'archers qui le gardaient.

Cependant le roi Philippe approchait avec toutes ses forces du mont de Sangattes entre Calais et Wissant. Lorsque les défenseurs de Calais, qui souffraient cruellement de la famine, virent les bannières apparaître sur le mont de Sangattes et les armoiries briller au soleil, ils eurent grande joie et se crurent délivrés de leur siège. Ils s'aperçurent cependant que l'armée se campait, ce qui ne leur parut pas bon signe.

Ce fut un bien moins bon signe encore lorsqu'ils virent que les maréchaux examinaient avec soin les passages, car ils les savaient difficiles et en outre bien gardés par le comte de Derby, qui

« Ouvrez, c'est l'infortuné roi de France. »

occupait avec ses chevaliers le pont de Nieulay, le seul point par lequel on pût traverser les marais. Les maréchaux revinrent en effet annoncer au roi que le passage était impossible ; le roi fit alors proposer au roi Édouard de lui envoyer quelques-uns des siens et qu'il en ferait autant de son côté, afin que ces champions choisis pussent indiquer un lieu où l'on pourrait combattre, puisque les forces du roi de France ne pouvaient approcher du camp des Anglais. Le roi Édouard entendit bien cette parole, mais il n'avait pas envie de perdre la ville qu'il avait fait tant d'efforts pour conquérir. « Dites-lui que je suis ici depuis un an, répondit-il à messire Eustache de Ribaumont, chargé du message du roi ; il l'a bien su, et il serait venu plus tôt s'il avait voulu. Je crois en avoir tant fait que la ville et le château de Calais seront bientôt en mon pouvoir. Je n'ai pas à gré de quitter ce que je possède pour aller chercher un lieu où il me puisse combattre à sa convenance. Que ses gens trouvent un passage et qu'il vienne à moi s'il le peut. » Les barons virent bien qu'ils n'obtiendraient pas d'autre réponse, et le roi Philippe comprit aussi qu'il ne pourrait délivrer sa bonne ville de Calais, ce qui lui était un grand chagrin.

Cependant les pauvres habitants de la ville assiégée trouvaient les pourparlers bien longs et qu'on faisait terriblement durer leur jeûne. Ils furent plus désolés encore lorsqu'ils virent lever le camp français et disparaître derrière le mont ces bannières qu'ils avaient vues arriver avec tant de joie. Les Anglais s'étaient lancés à la queue de l'armée et rapportaient force butin des traînards qu'ils pillaient. Il n'y avait au monde cœur si dur qui n'eût pitié de la douleur des gens de Calais. Ils voyaient bien que le secours auquel ils avaient eu si grande confiance allait leur manquer et ils étaient en si grande détresse, que les plus robustes d'entre eux se soutenaient à peine. Ils résolurent donc d'essayer de traiter, puisqu'ils étaient abandonnés par le seigneur pour lequel ils avaient tant et si longuement souffert. Ils prièrent messire Jean de Vienne de consentir à traiter et il monta aux créneaux de la ville, faisant signe aux Anglais qu'il voulait leur parler.

Le roi d'Angleterre envoya aussitôt messire Gauthier de Mauny, l'un de ses meilleurs et plus braves chevaliers, avec le sire de Basset. Quand messire Jean de Vienne, qui était gouverneur de la ville pour le roi de France, les vit arriver, il leur dit : « Beaux seigneurs, vous avez l'usage des armes et vous êtes de vaillants chevaliers; vous savez donc que le roi de France, pour lequel nous tenons cette ville et ce château, nous a envoyés ici pour les lui garder : ce que nous avons fait de tout notre pouvoir. Aujourd'hui, le secours que nous avions espéré nous manque, et vous nous avez tellement resserrés, que nous n'avons plus de quoi vivre, en sorte qu'il nous faut mourir ou enrager par famine, si le roi, votre Sire, n'a pitié de nous. Veuillez donc le prier pour nous, afin qu'il nous laisse aller tels que nous sommes, et nous lui remettrons la ville et le château, où il trouvera assez de biens. »

Mais messire Gauthier de Mauny répondit : « Messire Jean, nous savons en partie l'intention du roi d'Angleterre, car il nous l'a dite. Il entend vous avoir tous à sa merci, pour rançonner ou faire mourir qui il lui plaira, car vous lui avez tant résisté, tant coûté d'argent, tant fait mourir des siens, qu'il est courroucé contre vous, ce qui n'est pas merveille. »

Alors Jean de Vienne reprit : « Nous ne pouvons faire ce que vous dites. Nous sommes ici un petit nombre de chevaliers et d'écuyers qui avons loyalement servi notre seigneur, comme vous auriez servi le vôtre en pareil cas. Nous avons beaucoup souffert ici, mais nous endurerions bien d'autres souffrances avant de consentir à ce que le plus petit garçon ou valet de la ville fût plus mal traité que le plus grand de nous. Veuillez prier pour nous le roi d'Angleterre; nous espérons de lui tant de gentillesse qu'il aura pitié de nous. — Je le veux bien, messire Jean, dit Gauthier de Mauny, et je voudrais qu'il m'écoutât, car vous en vaudriez mieux. »

Messire Gauthier et le sire de Basset revinrent donc auprès du roi d'Angleterre qui les attendait à la porte de son hôtel, tant il était pressé d'avoir des nouvelles de Calais. Messire Gauthier dit aussitôt : « Monseigneur, nous avons longuement parlé à messire

Jean de Vienne, qui est le capitaine de la ville. Et il me semble que lui et ses compagnons sont en grande volonté de vous rendre la ville, le château et tout ce qui est dedans, pourvu qu'ils aient seulement la vie sauve. »

A quoi le roi repartit : « Vous saviez mes intentions, messire Gauthier; que lui avez-vous répondu? — Au nom de Dieu, monseigneur, que vous n'en feriez rien, mais que vous vouliez les avoir tous à votre merci, pour vivre ou pour mourir, comme il vous conviendra. A quoi messire Jean de Vienne a répondu qu'ils étaient bien pressés de famine, mais que plutôt que d'entrer en ce parti, ils se vendraient plus cher que jamais hommes ne feraient. — Messire Gauthier, dit le roi, je n'en ferai pourtant autre chose. » Alors messire Gauthier s'approcha, parlant au roi bien sagement et dit : « Monseigneur, vous pourriez bien avoir tort et vous donneriez un mauvais exemple; car si vous vouliez nous envoyer dans quelqu'une de vos forteresses, nous n'irions pas si volontiers, si vous faites mettre ces gens à mort comme vous dites, car on nous en ferait autant en pareil cas. »

Alors le roi s'adoucit grandement, car les autres barons soutenaient le dire de messire Gauthier, et il dit : « Seigneurs, je ne veux pas être seul contre vous tous; voici ce que vous ferez, Gauthier : retournez vers les gens de Calais et vous direz à messire Jean de Vienne que vous avez travaillé pour eux et tous mes barons aussi, en sorte que j'ai consenti, à grand'peine, à la plus grande grâce que je puisse leur faire : c'est qu'il parte de Calais six des plus notables bourgeois, nu-tête et les pieds nus, la corde au cou et les clefs de la ville et du château à la main. Je ferai de ceux-là à mon bon plaisir, et je prendrai le reste à merci. — Je le ferai volontiers, » repartit messire Gauthier.

Il retourna donc à Calais et fit son message à messire Jean de Vienne qui l'attendait, appuyé toujours sur les murs, qui lui dit quand il eut entendu que c'était tout ce qu'on avait pu obtenir : « Je vous crois bien, messire Gauthier; mais je vous prie seulement d'attendre ici jusqu'à ce que j'aie pu dire aux gens de la ville ce que vous avez rapporté, car ils m'ont envoyé ici et c'est à eux de répondre. » Messire Gauthier s'y accorda volontiers.

Alors messire Jean de Vienne quitta les créneaux et s'en vint à la place du Marché, dont il fit sonner la cloche. Ils vinrent tous, hommes et femmes, car ils étaient pressés d'avoir des nouvelles, ayant tant souffert de la famine qu'ils n'en pouvaient plus. Quand ils furent tous assemblés, messire Jean de Vienne leur dit doucement les volontés du roi d'Angleterre et qu'ils eussent à s'entendre, car ils n'obtiendraient rien de plus. Quand ils eurent ouï ce rapport, ils se mirent tous à pleurer si amèrement, qu'il ne fut jamais au monde cœur si dur qui n'eût eu pitié d'eux. Messire Jean de Vienne pleurait avec eux.

Alors se leva le plus riche bourgeois de la ville, qui avait nom messire Eustache de Saint-Pierre, et il dit devant tous : « Seigneurs, ce serait une grande pitié et un grand malheur de laisser mourir un si grand peuple qu'il y a ici, par famine ou autrement, quand on y peut trouver remède. Et ce serait une grande charité agréable à Notre-Seigneur de les pouvoir garder d'un tel malheur. J'ai pour ma part si grande espérance d'avoir grâce et pardon de Notre-Seigneur, si je meurs pour sauver ce peuple, que je veux être le premier. Je me mettrai volontiers en chemin, nu-tête et nu-pieds, la corde au cou, à la merci du gentil roi d'Angleterre. »

Quand sire Eustache de Saint-Pierre eut dit cette parole, chacun alla se jeter à ses pieds, le remerciant et pleurant de pitié, tant que cela fendait le cœur à les regarder. Secondement un autre très honnête bourgeois et de grande fortune, qui avait deux belles demoiselles pour filles, se leva et dit qu'il ferait compagnie à son compère sire Eustache de Saint-Pierre, et celui-là s'appelait sire Jean d'Aire.

Après se leva le troisième, qui s'appelait Jacques de Wissant, qui était riche en meubles et en héritages, et dit qu'il ferait compagnie à ses deux cousins. Ainsi fit messire Pierre de Wissant son frère, puis le cinquième et le sixième.

Là se dévêtirent les six bourgeois, tout nus, sauf leurs chausses et leurs chemises, et ils mirent des cordes à leur cou ainsi que

Les bourgeois de Calais.

le portait l'ordonnance, et ils prirent les clefs de la ville et du château en leurs mains; chacun des six en tenait une poignée.

Quand ils furent prêts, messire Jean de Vienne se mit devant, monté sur une petite haquenée, car il pouvait à peine marcher, et il prit le chemin de la porte. Qui alors eût vu les hommes, leurs femmes et leurs enfants suivre en pleurant, criant et se tordant les mains très amèrement, n'eût pu avoir le cœur assez dur pour n'en avoir pas pitié. Ainsi ils vinrent jusqu'à la porte, que messire Jean de Vienne fit ouvrir toute grande, en disant à messire Gauthier qui l'attendait là : « Messire Gauthier, comme capitaine de Calais, par le consentement du pauvre peuple de la ville, je vous délivre ces six bourgeois, qui sont, je vous jure, les plus honorables de corps, de fortune et de naissance de la ville de Calais; ils portent avec eux toutes les clefs de la ville et du château. Je vous prie, gentil sire, de prier pour ces bonnes gens afin qu'ils ne soient pas mis à mort. — Je ferai ce que je pourrai, » répondit messire Gauthier.

Le roi était à cette heure en sa chambre, mais il s'en vint sur la place devant son hôtel quand il apprit que les bourgeois de Calais venaient avec messire Gauthier de Mauny. Celui-ci les lui amena, disant : « Monseigneur, voilà les représentants de Calais selon votre ordonnance. » Le roi ne répondit rien, mais il les regardait durement, car il haïssait fort les gens de Calais, à cause des grands dommages que dans le temps passé ils lui avaient fait sur la mer.

Les six bourgeois se mirent à genoux devant le roi, joignant les mains, et ils dirent : « Grand sire et gentil roi, voyez-nous, tous six, qui sommes par notre naissance bourgeois de Calais et grands marchands. Nous nous rendons à votre plaisir pour sauver le reste du peuple de Calais. Veuillez donc avoir pitié et merci de nous par votre très grande noblesse. » Certes, il n'y eut, dans la place, seigneur, chevalier ni vaillant homme qui se pût retenir de pleurer par grande pitié, et personne ne put parler pendant un moment. Mais le roi les regardait avec grande colère, et s'il ne pouvait non plus parler, c'était à cause de son courroux; il commanda tantôt qu'on leur coupât la tête, sans écouter les seigneurs et les barons qui le priaient d'en avoir merci.

Messire Gauthier de Mauny s'avança alors et dit : « Ah! gentil sire, veuillez retenir votre colère, vous avez le nom et la renommée d'une souveraine gentillesse. N'allez pas les amoindrir, et faire dire de vous que c'est grande cruauté de mettre à mort ces honnêtes gens qui de leur propre volonté se sont mis à votre merci pour sauver leur peuple. » Alors le roi grinça des dents et dit : « Messire Gauthier, taisez-vous, il n'en sera pas autrement, mais qu'on fasse venir le coupe-têtes. Les gens de Calais ont fait mourir tant de mes gens qu'il me faut bien faire mourir ceux-ci. »

Alors la noble reine d'Angleterre, qui était enceinte et qui pleurait si tendrement de pitié qu'elle ne se pouvait soutenir, se jeta à genoux devant le roi son seigneur, et dit ainsi : « Ah! gentil sire, depuis que je passai la mer en grand péril, pour vous venir retrouver ici, comme vous savez bien que je fis, je ne vous ai jamais rien requis ni demandé aucun don. Or je vous prie humblement et je vous requiers en propre don que, pour le Fils de sainte Marie et pour l'amour de moi, vous ayez pitié de ces six hommes. »

Le roi tarda un peu à parler et il regardait la bonne dame sa femme qui restait à genoux devant lui pleurant tendrement. Cela lui attendrit le cœur, car il aurait eu peine à la fâcher en l'état où elle était. Il dit donc : « Dame, j'aimerais mieux que vous fussiez tout autre part qu'ici ; vous me priez si fort que je n'ose vous les refuser, bien que ce soit à regret ; tenez, je vous les donne, ils sont à vous, faites-en selon votre bon plaisir. » La bonne dame dit : « Mon seigneur, grand merci ! » Alors elle se leva et fit lever les six bourgeois et leur fit ôter les cordes du cou, et les emmena avec elle dans sa chambre où elle les fit vêtir et dîner tout à leur aise ; puis elle leur donna à chacun six nobles, et les fit conduire hors de l'armée en sûreté.

Ainsi fut conquise la forte ville de Calais, qui avait été assiégée des Anglais pendant plus d'un an. Le roi anglais y entra et prit possession de la ville et du château ainsi que des plus beaux hôtels ;

il fit don à la reine de celui de messire Eustache de Saint-Pierre, puis il mit hors de la ville tous les bourgeois, marchands et mariniers, car c'était sa volonté que la ville fût repeuplée de purs Anglais, ce qui fut fait, et la reine resta à Blois jusqu'à ce qu'elle fût relevée après la naissance de sa fille Marguerite.

Quant aux grands bourgeois, aux nobles bourgeoises et à leurs beaux enfants qui avaient tant souffert et tant perdu pour le roi de France, ils n'en eurent ni récompense, ni réparation ; mais ils se retirèrent pour la plupart dans la ville de Saint-Omer, à ce que je crois.

Le roi Philippe mourut d'ailleurs vers ce temps-là, et son fils Jean, duc de Normandie, fut sacré en sa place dans la cathédrale de Reims ; il ne devait pas être plus heureux que son père.

Ce fut aussi vers ce temps qu'il y eut en Bretagne un beau fait d'armes qu'il ne faut pas oublier, mais tout au contraire remettre en avant pour l'encouragement des jeunes chevaliers. Et afin que vous le puissiez entendre, sachez que la guerre durait toujours en Bretagne entre les partis des deux dames, bien que monseigneur Charles de Blois fût prisonnier, ayant été pris devant la Roche-Derrien. Les partis anglais, français et bretons occupaient les villes et châteaux, guerroyant entre eux de garnison à garnison.

Il advint ainsi un jour que messire Robert de Beaumanoir, vaillant chevalier et du plus noble lignage, qui était châtelain de Châtel-Josselin, s'en vint devant la ville de Ploërmel dont le capitaine était un Anglais qui s'appelait Brandenbourgh, et il avait grande quantité de soldats avec lui, Anglais ou Allemands, qui tenaient le parti de la comtesse de Montfort. Messire Robert et ses gens couraient devant les barrières, mais personne ne venait leur parler.

Quand messire Robert vit cela, il approcha encore plus et fit appeler le capitaine, auquel il dit : « Brandenbourgh, n'y a-t-il pas là dedans quelques hommes d'armes, vous ou quelques autres, qui veuillent jouter le jeu, main à main, avec trois des nôtres pour l'amour de leurs amies ? » Brandenbourgh répondit que leurs amies ne voudraient pas qu'il se fissent tuer si sottement dans une seule joute, car c'est une aventure trop facilement passée, et où on acquiert le renom de témérité et de folie plutôt que renommée d'honneur et fortune. « Mais je vous dirai ce que nous ferons, s'il vous plaît. Vous prendrez vingt ou trente compagnons de votre garnison, et j'en prendrai autant de la mienne; nous irons en rase campagne, là où personne ne pourra nous empêcher ni nous déranger, et nous commanderons sous peine de la hart, à nos compagnons de part et d'autre et à ceux qui regarderont, que nul ne porte secours ni aide aux combattants. Et là nous nous éprouverons les uns les autres et nous ferons si bien qu'on en parlera dans les temps à venir, dans les salles, dans les palais, dans les places et dans tous les autres lieux du monde. Et que ceux à qui Dieu le destine acquièrent l'honneur et la fortune! Par ma foi, dit messire Robert de Beaumanoir, je m'y accorde et vous parlez maintenant vaillamment. Or, soyez trente, nous serons trente, et je vous réponds, par ma foi, que nous ferons de notre mieux. — Je vous en réponds aussi, dit Brandenbourgh, et nous acquerrons là plus d'honneur que nous ne ferions en une joute. » Ainsi fut l'affaire arrangée et convenue, et la journée prise au mercredi suivant, qui devait être le quatrième après l'entreprise. Chacun des capitaines choisit ses trente ainsi que bon lui sembla, et les soixante se munirent de bonnes armes.

Quand le jour fut venu, les compagnons de Brandenbourgh entendirent la messe, puis se firent armer et s'en allèrent à l'endroit où la bataille devait être. Ils descendirent tous à pied, et ils défendirent à tous ceux qui étaient là que personne s'entremît entre eux, quelque mal ou malheur qu'ils vissent arriver à aucun d'entre eux. Et les Français firent le même commandement quand ils arrivèrent. Quand ils furent les uns devant les autres, les soixante parlementèrent un peu ensemble; puis ils se retirèrent en arrière, les uns d'un côté, les autres de l'autre; et ils firent reculer tous leurs gens hors de la place. Alors l'un d'eux fit un signe et ils coururent aussitôt les uns contre les autres, combattant vivement tout en un tas, et ils se secouraient bellement les uns les autres quand ils voyaient leurs compagnons en danger.

Assez tôt après qu'ils furent venus aux mains, l'un des Français fut tué. Mais ils ne s'arrêtèrent pas pour cela de combattre et ils se maintinrent vaillamment de part et d'autre, aussi bien que s'ils eussent été tous Roland ou Olivier. Je ne sais, à dire la vérité, si ceux-ci ou ceux-là se maintinrent mieux, je n'ai jamais entendu priser un côté plus que l'autre; mais tous combattirent si longtemps qu'ils en avaient perdu l'haleine, la force et le pouvoir.

Il fallut alors s'arrêter et se reposer; et ils se reposèrent par accord, les uns d'un côté et les autres de l'autre. Les premiers qui se relèveraient devaient avertir les autres. Quatre des Français étaient morts et deux des Anglais. Ils se reposèrent longtemps, quelques-uns burent du vin dans des bouteilles qu'on avait apportées; et ils rattachèrent leurs armures qui étaient disjointes, tout en lavant leurs blessures.

Quand ils furent ainsi rafraîchis, le premier qui se releva fit un signe aux autres. La bataille recommença aussi forte qu'auparavant et elle dura bien longtemps. Ils avaient des épées de Bordeaux, courtes, raides et aiguës, et ils s'en donnaient de merveilleusement grands horions et aussi de leurs haches d'armes, et des dagues qu'ils portaient à la ceinture. Quelques-uns se prenaient corps à corps dans la lutte et se frappaient sans s'y épargner. Vous pouvez bien croire qu'il y eut entre eux maint bel exploit d'armes, gens pour gens, corps à corps et main à main. Il y avait plus de cent ans qu'on n'avait eu à raconter chose pareille. Ainsi soutinrent-ils très vaillamment la seconde passe; mais à la fin les Anglais eurent le dessous, car ceux des Français qui étaient demeurés à cheval les foulaient et séparaient à leur grand dommage, si bien que Brandenbourgh leur capitaine et huit de ses compagnons furent tués. Les autres se rendirent prisonniers quand ils virent que leur défense ne les pouvait aider, puisqu'ils ne devaient pas fuir. Messire Robert et ses compagnons qui étaient demeurés en vie les prirent et les emmenèrent au château de Josselin comme leurs prisonniers; mais ils les ramenèrent fort courtoisement quand ils furent guéris, car il n'y en avait point entre eux qui ne fût très blessé, autant des Français que des Anglais. Cette aventure fut racontée en tous lieux ainsi qu'avait dit Brandenbourgh et diversement jugée et rapportée; les uns la tenaient en grande prouesse et d'autres à témérité et grande outrecuidance.

En cette saison les nouvelles vinrent au roi Jean que le prince de Galles parcourait et ravageait le pays de Gascogne et le Toulousain, brûlant et pillant tout en deçà de la rivière d'Aude. Il se préparait à venir en Limousin et en Berry; aussi le roi de France appela ses gens aux armes sur les frontières de la Touraine, car il voulait combattre les Anglais. Personne ne manqua au mandement du roi, qui avait avec lui grande quantité de chevaliers et de gens d'armes, avec ses quatre fils encore bien jeunes, comme il se hâtait à la poursuite des Anglais, qui prenaient leur chemin par le Poitou.

Le roi partit de la Haye en Touraine, croyant que les Anglais étaient devant lui, mais ils n'y étaient point; au contraire les Français avaient passé devant et se trouvèrent les premiers arrivés dans un champ non loin de Poitiers, ainsi que l'apprit le prince de Galles par une troupe de ses coureurs qui tombèrent dans un parti de Français; et les trouvèrent en si belle ordonnance, qu'ils étaient tout effrayés lorsqu'ils rapportèrent la nouvelle au prince, qui dit : « Dieu y ait part! il nous faut tenir conseil pour savoir comment nous pourrons les combattre à notre avantage! » Et il plaça ses gens en un lieu assez fort pour y passer la nuit.

Quand vint le dimanche au matin, le roi Jean se prépara pour combattre et fit solennellement chanter la messe devant lui dans sa tente, communiant avec ses quatre fils avant de donner ordre à ses troupes, qu'il forma en trois batailles, chacune de seize mille hommes. Les Anglais n'avaient pas en tout dix mille hommes. Le roi avait envoyé quatre de ses chevaliers pour reconnaître l'ennemi, et en les attendant il regardait ses gens, louant Dieu de ce qu'ils étaient en si grand nombre, et il leur disait : « Entre vous, quand vous étiez à Paris, à Chartres, à Rouen ou à Orléans, vous menaciez les Anglais et vous vous souhaitiez en face d'eux le casque sur la tête. Vous y êtes maintenant; je vous les montre, faites-leur voir votre mécontentement et vengez-vous des ennuis et dépits qu'ils vous ont valus, car cette fois nous les combattrons. » Et ceux qui l'avaient entendu dirent : « Sire, Dieu y ait part, nous le ferons volontiers! »

Les chevaliers étaient revenus : « Je ne puis pas croire qu'ils aient plus d'une bataille, monseigneur, dit sire Eustache de Ribaumont; mais ils sont en très fort lieu et se sont sagement ordonnés. Ils sont postés sur le bord du chemin, qui est rudement fortifié de ronces et de buissons, et ils ont en outre garni cette haie de part et d'autre de leurs archers, tellement qu'on ne peut entrer ni chevaucher par ce chemin sans passer entre les archers, si on les veut combattre. Il n'y a, à ce chemin, qu'une entrée et une issue, où peut-être quatre hommes d'armes pourraient chevaucher de front. A l'extrémité de cette haie, toujours en des endroits où l'on ne saurait chevaucher, dans les vignes et les fourrés, tous leurs gens d'armes sont à pied, qui ont mis devant eux les archers comme une herse, ce qui est sagement entendu à ce qu'il me semble, car ceux qui voudraient venir jusqu'à eux par force d'armes ne pourront passer qu'à travers les archers, qui ne sont pas aisés à déconfire. »

Alors le roi dit : « Et vous, messire Eustache, comment seriez-vous d'avis de les combattre? — Sire, tous à pied, répondit le chevalier, excepté trois cents armures de fer, des vôtres, tous des plus hardis, habiles, rudes, forts et bien montés sur la fleur des coursiers pour rompre et ouvrir ces archers; après quoi les gens de vos batailles devraient suivre promptement à pied, et assaillir les gens d'armes, main à main, de leur meilleure volonté; c'est à mon conseil et avis la meilleure manière d'attaquer, mais qui saura mieux qu'il le dise! »

Ce conseil et cet avis plurent grandement au roi, qui ordonna qu'ainsi fût fait. Les trois cents chevaliers et écuyers furent donc choisis par les maréchaux dans tous les corps de bataille, les plus braves et les plus hardis de toute l'armée, montés sur fleur de coursiers et armés de toutes pièces. Pour tout le reste, il fut ordonné qu'ils iraient à pied, ôtant leurs éperons et taillant leurs lances à la longueur de cinq pieds pour pouvoir mieux s'en servir.

Comme ils étaient tout prêts à marcher au combat, voici venir le cardinal de Périgord, qui avait déjà maintes fois cherché à faire la paix et voulait encore s'en donner la peine et le travail, voyant la poignée d'Anglais qu'il y avait là en face de l'armée du roi de France. Aussi supplia-t-il celui-ci de lui permettre de parler au prince de Galles, et le roi de France le lui permit.

« Certes, beau fils, dit le cardinal, lorsque le prince l'eut très courtoisement salué, si vous aviez bien examiné et considéré la puissance du roi de France, vous me laisseriez essayer de vous accorder avec lui si je pouvais! » Le prince, qui était alors un jeune homme, répondit aussitôt : « Sauf mon honneur et celui de mes gens, Sire, je voudrais bien y consentir par toutes voies de raison. » Alors le cardinal retourna vers le roi de France, afin de savoir ce que celui-ci demanderait des Anglais. Pendant tout ce dimanche le cardinal chevaucha et travailla d'une armée à l'autre, mais il trouva le roi de France et son conseil si froids à toute idée d'accord, à moins que sur cinq ils en eussent quatre, que jamais il ne put arriver à les faire entendre entre eux. Le prince offrait, disait-on, de rendre au roi de France tout ce qu'il avait conquis en ce voyage, villes et châteaux, et de relâcher tous les prisonniers que lui ou ses gens avaient faits, en jurant de ne se point armer contre le roi de France pendant sept ans. Mais le roi Jean et son conseil n'y voulaient point entendre, exigeant que le prince et cent de ses chevaliers se rendissent prisonniers du roi de France, sans quoi on ne les laisserait pas passer. Le prince de Galles et ses chevaliers ne se fussent jamais accordés à ce traité.

Le cardinal de Périgord se vit donc obligé de se retirer sans avoir réussi à rien conclure, et les Anglais étaient pressés d'en venir aux mains, car ils manquaient grandement de provisions, et c'était ce qui les embarrassait le plus ; d'autant mieux que les Français étaient en grande abondance dans leur camp et reprenaient des forces pour le combat du lendemain, tandis que leurs adversaires jeûnaient cruellement.

Le cardinal de Périgord, n'ayant rien pu persuader au roi de France, passa pour la dernière fois du côté des Anglais. « Beau fils, dit-il, il vous faut combattre, faites ce que vous pourrez, car je ne puis rien obtenir du roi de France. » Cette parole enflamma le cœur du prince, qui dit : « C'est bien notre intention à nous et aux nôtres, et Dieu veuille aider le droit ! » Ainsi le cardinal s'en alla à Poitiers.

Quand le jeune prince de Galles vit qu'il fallait combattre, il se réconforta lui-même et réconforta sagement les siens et leur dit : « Beaux seigneurs, nous sommes un petit nombre en face de nos ennemis ; mais ne nous effrayons pas pour cela, car la victoire n'est pas au grand nombre, mais à qui Dieu veut la donner. S'il arrive que la journée soit à nous, nous serons les plus honorés du monde ; si nous sommes tués, j'ai encore monseigneur mon père et deux frères, et vous avez de bons amis qui nous vengeront ! Je vous prie donc que vous vouliez entendre aujourd'hui à bien combattre ; car, s'il plaît à Dieu et à monseigneur saint Georges, vous me verrez aujourd'hui bon chevalier. »

Par ces paroles et par d'autres semblables, le prince encouragea ses gens ce jour-là, tenant auprès de lui, pour l'aider à ordonner ses batailles, messire Jean de Chandos, qui ne le quittait pas quoi qu'il advînt, et aussi pendant longtemps sire James d'Audley, qui était un vaillant homme et le montra bien le jour où l'on combattit, comme je vous le dirai.

Messire James d'Audley avait depuis longtemps fait un vœu que, s'il se trouvait dans une affaire où serait en personne le roi d'Angleterre ou l'un de ses enfants, il serait le premier assaillant et le meilleur combattant de son côté, ou qu'il mourrait à la peine. Donc, quand il vit que le prince de Galles allait donner bataille, il fut tout réjoui, parce qu'il voulait s'efforcer de tout son pouvoir d'accomplir son vœu.

Il s'en vint donc devant le prince, et dit : « Monseigneur, j'ai toujours fidèlement servi monseigneur votre père et vous aussi, et je le ferai tant que je vivrai, cher sire ; je vous le rappelle, parce qu'au temps jadis je fis le vœu qu'à la première affaire où combattrait le roi ou l'un de ses fils, je serais le premier assaillant et le meilleur combattant. Je vous prie donc que vous me donniez congé d'accomplir mon vœu. »

Le prince, qui considéra la bonne volonté du chevalier et le grand désir qu'il avait d'attaquer ses ennemis, lui accorda volontiers ce qu'il lui demandait, en disant : « Messire James, que Dieu vous donne la grâce et la force d'être aujourd'hui le meilleur de tous ! » Sur quoi il lui donna la main. Le chevalier quitta le prince et se mit au premier front de toutes les batailles, accompagné seulement de quatre vaillants écuyers qu'il avait retenus pour garder et soutenir son corps ce jour-là. Ledit chevalier s'en prit à messire d'Audrehem et à sa troupe, où il fit merveilles d'armes, comme vous le saurez tout à l'heure.

Cependant la bataille commençait de toutes parts ; la bataille des maréchaux de France qui devait rompre les archers chevauchait par le chemin bordé des deux côtés par une haie bien épaisse. Aussitôt que les hommes d'armes se furent engagés là, les archers commencèrent à tirer de toutes leurs forces et à mettre la main à l'œuvre des deux côtés de la haie, perçant les chevaux et les enfilant de part en part de leurs longues flèches barbues. Les chevaux qui étaient blessés et qui sentaient le fer de ces longues flèches reculaient et ne voulaient pas aller plus avant. Ils se retournaient, les uns de travers, les autres de côté ; ils tombaient et ils trébuchaient sous leurs maîtres, qui ne pouvaient ni s'aider ni se relever, en sorte que la bataille des maréchaux ne put parvenir à approcher celle du prince. Il y eut bien quelques chevaliers et écuyers bien montés qui par la force de leurs chevaux passèrent outre et rompirent la haie, croyant atteindre le prince et ses bannières ; mais ils ne parvinrent pas jusque-là. Ceux qui étaient derrière voyaient le mal, mais ne pouvaient passer plus avant; ils reculaient donc sur le corps de bataille du duc de Normandie, qui était bien serré par devant, mais qui s'éclaircissait peu à peu par derrière quand on apprit que les maréchaux étaient déconfits. Un grand nombre de gens montaient déjà à cheval pour s'en aller, quand une troupe d'Anglais descendant de la montagne à cheval s'en vint tomber sur les ailes du corps du duc de Normandie. A vrai dire, les archers d'Angleterre rendirent aux leurs de grands services, en étonnant ainsi les Français, car ils tiraient si uniment et si serré, que leurs ennemis ne savaient auquel entendre lorsqu'ils faisaient pleuvoir sur eux cette grêle de flèches.

Quand les gens d'armes du prince virent que cette première bataille était déconfite, et que celle du duc de Normandie branlait et commençait à s'ouvrir, le courage et l'haleine leur vinrent et leur grandirent de plus en plus, et ils montèrent tous sur leurs chevaux, qu'ils avaient laissés de côté jusque-là. Alors messire Jean Chandos dit au prince : « Chevauchez en avant, sire, car la journée est à vous. Dieu est aujourd'hui de votre côté; marchons contre votre adversaire le roi de France; là est tout l'effort de la besogne. Je sais bien que par vaillance il ne fuira point. Il nous demeurera, s'il plaît à Dieu et à monseigneur saint Georges, pourvu qu'il soit bien combattu, et vous avez dit tout à l'heure qu'on vous verrait aujourd'hui bon chevalier. »

Ces paroles animèrent le prince, si bien qu'il dit : « Jean, en avant! Vous ne me verrez pas reculer, mais toujours marcher en avant. » Alors il dit à sa bannière : « Chevauchez en avant, bannière, au nom de Dieu et de monseigneur saint Georges! » Le chevalier qui la portait obéit à l'ordre du prince. Il y eut là presse de combat grand et périlleux, et maint homme y fut renversé. Et sachez bien que ceux qui étaient tombés là ne se pouvaient relever, à moins qu'ils n'y fussent aidés.

Quand la bataille du duc de Normandie vit arriver le prince et sa bannière qui avait déjà vaincu le corps de bataille des maréchaux et celui des Allemands, et qui s'était mis à les poursuivre, la plupart ne songèrent qu'à fuir avec les enfants du roi, le duc de Normandie, le comte de Poitiers et le comte de Touraine, qui pour lors étaient très jeunes et de petite sagesse ; aussi crurent-ils facilement ceux qui les gouvernaient. Cependant messire Guiscard d'Angle et Gui de Saintré qui étaient auprès du comte de Poitiers ne voulurent point reculer ni fuir, mais ils se jetèrent au plus fort de la bataille. Ainsi partirent sur le conseil d'autrui les trois enfants du roi, avec plus de huit cents lances sauvées et enlevées qui n'approchèrent jamais des ennemis, et ils prirent le chemin de Chauvigny.

Quand messire Jean de Landas et messire Thibaut de Vaudenay, qui étaient maîtres et gouverneurs du duc Charles de Normandie, avec le seigneur de Saint-Venant, eurent chevauché environ une grande lieue en compagnie du duc, ils prirent congé de lui et prièrent le sire de Saint-Venant de ne point le quitter et de le mener en sûreté, car il acquerrait autant d'honneur en gardant le corps dudit duc que s'il demeurait à la bataille, mais que pour eux ils voulaient retourner avec le roi dans le combat ; et il répondit qu'il en ferait autant s'il le pouvait. Ainsi les deux chevaliers retournèrent et rencontrèrent le duc d'Orléans et son gros de bataille tout sain et tout entier, qui étaient partis et venus par derrière le corps de bataille du roi. Il est vrai que plusieurs bons chevaliers et écuyers, quoique leurs seigneurs fussent partis, ne voulurent pas s'en aller, et ils aimèrent mieux mourir que de s'entendre reprocher leur fuite.

Vous avez ci-dessus entendu parler de la bataille de Crécy et comment la fortune fut merveilleusement contre les Français ; en cette bataille de Poitiers, elle fut aussi contraire et cruelle pour eux et toute pareille à la bataille de Crécy. Or voyez quelle grande infortune ce fut pour eux de ne pouvoir obtenir une place pour combattre ! Cependant, à vrai dire, la bataille de Poitiers fut mieux combattue que celle de Crécy, et toutes espèces de gens d'armes eurent mieux le loisir de considérer et d'examiner leurs ennemis, car la bataille de Crécy avait commencé très tard, sans commandements ni ordonnances, tandis que la bataille de Poitiers fut engagée vers six heures du matin et en assez bon ordre, s'il y eût eu chance pour les Français. Et il y eut de plus beaux faits d'armes qu'à Crécy, bien que tant de grands seigneurs n'y demeurassent pas morts.

Tous ceux qui demeurèrent à Poitiers, morts ou pris, s'acquittèrent si loyalement de leur devoir, que leurs héritiers en doivent encore être honorés, eux et les vaillants hommes qui combattirent, et aussi ne doit-on pas dire ou présumer que le roi Jean de France s'effraya de quelque chose qui lui advint, car il demeura en sa place, il fut toujours bon chevalier et bon combattant, sans jamais faire mine de fuir ou de reculer, quand il dit à ses hommes : « A pied ! à pied ! » et qu'il fît descendre tous ceux qui étaient à cheval. Et lui-même se mit à pied en tête de tous les les siens, une hache d'acier à la main ; il fit passer ses bannières en avant au nom de Dieu et de saint Denis. Et il alla s'attaquer aux Anglais dans le corps de bataille des maréchaux d'Angleterre, car le roi Jean avait bien le sentiment et la connaissance que ses gens étaient en péril ; il voyait ses batailles s'ouvrir et s'ébranler, les bannières trébucher et reculer, mais par la force des armes il croyait tout pouvoir recouvrer et les Français autour de lui crièrent : « Montjoie, saint Denis ! » Et les Anglais : « Saint Georges, Guyenne ! » Tout près était le prince et auprès de son cheval messire Jean Chandos et messire Pierre d'Audley, frère de messire James, qui était pour sa part entré en bon chevalier au plus fort des batailles, et avait combattu si vaillamment qu'il était cruellement blessé au corps, à la tête et au visage ; mais tant que la force et l'haleine purent durer, il combattit toujours plus avant, jusqu'à ce qu'il tomba épuisé. Alors, et sur la fin de la bataille, les quatre écuyers qui le gardaient le prirent et l'amenèrent tout faible et blessé en dehors du combat derrière une haie, pour le rafraîchir et le ranimer un peu, et là ils le désarmèrent le plus doucement qu'ils purent, s'occupant de laver et de panser ses plaies et de recoudre les plus dangereuses.

La chasse et la déconfiture durèrent jusqu'à la porte de Poitiers, et là il y eut grand massacre et grande destruction de gens d'armes, car ceux de Poitiers fermèrent leurs portes et ne laissèrent entrer personne, à cause du péril que courait la ville d'être prise et pillée, en sorte qu'il y eut devant les portes si grande horreur de gens abattus, blessés et tués, que c'est merveille à penser; car jamais on n'ouït parler de telle malechance comme celle qui advint ce jour-là aux Français.

Cependant le roi combattait toujours dans le plus fort de la bataille, et il y avait grande presse autour de lui. Messire Geoffroy de Chargny avait été tué, la souveraine bannière de France à la main; la presse était terrible autour du roi Jean, par grand désir de le prendre, et ceux qui le connaissaient et qui se trouvaient le plus près de lui crièrent : « Sire, rendez-vous! rendez-vous, Sire, ou vous êtes mort! »

Il y avait là un chevalier des environs de Saint-Omer qu'on appelait monseigneur Denis de Morbecque; depuis cinq ans environ, il avait servi les Anglais, ayant dans sa jeunesse été obligé de quitter le royaume de France pour un homicide qu'il avait commis à Saint-Omer. Il advint donc bien à point à ce chevalier qu'il se trouvât le plus proche du roi de France quand on se battait ainsi pour le prendre; il s'avança dans la presse à force de bras et de corps, car il était grand et robuste, et il dit au roi en bon français, ce à quoi le roi s'arrêta plus qu'aux autres : « Sire, rendez-vous! »

Le roi, qui se voyait en mauvaise passe et trop pressé de ses ennemis pour que sa défense pût encore lui servir, demanda en regardant le chevalier : « A qui me rendrais-je? Où est mon cousin le prince de Galles? Si je le voyais, je parlerais. — Sire, répondit messire Denis de Morbecque, il n'est pas ici; mais rendez-vous à moi, je vous mènerai près de lui. — Qui êtes-vous? dit le roi. — Sire, je suis Denis de Morbecque, un chevalier d'Artois; mais je sers le roi d'Angleterre, parce que je ne puis vivre en France, ayant perdu tout ce qui était à moi. »

Alors le roi de France répondit : « Je me rends à vous. » — Et il lui donna le gant de sa main droite. Le chevalier le prit, qui en eut grande joie. Cependant autour du roi il y avait encore grande

Le roi Jean fait prisonnier à la bataille de Poitiers.

presse et grand combat, car chacun s'efforçait de dire: « Je l'ai pris! Je l'ai pris! » Et le roi ne pouvait avancer, ni Philippe son fils cadet.

Cependant le prince de Galles, qui s'était montré rudement hardi et courageux et qui, le casque en tête, était comme un lion hardi et cruel, avait pris ce jour-là grand plaisir à combattre et à poursuivre ses ennemis, en sorte que sur la fin de la bataille il était échauffé, si bien que messire Jean Chandos, qui ne l'avait quitté de la journée, lui dit : « Sire, il serait bon de vous arrêter et d'élever votre bannière sur ce buisson. Vos gens qui sont auprès s'y rallieront, car, Dieu merci, la journée est vôtre. Je ne vois plus nulle bannière ni étendard des Français, ni corps qui se puisse rallier ; rafraîchissez-vous un peu, car vous êtes fort échauffé. »

Le prince s'accorda au conseil de messire Jean Chandos, et il fit élever sa bannière sur un buisson près duquel on tendit pour lui un petit pavillon vermeil, sous lequel le prince entra, et on lui apporta à boire, ainsi qu'aux seigneurs qui étaient avec lui, et sans cesse se multipliaient là autour du prince ceux qui revenaient de la poursuite et qui s'occupaient de leurs prisonniers.

Sitôt que revinrent les deux maréchaux, les comtes de Warwick et de Suffolk, le prince leur demanda s'ils avaient des nouvelles du roi de France. « Non, Sire, pas bien certaines, mais nous croyons qu'il est mort ou pris, car il n'a pas quitté sa bataille. » Alors le prince dit en grande hâte au comte de Warwick et à monseigneur Regnault de Cobham : « Je vous en prie, partez et chevauchez si avant qu'à votre retour vous m'en disiez la vérité. »

Les deux seigneurs remontèrent donc à cheval, et, quittant le prince, ils remontèrent sur un tertre pour voir autour d'eux, car ils apercevaient une grande foule de gens d'armes à pied qui s'avançaient lentement. Là était le roi de France en grand péril, car Anglais et Gascons en étaient maîtres, et ils l'avaient déjà enlevé à monseigneur Denis de Morbecque, et les plus forts disaient : « Je l'ai pris! Je l'ai pris! » Toutefois le roi, qui sentait le péril où le mettait la jalousie qu'ils éprouvaient à son égard, avait dit : « Seigneurs, seigneurs, menez-moi courtoisement vers le prince mon cousin, et mon fils avec moi ; ne vous chamaillez plus ensemble sur ma prise ; je suis assez grand seigneur pour enrichir chacun de vous. »

Ces paroles et d'autres que le roi leur disait les calmèrent un peu ; mais pourtant leurs querelles recommençaient toujours et ils n'avançaient pas d'un pied sur terre sans querelle. Les deux barons envoyés par le prince, quand ils virent cette foule de gens d'armes, pensèrent qu'ils iraient en ce lieu, et, frappant leurs coursiers des éperons, ils vinrent avec la foule et dirent : « Qu'est ceci? Qu'est ceci? » Et on leur répondit : « C'est le roi de France qui est pris, et il y a plus de dix chevaliers et écuyers qui veulent l'avoir pris et y prétendent. »

Alors les deux barons, sans plus parler, rompirent la presse à force de chevaux, et firent reculer toutes sortes de gens, leur ordonnant au nom du prince et sur leur tête que tous allassent en arrière et que nul n'approchât du roi sans permission. Alors tout le monde se retira, n'osant enfreindre ce commandement; et les deux barons descendirent de cheval et s'inclinèrent bien bas devant le roi, qui était joyeux de leur vue, car ils le délivraient d'un grand danger.

Cependant le prince, qui attendait le comte de Warwick et monseigneur Regnault de Cobham dans son pavillon, dit aux chevaliers qui l'entouraient : « N'y a-t-il personne qui sache rien de messire James d'Audley? — Oui, Sire, répondirent quelques chevaliers qui l'avaient vu ; il est cruellement blessé et dans une litière assez près d'ici. — Hélas ! dit le prince, je suis bien fâché de ses blessures, mais je le verrais volontiers. Sachez, je vous prie, s'il pourrait supporter d'être apporté jusqu'ici, sans quoi je l'irai voir. »

On apporta en litière sire James d'Audley sous le pavillon du prince. Dès qu'il le vit, il se pencha vers lui, lui faisant grand accueil et le recevant doucement et joyeusement : « Messire James, je vous dois grand honneur, car par votre prouesse et votre vaillance vous avez aujourd'hui acquis l'honneur et la renommée par-dessus nous tous, et vous êtes reconnu par une sentence certaine pour vous être montré le plus preux. — Monseigneur, repartit messire

James, je voudrais bien qu'il en fût ainsi, et vous pouvez dire tout ce qu'il vous plaira; si je me suis aujourd'hui avancé pour vous servir et pour accomplir mon vœu, on peut bien le tenir à témérité plutôt qu'à prouesse. »

A quoi le prince répondit : « Messire James, moi et tous les nôtres nous vous tenons, à la journée d'aujourd'hui, pour le meilleur de notre côté, et, pour accroître votre bonne renommée, je vous retiens à toujours pour ma maison à cinq cents marcs par an, que je vous assignerai sur mon héritage en Angleterre. — Sire, répondit sire James, Dieu me fasse mériter les grands biens que vous me faites ! »

Il était à peine sorti de la tente du prince dans la litière que portaient ses serviteurs, lorsque le comte de Warwick et messire Regnault de Cobham entrèrent et firent présent au prince de Galles du roi de France, lequel présent le prince tenait pour bien grand et noble. Il s'inclina bien bas devant le roi de France, l'accueillit bellement et sagement, comme il savait bien faire, et fit apporter le vin et les épices, qu'il offrit au roi en signe de grande amitié. Lorsque vint le soir et que chacun fut à table, le prince donna à souper au roi de France, à son fils, à monseigneur Hugues de Beaulieu, et à la plupart des comtes et barons de France qui étaient prisonniers. Il servait lui-même à la table du roi, refusant de s'asseoir, quelque prière que le roi lui en fît, car il disait qu'il n'était pas suffisant pour s'asseoir à la table d'un si grand prince et vaillant chevalier comme le roi de France s'était montré de son corps dans cette journée. Sans cesse il se mettait à genoux auprès du roi, et il lui disait : « Cher sire, ne faites pas pauvre chère, bien que Dieu n'ait pas voulu aujourd'hui consentir à votre désir; car bien certainement monseigneur mon père vous fera tout l'honneur et plaisir qu'il pourra, et il s'accordera avec vous si raisonnablement, que vous resterez bons amis ensemble. Et à mon avis, vous avez grand sujet de vous réjouir, bien que la besogne n'ait pas tourné à votre gré, car vous avez conquis aujourd'hui le grand renom de prouesse et vous avez dépassé tous les mieux faisants de votre côté. Je ne le dis pas pour vous flatter, sachez-le bien, cher sire, car tous ceux de notre parti qui ont vu les uns et les autres en sont convenus en pleine sentence et vous en donnent le prix et la couronne, si vous les voulez porter. »

A ce moment, chacun commença de murmurer que le prince avait bien et noblement dit; on le louait de cela grandement et les Anglais disaient qu'ils auraient en lui un gentil prince, s'il pouvait longuement durer et vivre et persévérer en bonne fortune.

Ainsi fut perdue cette bataille, comme vous avez entendu raconter, aux champs de Maupertuis, à deux lieues de Poitiers, le 21e jour du mois de septembre de l'an de grâce de Notre-Seigneur 1356. Et là mourut, comme on comptait, toute la fleur de la noblesse de France, comme il en avait déjà été parlé à la bataille de Crécy, en sorte que le noble royaume fut cruellement affaibli, et souffrit de grandes misères et tribulations, comme vous l'entendrez raconter ci-après.

Avec le roi fut pris son jeune fils, monseigneur Philippe, qui ne l'avait point quitté tout le temps de la bataille, l'avertissant sans cesse du danger, en criant: « Père, gardez-vous à droite! Père, gardez-vous à gauche! » et en même temps dix-sept comtes, sans les barons, chevaliers et écuyers. Et il y eut de morts cinq mille sept cents ou six mille hommes, tant des uns que des autres. Quand tous furent revenus de la poursuite, il se trouva que les Anglais avaient deux fois plus de prisonniers qu'ils n'étaient de gens. Et vous pouvez par conséquent penser combien ceux qui s'étaient trouvés en cette affaire avec le prince de Galles devinrent riches d'honneur et d'avoir, tant par la rançon des prisonniers que par le butin qui fut fait en or, en argent, en vaisselle et en joyaux, en malles farcies de riches et lourdes ceintures et de beaux manteaux. On ne faisait nul cas des armures de corps, de tête, ni de jambes, car les Français étaient venus là si richement et si magnifiquement que possible, croyant bien avoir la journée à eux.

Quand ils eurent soupé et assez festoyé, chacun s'en alla en son logis avec ses prisonniers pour dormir et se reposer. Cette nuit-là, il y eut un assez grand nombre de chevaliers et écuyers qui traitèrent de leur rançon avec ceux qui les avaient pris, et ceux-ci

Le prince de Galles servait lui-même à la table du roi Jean.

les laissèrent courtoisement aller sur leur foi de combien ils pouvaient payer, car on disait communément entre Anglais et Français qu'il ne fallait jamais rançonner chevalier ni écuyer qu'ils ne pussent bien vivre et se gouverner sur les biens qui leur restaient, leur rançon payée; ce qui n'est pas la coutume des Allemands, lesquels gardent leurs prisonniers bien resserrés dans des fers jusqu'à ce qu'ils en aient obtenu autant qu'il est possible.

Au matin, tous les Anglais se délogèrent et cheminèrent vers la ville de Poitiers; mais la place était bien gardée et défendue par le sire de Roye qui y était entré avec cent lances, en sorte que les Anglais passèrent outre sans en approcher, car ils étaient si chargés d'or, de joyaux et de prisonniers, qu'ils n'avaient nulle envie en retournant d'assaillir les forteresses, et il leur semblait que c'était un assez grand exploit d'amener en sûreté à Bordeaux tout ce qu'ils avaient conquis, avec le roi de France, qu'ils comptaient bien envoyer sous peu en Angleterre. Ils étaient obligés d'aller à petites journées, à cause des bêtes de somme et des pesants charrois qu'ils emmenaient, et ils chevauchaient tous ensemble sans se séparer, sauf la bataille des maréchaux, qui allaient toujours en avant avec cinq cents armures de fer pour ouvrir le pays. Mais ils ne trouvaient point d'obstacle et ne faisaient aucune rencontre, car tout le pays était si effrayé par la défaite qui avait eu lieu à Poitiers, par la capture des seigneurs du royaume de France et la prise du roi, que nul ne faisait aucun préparatif pour courir sus aux Anglais, mais au contraire tous les gens d'armes se tenaient cois et rentraient dans leurs forteresses.

BERTRAND DU GUESCLIN

CONNÉTABLE DE FRANCE

SIXIÈME RÉCIT

FROISSART

Les choses étaient pour lors en triste état au royaume de France. Le roi était prisonnier; les chevaliers qui étaient revenus de la bataille de Poitiers étaient sains et saufs, si haïs et méprisés, qu'ils n'osaient entrer dans les bonnes villes, et les Anglais et Navarrais parcouraient le Cotentin, où ils étaient revenus sous la conduite de messire Godefroy d'Harcourt.

Il advint donc que les prélats de la sainte Église, évêques et abbés, les nobles seigneurs et les chevaliers, avec le prévôt et les marchands de Paris et les conseillers des bonnes villes, se réunirent un jour tous ensemble dans la bonne ville de Paris, et ils voulurent savoir et ordonner comment le royaume serait gouverné, jusqu'à ce que le roi leur sire fût délivré. Ils voulurent en outre savoir ce qu'était devenu le grand trésor qu'on avait levé du temps passé, en deniers, tailles et impositions de toute sorte, et pourquoi les gens avaient été opprimés et maltraités, les gens de guerre mal payés et le royaume mal gardé; mais personne n'en pouvait rendre compte. Les prélats, les chevaliers et les conseillers des bonnes villes choisirent donc trente-six personnes qui devaient souvent se réunir et se rassembler à Paris pour parler ensemble des affaires du royaume; toutes les questions se devaient traiter par ces trois états, et tous les autres prélats, les seigneurs et le peuple des bonnes villes obéir à ce que déciderait et commanderait ce conseil.

Toutefois la chose ne marcha pas longtemps ainsi qu'il avait été résolu et convenu. D'abord, et dès le commencement, il y eut en cette élection plusieurs personnes choisies qui ne convenaient pas au duc de Normandie, fils aîné du roi, ni à son conseil. Ensuite les nobles et les prélats ne tardèrent pas à se lasser du gouvernement et de l'ordonnance des trois états dont ils laissaient maîtres le prévôt et quelques bourgeois de Paris, parce que ceux-ci y intervenaient plus que de raison. Il advint donc un jour que le duc de Normandie était dans son palais à Paris, avec grand nombre de chevaliers, de nobles et de prélats; et en ce même temps le prévôt de Paris assembla grand foison de peuple qui étaient de son parti et à ses ordres; tous portaient des chaperons pareils, afin de se mieux reconnaître. Le prévôt vint donc au palais entouré de son monde, et il entra dans la chambre du duc, qu'il requit fort aigrement de prendre en main les affaires du royaume et d'y mettre ordre, afin que le pays qui lui devait revenir fût bien gardé et que toutes les compagnies, qui y régnaient, n'allassent plus ravageant le royaume, pillant et volant partout. Le duc répondit qu'il le ferait volontiers s'il en avait les moyens, mais que c'était affaire à ceux qui touchaient les finances et les revenus du royaume, comme en avaient été chargés les trois états. Je ne sais pourquoi ni comment cela se fit, mais on parla tant et si haut, que là même, en la présence du duc de Normandie, trois des plus grands seigneurs de son conseil furent tués si près de lui que sa robe en fut ensanglantée. Il fut lui-même en grand péril, mais on lui donna à porter un chaperon de ceux de Paris; et il fut obligé de pardonner la mort de ses trois chevaliers, dont deux étaient dans les armes et un dans la loi, et ce fut cependant grand pitié qu'ils eussent ainsi été occis pour avoir bien conseillé leur seigneur.

Ce fut à cette époque que le roi de Navarre, Charles le Mau-

Meurtre des maréchaux.

vais, qui avait été depuis bien des années retenu en prison par le roi Jean, fut délivré du fort château d'Arleux en Pailluel, où il était prisonnier, par quelques chevaliers et seigneurs, qui le ramenèrent à Paris, où il fut reçu en grande joie, car il était en faveur auprès du prévôt et des gens de Paris.

Quand ce roi de Navarre eut été quelque temps à Paris, il fit assembler un matin toutes sortes de gens, prélats, chevaliers, clercs de l'université et tous ceux qui y voulurent être, auxquels il parla en latin, bellement et sagement, remontrant en la présence du duc de Normandie les torts et griefs qu'on lui avait faits, soutenant qu'il voulait vivre et mourir pour défendre la couronne de France, et faisant en même temps entendre que, s'il y voulait prétendre, il lui serait aisé de prouver que ses droits l'emportaient sur ceux du roi d'Angleterre. Ainsi petit à petit il entra dans la créance des gens de Paris, si bien qu'ils avaient plus d'amour et de faveur pour lui que pour le duc de Normandie, et il en était de même dans plusieurs autres cités et bonnes villes du royaume, en sorte qu'à un certain moment le duc de Normandie se vit contraint de sortir de Paris sans que personne le sût, car il ne pouvait se fier à son cousin le roi de Navarre, ni à son grand ami le prévôt des marchands.

Justement en ce temps-là et peu après que le roi de Navarre fut entré dans Paris, il advint une grande tribulation dans plusieurs parties du royaume de France, comme dans le pays de Beauvais et de la Brie, sur la rivière de la Marne, autour de Laon et de Soissons. Car certaines gens du pays, sans chefs et sans capitaines, s'assemblèrent dans les environs de Clermont en Beauvoisis; ils n'étaient pas d'abord cent hommes, qui disaient que tous les nobles du royaume de France, chevaliers et écuyers, trahissaient le royaume et que ce serait un grand bien si on les détruisait tous. Chacun d'eux disait : « C'est vrai! C'est vrai! Honni soit celui qui empêchera que tous les gentilshommes soient détruits! »

Alors ils se réunirent en plus grand nombre, et s'en allèrent sans autre conseil et sans autre armure que des bâtons ferrés et des couteaux attaquer la maison d'un chevalier qui se trouvait assez près de là : ils forcèrent la maison, tuèrent le chevalier, la dame et les petits enfants et brûlèrent la maison. Ils en firent autant à plusieurs châteaux, où ils faisaient mourir les dames et les chevaliers en grand martyre. Et partout où ils venaient, leur nombre croissait, car ceux de leur espèce les suivaient, si bien que les chevaliers et les écuyers, leurs femmes et leurs enfants prenaient la fuite, quand ils pouvaient, laissant leurs maisons vides et leurs biens dedans. Certes il n'advint jamais entre Chrétiens et Sarrasins de telles actions que celles que firent ces méchantes gens, car celui qui faisait le plus de mal ou de méchantes actions telles qu'aucune créature humaine ne devait penser, imaginer ou regarder, c'était celui-là qui était le plus prisé entre eux et le plus puissant. Ils avaient maintenant fait un roi parmi eux, qu'on appelait Jacques Bonhomme et qui était, disait-on, de Clermont en Beauvoisis, et ils l'appelaient le père des frères. Les chevaliers, les écuyers et les dames qui avaient pu se sauver se tenaient à Meaux en Brie avec la duchesse de Normandie, la duchesse d'Orléans et foison d'autres dames en grande crainte ; car si Dieu n'y eût mis remède en sa grâce, le mal se fût tellement multiplié que tous les gentilshommes eussent été détruits, la sainte Église ensuite et tous les gens riches par tous pays. Mais Dieu ne le permit pas ainsi, ce dont on doit bien le remercier.

Quand les gentilshommes du pays où ces méchantes gens faisaient ainsi les forcenés, virent leurs maisons détruites et leurs amis tués, ils demandèrent du secours au loin, en Flandre, en Hainaut et en Brabant, car chacun avait assez à faire en France à se défendre contre les compagnies qui couraient le pays. Il vint bientôt une foule de chevaliers de tous les côtés, qui s'unirent aux gentilshommes du pays qui les conduisaient, et ils commencèrent à massacrer et à tuer toutes ces méchantes gens sans merci, pensant d'abord à délivrer les nobles dames qui se trouvaient prisonnières dans la vieille ville de Meaux. La place était bien entourée de neuf mille de ces forcenés, lorsque le capital de Buch et son cousin le comte de Foix, qui revenaient de guerroyer contre les païens en Prusse, marchèrent au secours de la duchesse de

Normandie avec leurs gens. Lorsque les Jacques, comme on les appelait, virent le comte de Foix, le captal et leurs gens qui étaient tous armés se ranger contre eux qui étaient vilains, noirs et mal armés, ils commencèrent à reculer ; les gentilshommes se mirent à les poursuivre et à lancer contre eux leurs épées et leurs épieux, en sorte que ceux qui étaient devant et qui sentaient ces horions ou qui craignaient de les recevoir, reculaient de peur tous à la fois et tombaient les uns sur les autres. Alors sortirent de la ville une foule de bourgeois et de chevaliers et écuyers qui s'y étaient réfugiés, qui se lancèrent contre ces méchantes gens et les abattirent en masse, les faisant sauter dans la rivière de Marne lorsqu'ils étaient lassés de frapper. Ils en tuèrent tant ce jour-là, que les autres se dispersèrent, et on n'en entendit plus parler.

Cependant le prévôt de Paris travaillait à fortifier sa ville depuis que le duc de Normandie en était sorti, car il craignait quelque entreprise contre son pouvoir et son autorité. Le roi de Navarre se tenait à Saint-Denis, où le prévôt des marchands lui envoyait de grosses sommes d'argent pour entretenir ses troupes, Anglais et Navarrais, qui couraient tout le pays, ravageant et détruisant plus encore que n'avaient fait les Jacques : ce qui n'empêcha pas le duc de Normandie de venir assaillir la ville de Paris avec trois mille lances. Bien en prit aux braves gens qui étaient renfermés dans Paris et qui ne voulaient pas devenir Anglais, car le prévôt des marchands de Paris et ceux de son parti, sentant bien qu'ils ne pouvaient en aucune manière trouver merci auprès du duc de Normandie, jugèrent qu'il valait mieux pour eux demeurer en vie et bonne prospérité que d'être détruits, et qu'il valait mieux occire que d'être occis. Ils traitèrent donc secrètement avec ceux des Anglais qui guerroyaient par le pays et promirent de leur ouvrir à minuit la porte Saint-Antoine et la porte Saint-Honoré. Mais la même nuit où cette chose-là devait arriver, Dieu inspira et réveilla certains bourgeois de Paris qui avaient toujours été du parti du duc de Normandie, et desquels Jean et Simon Maillard étaient les chefs. Ils s'armèrent et firent armer ceux de leur côté et sortirent de nuit dans la rue.

s'en allant un peu avant minuit vers la porte Saint-Antoine. Ils trouvèrent là ledit prévôt des marchands, Étienne Marcel, avec les clefs de la porte à la main.

Le premier mot que dit Jean Maillard fut de l'appeler par son nom : « Étienne, Étienne, que faites-vous ici à cette heure? » Le prévôt répondit : « Jean, en quoi cela vous regarde-t-il de le savoir? Je suis ici pour prendre garde à la porte et à ceux de la ville dont j'ai le gouvernement. — Par Dieu, repartit Jean Maillard, vous n'êtes pas ici à cette heure pour le bien, et je vous montre, dit-il à ceux qui le suivaient, comment il tient en ses mains les clefs de la porte pour trahir la ville. » Le prévôt s'avança alors contre Jean Maillard et dit : « Vous mentez! — Par Dieu, répondit Jean, c'est vous, traître, qui mentez! » Et il le frappa à la gorge, en criant aux siens : « A la mort tous ceux de son côté, car ce sont des traîtres! »

Alors s'éleva entre eux une grande bataille dans laquelle le prévôt des marchands fut bientôt tué, et à la même heure on arrêta dans leur logis plus de soixante personnes qui faisaient partie du complot et avaient promis de livrer la ville aux Anglais; lesquelles furent aussitôt exécutées, en grands tourments, par la sentence des prud'hommes de la ville, tandis que le duc de Normandie était prié de rentrer dans sa bonne cité de Paris, où ses adversaires étaient tous détruits. Le duc de Normandie fit ainsi, et le jour où il entra dans Paris, Jean Maillard chevauchait à côté de lui, comme il l'avait bien mérité.

Les trèves venaient d'expirer entre la France et l'Angleterre, et le roi Jean, qui était prisonnier à Londres, aurait bien voulu traiter une bonne et solide paix avec ses adversaires, afin de pouvoir rentrer dans son royaume. Il envoya donc en France messire Arnould d'Audrehem et le comte de Tancarville, qui étaient captifs comme lui et qui étaient chargés de présenter au duc de Normandie et à son conseil le traité auquel le roi d'Angleterre était disposé à consentir. Mais les conseillers du royaume de France ne purent s'accorder à ce traité, dont les conditions leur parurent trop dures, et ils répondirent tout d'une voix aux deux

Ils trouvèrent là le prévôt Étienne Marcel avec les clefs de la ville à la main.

messagers qu'ils aimaient encore mieux endurer la grande souffrance et la misère où ils étaient que de voir le noble royaume de France ainsi déchiré et amoindri, et qu'il valait mieux que le roi Jean restât encore en Angleterre jusqu'au jour où il plairait à Dieu de mettre remède et adoucissement à nos maux.

Ce fut toute la réponse que les deux messagers rapportèrent au roi Jean, qui fut bien courroucé de ces nouvelles, car il désirait sa délivrance, et il s'écria, sachant que le duc de Normandie avait consulté le roi de Navarre, avec lequel il était pour lors réconcilié : « Ah! beau fils Charles, vous êtes conseillé par le roi de Navarre, qui vous trompe et tromperait bien d'autres que vous! »

Le roi d'Angleterre fut encore plus irrité que le roi Jean du rejet du traité par le conseil de France, et il jura que l'hiver ne viendrait pas sans qu'il entrât au royaume de France avec une si grande puissance, qu'il aurait la fin de la guerre ou une bonne prise de possession à son plaisir et à son honneur. En même temps, il commençait le plus grand appareil de guerre qu'on eût jamais fait en Angleterre. Mais les choses n'allèrent cependant pas si vite qu'il eût voulu, en sorte que le mois d'octobre était déjà avancé quand il passa la mer et débarqua à Calais, brûlant et ravageant tout sur son passage, mais sans faire grand chose de sérieux, car il se tint sept semaines devant Reims sans pouvoir réussir à s'en emparer, et passa ensuite en Touraine, s'en allant vers la Bourgogne. Mais le chancelier de Bourgogne traita avec lui pour deux cent mille livres, moyennant laquelle somme il assura la Bourgogne pour trois ans. Traversant ensuite le Gâtinais, le roi d'Angleterre s'en vint se poster à Bourg-la-Reine aux portes de Paris, proposant de là la bataille au duc de Normandie, qui la refusa sagement, et permit seulement aux chevaliers de son parti d'escarmoucher avec les Anglais : ce qu'ils faisaient sans cesse, sans que pour cela le pays en fût moins dévasté et pillé, pendant que les conseillers du duc de Normandie traitaient longuement avec le roi anglais.

Le traité ne fut ni bientôt ni facilement conclu, car le roi d'Angleterre chevauchait toujours, cherchant le gras pays où les négociateurs le suivaient patiemment, écoutant les offres qu'il faisait, trop grandes et trop ruineuses pour l'état du royaume, et les repoussant doucement les unes après les autres, en tenant toujours au courant le duc de Normandie et son conseil des affaires qui se traitaient à la suite du roi d'Angleterre. Son intention était bien arrêtée : il voulait mourir roi de France et, en attendant, s'établir pour l'été à Blois, en Touraine ou en Bretagne. Mais son cousin le duc de Lancastre, qu'il aimait fort et qu'il croyait en ses besognes, lui conseillait la paix, répétant sans cesse : « Monseigneur, cette guerre que vous entretenez au royaume de France est merveilleuse, mais trop lourde pour vous. Vos gens y gagnent, mais vous y dépensez et perdez votre temps. Vous y laisserez votre vie, et il est douteux que vous en arriviez à vos fins. Je vous conseille donc d'en sortir, pendant que que vous le pouvez à votre grand honneur; car, monseigneur, nous pouvons plus perdre en un jour que nous n'avons gagné en vingt ans. » Ces paroles et toutes celles que les négociateurs de France faisaient arriver tous les jours au roi d'Angleterre convertirent enfin le roi par la grâce du Saint-Esprit, qui y opéra aussi, car, pendant que les négociateurs du duc de Normandie attendaient une réponse qu'ils ne pouvaient pas obtenir, un orage terrible, une tempête et des coups de foudre éclatèrent sur l'armée du roi d'Angleterre si violemment qu'il semblait que ce fût la fin du monde, car il tombait du ciel des pierres si grosses qu'elles tuaient les hommes et les chevaux, en sorte que les plus hardis étaient tout effrayés. Le roi d'Angleterre regarda vers l'église de Notre-Dame de Chartres et lui promit qu'il accorderait la paix : ce qu'il fit en effet, acceptant dans un village appelé Brétigny, où il était alors logé, les conditions de la paix, qui fut bientôt signée, sous le nom de paix de Brétigny. Quelque dures que fussent les conditions, le duc de Normandie et ses frères reçurent les négociateurs avec une grande joie, en attendant que quatre barons d'Angleterre vinssent à Paris pour conclure et sceller le traité au nom du roi d'Angleterre, pour mieux tranquilliser le peuple, qui soupirait depuis si longtemps après la paix.

Le roi Édouard était déjà retourné en Angleterre, d'où le roi Jean ne tarda pas à revenir en France à grande joie. Les deux rois eurent une entrevue solennelle à Calais, pour revoir ensemble les chartes et conditions du traité et pour régler les affaires du désarmement des forteresses tenues par les Anglais qui devaient revenir à la France, comme la cession des pays que perdait le royaume. Messire Jean Chandos était le chef et régent des commissaires chargés de toutes ces affaires et de prendre possession du duché d'Aquitaine, du comté de Ponthieu et des autres pays que le traité assurait à l'Angleterre. Ce qui ne se fit pas sans peine, car plusieurs seigneurs de la Langue d'*oc* ne voulurent pas d'abord obéir au roi d'Angleterre, disant que, d'après les privilèges de la Gascogne, il n'appartenait pas au roi de la séparer de la couronne de France. De même du côté de la mer, en Poitou, en Saintonge et dans les environs de la Rochelle, les chevaliers et les bonnes villes éprouvaient un trop grand déplaisir de se trouver Anglais. Et en particulier ceux de la ville de la Rochelle s'excusèrent pendant plus d'un an de laisser entrer les Anglais dans leur ville. Ils écrivaient au roi de France les plus douces, aimables et piteuses paroles, le suppliant au nom de Dieu de ne pas les livrer entre des mains étrangères, et déclarant qu'ils aimaient mieux payer tous les ans la moitié de leur revenu plutôt que de passer aux Anglais. Le roi de France avait grand pitié d'eux; mais il ne pouvait laisser rompre la paix à leur prière, ce qui aurait été un trop grand dommage pour le royaume, si bien qu'ils finirent par obéir; mais cela leur était trop dur et, comme disaient les notables de la Rochelle : « Nous avouerons les Anglais des lèvres, puisque le roi le veut, mais le cœur n'en sera jamais. »

Or, tandis que le royaume était ainsi divisé, poursuivi et ravagé, par les gens d'armes de tous les partis qui faisaient plus de mal que n'en avaient jamais fait les Anglais, le roi de France rassembla son conseil pour lui faire savoir son intention de retourner en Angleterre pour voir le roi Édouard et la bonne dame sa femme. Il voulait aussi excuser le duc d'Anjou, son fils, qui avait quitté l'Angleterre, où il était allé comme otage, sans qu'on le lui eût permis. Ce fut en vain que les barons de France lui dirent qu'il ferait une grande folie de se remettre ainsi entre les mains de son adversaire; il persista à dire qu'il ne redoutait de sa part rien qui ressemblât à la perfidie ou à la trahison, et il passa en Angleterre, où il demeura à Londres une partie de l'hiver, en grande amitié et intimité avec le roi Édouard, sa femme et ses enfants, pendant que le duc de Normandie gouvernait de nouveau le royaume de France. L'hiver n'était cependant pas achevé, lorsqu'il tomba malade en l'hôtel de Savoie, et trépassa de ce siècle, au grand déplaisir de la reine et du roi d'Angleterre, auxquels il avait témoigné tant d'amour et de confiance. Lorsque le duc de Normandie apprit la mort du roi son père, il en fut bien attristé; mais, comme il se sentait successeur de l'héritage de France, et qu'il était informé des intrigues du roi de Navarre, il s'écria qu'il y pourvoirait le remède s'il pouvait.

Ce fut une grande grâce que Dieu fit au nouveau roi, Charles le Sage, comme il fut bientôt appelé, de lui donner bonne prudence pour la conduite du royaume et de lui accorder de bons et loyaux serviteurs pour lui venir en aide, lesquels il savait bien attirer auprès de lui et leur faire honneur.

En ce temps-là servait en Bretagne un chevalier qui s'appelait Bertrand du Guesclin. Sa vaillance et ses prouesses n'étaient pas encore bien connues et renommées; cependant on faisait déjà grand cas de lui en Bretagne, et le duc de Normandie, l'ayant fait appeler à Paris, le fit entrer dans sa maison, puis il appela monseigneur Boucicaut, maréchal de France, et lui dit : « Messire Boucicaut, partez avec ce que vous avez de gens et chevauchez vers la Normandie; vous y trouverez messire Bertrand du Guesclin. Je vous prie que, lui et vous, repreniez sur mon cousin de Navarre la ville de Mantes qu'il tient; par là nous serons maîtres de la rivière de Seine. » Messire Boucicaut répondit : « Sire, volontiers. » Il partit donc avec grande quantité de bons compagnons, chevaliers et écuyers, et s'en alla par Saint-Germain-en-Laye, donnant à entendre à tous qu'il s'en allait contre le château de Rolleboise, que tenaient les gens des compagnies. Non loin du château se trouva messire Bertrand, qui l'attendait; quand ils se furent rejoints, ils étaient bien cinq cents hommes d'armes. Là les deux capitaines eurent une grande conversation en pleine campagne, et il fut résolu que messire Boucicaut, lui vingtième, chevaucherait vers Mantes et ferait l'effrayé, disant à ceux de la ville que les gens de Rolleboise le poursuivaient, et qu'ils le laissassent entrer; après quoi il se saisirait de la porte et donnerait accès à messire Bertrand.

Ils firent comme ils avaient dit. Quand messire Boucicaut approcha de Mantes, lui et ses hommes dispersés comme gens effrayés et déconfits, ceux de Mantes qui gardaient la porte et la barrière demandèrent : « Qui êtes-vous, sire? » Et il répondit : « Je suis Boucicaut, maréchal de France, que le duc de Normandie a envoyé contre Rolleboise; mais mal m'en a pris, et il m'a fallu fuir devant les larrons de Rolleboise; ils nous feront prisonniers, moi et ce qui me reste de gens, si vous ne nous faites bientôt ouvrir la porte. » Ceux de Mantes craignaient et ils dirent : « Sire, nous savons bien que ceux de Rolleboise sont nos ennemis et aussi les vôtres, qui ne se soucient guère à qui ils font la guerre; mais nous savons aussi que le duc de Normandie nous hait, à cause du roi de Navarre notre seigneur, en sorte que nous avons grand peur d'être déçus par vous, qui êtes maréchal de France. — Par ma foi, seigneurs, dit le maréchal, je ne suis venu à autre intention que d'attaquer la garnison de Rolleboise, bien que mal m'en ait pris. »

A ces paroles, ceux de Mantes ouvrirent leurs barrières et leurs portes, et laissèrent entrer messire Boucicaut et sa troupe, dont il venait toujours des gens petit à petit. Entre les derniers des gens de messire Boucicaut et les premiers des gens de messire Bertrand, ceux de Mantes n'eurent pas le loisir de refermer leur porte; car, bien que messire Boucicaut et la plupart de ses gens se fussent aussitôt rendus à l'hôtel, où ils se désarmèrent pour mieux tranquilliser ceux de la ville, les derniers, qui étaient Bretons, se saisirent des barrières et de la porte. Ceux de la ville n'en furent pas maîtres, car aussitôt messire Bertrand et ses gens arrivèrent au grand galop, criant : « Saint Yves, Guesclin! à mort, à mort tous les Navarrais! » Entrant en même temps dans les maisons, ils pillèrent et dérobèrent tout ce qu'ils trouvèrent, et firent un grand nombre de prisonniers parmi les habitants, comme ils firent le lendemain à la ville de Meulan, qu'ils saisirent aussi par ruse et par habileté, ce dont le duc de Normandie fut bien joyeux et le roi de Navarre tout courroucé, quand ils le surent.

Bientôt arriva dans la ville d'Évreux le captal de Buch, qui était un bon chevalier gascon, servant le roi d'Angleterre; il y venait de la part du roi de Navarre, et il faisait là son assemblée de gens d'armes tant qu'il en pouvait trouver. Il s'avisa qu'il irait combattre les Français, mais sans savoir de quel côté il chevaucherait. Le mercredi de Pentecôte, près d'un bois, ils rencontrèrent par aventure un héraut, qui s'appelait le roi Faucon et qui était parti le matin même de l'armée des Français. Aussitôt que le captal de Buch le vit, il le reconnut et lui fit grande chère, car c'était un héraut du roi d'Angleterre, et il lui demanda s'il savait des nouvelles des Français. « Au nom de Dieu, monseigneur, oui, dit-il, je les ai quittés ce matin, ils vous cherchent aussi et ont grand désir de vous trouver. — Où sont-ils? dit le captal; en deçà de Pont-de-l'Arche ou au delà? — Au nom de Dieu, sire, dit Faucon, ils ont passé le Pont-de-l'Arche et Vernon, et ils sont maintenant, à ce que je crois, assez près de Pacy. — Et quels gens sont-ils? Quels capitaines ont-ils? Je te prie de me le dire, Faucon ! — Au nom de Dieu, sire, ils sont bien quinze cents combattants et tous braves gens d'armes : il y a là messire Bertrand du Guesclin, qui a la plus grosse troupe de Bretons, le comte d'Auxerre, le vicomte de Beaumont, messire Louis de Châlons, le sire de Beaujeu, le maître des arbalétriers, monseigneur l'Archiprêtre, messire Oudard de Renty. Et il y a aussi, de votre pays de Gascogne, les gens du seigneur d'Albret, messire Petiton de Courton, messire Perducas d'Albret et d'autres chevaliers. »

Quand le captal entendit nommer les Gascons, il fut bien étonné, et les accusa tous de félonie; puis il dit : « Faucon, Faucon, est-ce vraiment que tu dis que les chevaliers de Gascogne que tu as nommés sont là avec les gens du seigneur d'Albret? Où est-il de sa personne?—Au nom de Dieu, sire, il est à Paris, auprès du duc de Normandie, qui fait ses préparatifs pour aller à Reims, car on dit que dimanche prochain il s'y fera sacrer et couronner. » Alors le captal mit la main à sa tête et dit : « Par la tête de saint Antoine, Gascons contre Gascons s'éprouveront. »

Alors le roi Faucon parla pour Prie, un héraut que l'Archiprêtre envoyait là, et il dit au captal : « Monseigneur, il y a là un héraut français qui m'attend; l'Archiprêtre l'envoie vers vous, et j'apprends par lui que l'Archiprêtre voudrait vous parler. » — A quoi le captal répondit : « Dites à ce héraut français qu'il ne vienne pas plus avant, car je ne veux point de parlement avec l'Archiprêtre. » Alors s'avança sire Jean Jouël, qui dit : « Sire, pourquoi? Ce serait peut-être à notre profit. » A quoi le capitaine répondit : « Non, Jean, non ; l'Archiprêtre est un si grand trompeur, que s'il venait jusqu'à nous, contant des histoires et des bourdes, il examinerait et reconnaîtrait en même temps notre force et nos gens, ce qui nous pourrait être à grand dommage; je n'ai que faire de lui parler. » Ainsi le roi Faucon retourna à son compagnon Prie, qui l'attendait auprès d'une haie, et il excusa le captal si bien et si sagement, que le héraut en fut content et s'en alla rapporter à l'Archiprêtre tout ce que Faucon avait dit. Les Navarrais s'arrêtèrent donc, le jeudi au matin, sur les plaines de Cocherel. Ils étaient renforcés par cent vingt jeunes compagnons de la cité d'Évreux, que leur avait envoyés messire Léger d'Orgessin qui y commandait; et ils formèrent là leurs trois bataillons, ayant placé le pennon du captal en un fort buisson épineux, bien gardé par soixante armures de fer, pour s'y rallier, et ils prirent leur place de guerre sur une petite hauteur.

Cependant les Français, qui s'étaient rapprochés, avaient aussi ordonné leurs corps de bataille; ensuite de quoi, les chefs et seigneurs se consultèrent longtemps, car ils voyaient que leurs ennemis avaient un grand avantage. Alors les Gascons dirent une parole que l'on écouta volontiers : « Seigneurs, nous savons bien que le captal est un aussi preux et sûr chevalier qu'on puisse trouver aujourd'hui en quelque terre que ce soit, et il est entendu en sa besogne; ainsi, tant qu'il sera sur les lieux et pourra diriger le combat, il nous portera grand dommage. Nous proposons donc que trente des nôtres, des plus habiles et des plus hardis, marchent vers le captal, sans attendre à autre chose. Et pendant que nous bataillerons pour conquérir sa bannière, ils se mettront en peine par la force de leurs coursiers et de leurs bras de venir jusqu'au captal; ils le prendront et l'emporteront entre eux, et le mettront en sûreté où que ce soit, sans attendre la fin de la besogne. Nous pensons que s'il peut être fait de cette manière, la journée sera à nous, tant ses gens seront ébahis de sa capture. »

Les chevaliers de France et de Bretagne qui étaient là acceptèrent volontiers le conseil. Et pendant qu'on choisissait trente compagnons dans les corps de bataille, les plus hardis et les meilleurs combattants qu'on pût trouver, les seigneurs de France se consultèrent entre eux pour savoir quel cri on crierait pour la journée et à quelle bannière on se rallierait. On fut d'abord d'avis de crier : « Notre-Dame d'Auxerre! » car, disait-on, le comte d'Auxerre était le plus grand par la fortune, les terres et la naissance, en sorte qu'il pouvait bien être de droit le chef de l'entreprise. Mais ledit comte s'excusa en disant : « Seigneurs, grand merci de l'honneur que vous me voulez faire; mais, quant à présent, je n'en veux pas, car je suis encore trop jeune pour me charger d'une si grande affaire et d'un tel honneur; c'est la première journée à laquelle je me trouve. Il y a ici plusieurs bons chevaliers qui ont été souvent en telles affaires et qui savent mieux que moi comment doivent se gouverner de telles besognes; excusez-moi donc, je vous prie; je suis votre compagnon, et je mourrai ou je vivrai en attendant l'aventure avec vous. » Sur quoi, ils considérèrent qui ils pourraient choisir et avouèrent que le meilleur chevalier de toute la place, celui qui avait le plus combattu de ses mains et qui savait le mieux conduire pareille chose, était messire Bertrand du Guesclin. Il fut donc ordonné d'un commun accord qu'on crierait : « Notre-Dame du Guesclin! » et que tout serait réglé pour la journée par ledit messire Bertrand.

Toutes ces choses réglées et établies, et chaque seigneur rangé sous sa bannière, ils regardaient leurs ennemis qui étaient sur le tertre et qui ne descendaient pas : ce qui ennuyait fort les Français, car ils les voyaient grandement à leur avantage. Et ils se trouvaient aussi rudement gênés par le soleil, qui commençait à monter bien fort; il faisait grand chaud et les plus assurés en étaient incommodés, étant encore tous à jeûn, car ils n'avaient apporté ni vin ni vivres, sauf quelques seigneurs qui avaient quelques petits flacons pleins de vin, lesquels furent bientôt vidés. Ainsi les seigneurs se réunirent pour tenir conseil, et les prisonniers, chevaliers et écuyers normands qui avaient été pris par les Anglais, circulaient librement parmi les Français, disant : « Seigneurs, faites-y attention, si la journée d'aujourd'hui se passe sans bataille, l'ennemi sera demain grandement renforcé, car on dit que messire Louis de Navarre va arriver avec trois cents lances. » Si bien que trois ou quatre fois les chevaliers et écuyers de France furent tout appareillés pour aller combattre les Navarrais, mais les plus sages les arrêtaient toujours et disaient : « Non, attendons encore un peu, et voyons comment ils se maintiendront, car ils sont si fiers et présomptueux, qu'ils désirent de nous combattre autant que nous le désirons pour eux. »

Enfin messire Bertrand du Guesclin, qui était leur chef et auquel ils obéissaient, leur dit : « Seigneurs, nous voyons que nos ennemis tardent à nous combattre, bien qu'ils en aient, je l'espère, grand désir; mais ils ne descendront point de leur poste, si ce n'est par un moyen que je vous dirai. Nous ferons semblant de nous retirer et de renoncer à combattre aujourd'hui, comme des gens rudement foulés et fatigués par la chaleur ; et nous ferons passer nos valets, nos harnais et nos chevaux au delà du pont en bel ordre, à travers bois, nous tenant toujours sur les ailes et entre nos batailles aux aguets pour voir ce qu'ils feront. S'ils ont envie de nous combattre, ils descendront de leur montagne, et nous les aurons plus à notre aise. » Ce qui fut dit fut fait : les trompettes sonnèrent, les chevaliers et les écuyers ordonnèrent à leurs gens de passer le pont, et de même firent certains hommes d'armes.

Quand messire Jean Jouël, qui était un hardi et vigoureux chevalier, qui avait grand désir de combattre les Français, vit comment ils se retiraient, il dit au captal : « Sire, sire, descendons promptement ; ne voyez-vous pas comment ces Français s'enfuient ? » A quoi répondit le captal : « Messire Jean, messire Jean, ne croyez pas que de si vaillants hommes comme ils sont là s'enfuient ainsi. Ils ne le font que par malice et pour nous attirer. » Alors messire Jean Jouël s'avança et dit à ceux de sa troupe : « Saint Georges ! Passez en avant ! Qui m'aime me suive !... Je vais combattre ! » Il se hâta donc, son glaive au poing, en avant de toutes les batailles, et il était déjà au bas de la montagne avec une partie de ses gens avant que le captal se mît en mouvement. Quand celui-ci vit que c'était sérieux et que Jean Jouël allait combattre sans lui, il le tint à grande présomption et dit : « Allons, allons, descendons promptement la montagne, messire Jean Jouël ne combattra pas sans nous ! » Ainsi tous les gens du captal s'avancèrent, et lui le premier, le glaive au poing.

Quand les Français, qui étaient aux aguets, les virent venir en plaine, ils furent tout réjouis, et dirent : « Voilà ce que nous demandions tout le jour ! » Ils se retournèrent donc tout à coup en grande volonté d'assaillir les ennemis et crièrent : « Notre-Dame Guesclin ! » Ils attaquèrent en même temps de grand courage et il y eut des deux parts de grands faits d'armes, mais surtout des Gascons s'adressant à la bataille des Gascons, dont le captal de Buch était chef, et il ne manquait pas un des trente qui avaient été choisis pour avoir affaire à lui. Car ceux-ci, qui n'entendaient à rien qu'à leur entreprise, s'en vinrent tout seuls là où le captal combattait vaillamment, sa hache à la main, donnant de si grands coups que personne n'osait l'approcher, et ils fendirent la presse par la force de leurs chevaux, et aussi par l'aide des Gascons qui leur ouvrirent un chemin. Les trente, qui étaient bien montés sur fleur de coursiers, ne se laissèrent arrêter ni par la prière ni par la force, mais ils vinrent au captal, et, s'élançant tous sur lui, ils l'embrassèrent entre eux par violence, et puis vidèrent la place, l'emportant en cet état. Il y eut là grand combat et grand massacre, en sorte que, de toutes les batailles, on commençait à crier, les gens du captal en tête, comme des forcenés : « Le captal à la rescousse ! Rescousse ! » Néanmoins rien n'y put faire ; la captal fut emporté et ravi pendant que le gros des Gascons se portait contre son pennon, dont les Navarrais avaient fait leur étendard. La bataille fut là si forte, que les Navarrais furent entr'ouverts et repoussés par la force des armes et qu'il n'en resta point nouvelles autour du buisson, dont le pennon fut arraché et déchiré en pièces. En suite de quoi les Français gardèrent la place, mais il leur en coûta beaucoup des leurs ; et particulièrement s'acquittèrent bien et loyalement de leur devoir messire Bertrand du Guesclin et ses Bretons, qui restèrent toujours ensemble, s'aidant l'un l'autre pendant tout le temps du combat. Cette bataille eut lieu en Normandie, assez près de Cocherel, le jeudi 16e de mai, en l'an de grâce 1564, et ce fut une grande joie pour le duc de Normandie qui était à Reims pour son couronnement, et il en remercia Dieu plusieurs fois.

Peu de temps après, le roi de France ayant accordé à son cousin le comte Charles de Blois, maintenant délivré de sa prison, jusqu'à mille lances, dont messire Bertrand du Guesclin devait être le chef et le capitaine, le jeune comte de Montfort demanda secours et aide au roi d'Angleterre pour le venir soutenir au siège d'Auray, contre monseigneur Charles de Blois, qui faisait à Nantes une grande assemblée de gens d'armes.

Messire Jean Chandos se mit aussitôt en chemin avec deux cents lances de purs Anglais. Au moment du départ, madame la femme de monseigneur Charles de Blois dit à son seigneur, en présence de messire Bertrand du Guesclin et des barons de Bretagne : « Monseigneur, vous allez défendre mon héritage et le vôtre, car ce qui est mien est vôtre, lequel messire Jean de Montfort nous retient et nous a depuis longtemps retenu à tort, car Dieu et les barons de Bretagne savent que j'en suis légitime héritière. Je vous prie chèrement que vous ne vouliez condescendre à aucun arrangement ni composition, ni traité d'accord, à moins que le corps du duché ne nous demeure. » Et son mari le lui promit. Les Français s'en allèrent donc devant Auray, où ils surent que leurs ennemis les attendaient, et le samedi 30 novembre monseigneur Charles ordonna ses batailles à trois petites lieues d'Auray, allant de l'une à l'autre pour prier et admonester chacun de bien combattre, car il les assurait sur son âme et sur sa part de paradis que c'était son juste droit qu'il défendait. Et tous lui promirent de se bien acquitter de leur devoir.

Messire Jean Chandos était capitaine souverain parmi les gens du comte de Montfort, bien que celui-ci fût le chef de l'armée, et il regardait l'ordonnance des Français qui avait été conseillée par messire Bertrand du Guesclin et la prisait fort en soi-même, ne pouvant s'en taire et disant : « Par l'aide de Dieu, il advient aujourd'hui que toute la fleur de chevalerie est par delà avec grand sens et grande ordonnance. » Puis il dit tout haut aux chevaliers qui le pouvaient ouïr : « Seigneurs, il est temps que nous ordonnions nos batailles. » Ceux qui l'entendirent répondirent : « Messire, vous dites la vérité, et vous êtes ici notre maître et notre conseiller ; ordonnez-en à votre pensée, car au-dessus de vous il n'y a pas de gouvernant ; vous savez mieux à vous tout seul comment telle chose se doit maintenir que nous ne le savons entre nous autres.

Donc le bon chevalier Jean Chandos s'occupa d'ordonner ses batailles ; et quand il en vint à l'arrière-garde, il appela monseigneur Hugues de Calverly, et lui dit : « Messire Hugues, vous ferez l'arrière-garde avec cinq cents combattants à vos ordres, vous vous tiendrez sur les ailes et vous ne bougerez de votre poste quoi qu'il arrive, si vous ne voyez un moment où quelque corps de bataille s'ébranle ou s'entr'ouvre. Si vous les voyez ébranlés et que vous puissiez les réconforter ou soutenir, vous ne pourrez rien faire qui soit de meilleur usage. »

Quand monseigneur Hugues de Calverly entendit messire Jean Chandos, il en fut tout honteux et grandement courroucé, et dit : « Sire, sire, baillez votre arrière-garde à un autre qu'à moi, car je ne veux pas m'en charger. En quelle manière et état m'avez-vous reconnu que je ne sois aussi bien taillé qu'un autre pour combattre au premier rang, et tout des premiers? » A quoi Jean Chandos répondit sagement : « Messire Hugues, je ne vous établis à l'arrière-garde que parce que vous êtes un des bons chevaliers de notre compagnie. Je sais en vérité que très volontiers vous combattriez des premiers, mais je vous y place parce que vous êtes sage et avisé et qu'il faut quelqu'un pour le faire. Je vous promets que si vous y consentez, nous en vaudrons mieux, et que vous-même y acquerrez grand honneur. Il faut que vous le fassiez ou que je le fasse. »

Messire Hugues résista encore quelque temps, et si acerbement que messire Jean Chandos était sur le point d'en pleurer; mais il finit par consentir, en disant : « Certes, je sais bien que vous ne me prieriez jamais de faire aucune chose qui fût à mon déshonneur. Je le ferai volontiers, puisque vous le désirez. » Et il se plaça sur les ailes avec cette bataille, qu'on appelait l'arrière-garde.

Toute la journée du samedi et la matinée du dimanche, il y eut des pourparlers entre les chefs des deux armées, car monseigneur Robert de Beaumanoir était venu qui voulait accommoder les deux partis; mais personne n'y voulait entendre, et messire Jean Chandos finit par dire à messire Robert, qui était allé le trouver : « Dites à monseigneur Charles de Blois que, quoi qu'il advienne, messire Jean de Montfort veut combattre et renonce à tout traité de paix ou d'accord, car il dit qu'aujourd'hui il demeurera duc de Bretagne par bataille ou qu'il mourra à la peine. » Quand le sire de Beaumanoir entendit messire Jean Chandos ainsi parler, il s'irrita grandement et dit : « Chandos, Chandos, il n'est pas dans l'intention de monseigneur Charles qu'il n'ait encore plus grande envie de combattre que vous. » Et il retourna vers monseigneur Charles de Blois et vers les barons de Bretagne.

D'autre part, messire Jean Chandos était venu vers le comte de Montfort, qui lui demanda : « Comment vont les affaires? Que dit notre adversaire? — Ce qu'il dit, répartit messire Jean Chandos, il vous mande par le seigneur de Beaumanoir, qui part d'ici, qu'il veut combattre quoi qu'il en soit, et qu'il demeurera duc de Bretagne ou qu'il mourra à la peine. » Messire Jean Chandos fit cette réponse pour encourager le comte de Montfort, et après cette parole il ajouta : « Or, voyez ce que vous voulez faire, si vous voulez combattre ou non. — Oui, par monseigneur saint Georges, dit messire Jean de Monfort; faites passer en avant nos bannières, et que Dieu aide le droit! »

Messire Robert de Beaumanoir ayant rapporté à monseigneur Charles les paroles de Jean Chandos, le comte changea un peu de couleur en les entendant, et dit : « Le droit soit aujourd'hui de par Dieu, qui le sait, comme le savent aussi les barons de Bretagne. »

Un peu avant six heures du matin, le jour de dimanche, les batailles s'approchèrent, ce qui était une très belle chose à voir, car les Français étaient si serrés et si unis, qu'on n'eût pu jeter une pomme sans qu'elle tombât sur une lance ou sur un casque. Les Anglais étaient aussi bien et sagement ordonnés, et monseigneur Hugues de Calverly, avec sa belle bataille toute fraîche, servit beaucoup aux siens, en se portant partout où il voyait un corps prêt à s'ouvrir ou à s'ébranler, ainsi que le lui avait recommandé messire Jean Chandos. Et grand dommage fut pour les Français qu'ils n'eussent pas la même ordonnance lorsque la bataille du comte d'Auxerre se trouva rompue et déchirée, après avoir très vaillamment combattu. Car, alors qu'une déconfiture vient, les déconfits se déconfisent et se troublent de trop peu : sur un qui tombe, il en tombe trois, et sur dix, trente, et pour dix qui s'enfuient, ils s'enfuient cent. Il en fut ainsi à la bataille d'Auray. Quand la bataille du comte d'Auxerre fut en déroute et qu'il fut fait prisonnier, ainsi que le comte de Joigny, les autres batailles, qui résistaient encore de tout leur pouvoir, commencèrent à s'ébranler, et messire Jean Chandos les attaqua aussitôt avec une grosse troupe d'Anglais. Là fut pris messire Bertrand du Guesclin par un écuyer de messire Jean Chandos, et le comte Charles de Blois tué, le visage tourné vers ses ennemis, après avoir combattu en bon chevalier. Il avait été résolu le matin, dans l'armée des Anglais, que s'ils avaient le dessus dans la bataille, et que messire Charles de Blois se trouvât dans le combat, on ne devait pas le recevoir à rançon, mais bien l'occire. Et les Français et les Bretons en avaient décidé autant à l'égard de monseigneur Jean de Montfort, car ils voulaient en finir avec la guerre. Il y eut là grande mortalité et désastre, et toute la fleur de la chevalerie de Bretagne éteinte pour un certain temps ; et lorsqu'on revint de la poursuite, les seigneurs anglais se rassemblèrent autour du comte de Montfort, lui disant : « Sire, louez Dieu et faites bonne chère, car vous avez conquis l'héritage de Bretagne. » Il les salua bien doucement, disant assez haut pour que tous l'entendissent : « Messire Jean Chandos, cette bonne aventure m'est advenue par votre grand sens et votre grande prouesse ; je le sais bien et aussi le savent tous ceux qui sont ici ; buvez, je vous prie, dans ma coupe. » Et il lui tendit un flacon plein de vin dans lequel il avait bu pour se rafraîchir ; et il dit encore en le lui donnant : « Avec Dieu, je dois vous savoir plus de gré qu'à nul au monde. »

Cependant on vint dire au comte de Montfort qu'on avait retrouvé le corps de monseigneur Charles. Il se leva pour l'aller voir, car il l'aimait mieux voir mort que vivant, et tous les chevaliers y allèrent avec lui. Quand ils furent venus au lieu où il gisait, couché sur le côté, le comte le fit découvrir, le regarda bien piteusement, puis il dit : « Ah ! monseigneur Charles, monseigneur Charles, mon beau cousin, quels grands malheurs sont arrivés en Bretagne pour soutenir votre opinion! Au nom de Dieu, il me déplaît de vous trouver ainsi, s'il eût pu en être autrement. » Et il se mit à pleurer amèrement. Alors messire Jean Chandos le tira en arrière et dit : « Sire, sire, partons d'ici et remercions Dieu de la belle aventure qui vous est arrivée, car sans la mort de celui-ci vous ne pouviez parvenir à l'héritage de Bretagne. » Le comte ordonna que messire Charles de Blois fût porté à Guingamp, où il fut enterré et appelé saint Charles, si bien que son corps fait encore aujourd'hui de beaux miracles par la grâce de Dieu.

Le roi de France fut bien désolé de cette mort et de la déconfiture d'Auray, qui lui coûtait plusieurs bons chevaliers, et il s'entremit par son frère, le duc d'Anjou, pour faire la paix entre la comtesse Jeanne de Blois et le comte de Montfort, qu'on appelait maintenant duc de Bretagne. Le roi Édouard conseilla aussi au comte de Montfort de faire la paix et de tenir compte à madame Jeanne, qu'on appelait duchesse, de ce qui était nécessaire pour qu'elle pût tenir son état. Les choses furent ainsi réglées et la paix jurée et scellée. Le nouveau duc devait venir faire hommage au roi de France de son duché, et grande fut la joie au pays de Bretagne, comme dans tous les pays que ravageait le roi de Navarre; car le roi s'accorda avec lui par l'entremise du captal de Buch, qui fut, pour ce service, délivré de sa prison. Le roi de France lui avait même fait don du beau château de Nemours; mais le prince de Galles n'y voulut pas entendre, disant qu'un chevalier ne pouvait servir loyalement deux seigneurs, en sorte que le captal renvoya son hommage au roi de France et renonça à tout ce qu'il lui avait donné.

La paix était faite entre les rois et les princes, mais le pays était ruiné par les compagnies qui le parcouraient de toutes parts. Messire Bertrand du Guesclin résolut de délivrer le royaume. Il alla par sauf-conduit trouver leurs capitaines dès qu'il fut délivré de sa prison, et il leur conta son affaire en ces termes :

Le comte de Montfort fit découvrir le corps de Charles de Blois.

« Seigneurs, le roi Charles m'envoie vers vous, car il veut faire une armée pour fortifier notre religion. Il comptait adresser cette armée en Chypre, pour en aider le bon roi ; mais celui-ci est mort piteusement par la main de son frère, qui l'a occis, ce dont le roi de France est bien triste, comme toute la chrétienté. Mais hier sont venues au roi des nouvelles bien plus déplaisantes : c'est que monseigneur don Pèdre, le roi d'Espagne, a fait mourir sans raison sa femme madame Blanche de Bourbon, sœur de la reine de France. Par cette cause, le roi est conseillé d'envoyer son armée tout droit à Grenade contre les Sarrasins ; de là on pourrait descendre en Chypre ou peut-être passer en Espagne pour combattre le roi Pèdre, qui n'est pas de bonne croyance. Tout son royaume et lui sont gouvernés par les Juifs et les Sarrasins ; il a plu au roi de me donner le commandement de cette armée, bien que je ne sois pas digne d'un tel honneur, et je m'adresse à vous, qui êtes si renommés en chevalerie, pour que vous soyez mes frères et mes compagnons d'armes, afin d'exalter notre foi, et certes, à mon avis, nous devons bien à présent faire service à Dieu et considérer combien nous avons jusqu'ici mal usé de nos vies, car vous savez qu'en France les guerres sont finies pendant lesquelles nous avons fait tant de maux, pis que des larrons, car durant ce temps, avec ce que nous avons pu enlever au peuple, nous avons outragé les femmes, tué les hommes, mis le feu aux églises. Je le sais bien par moi-même qui ai souvent fait ces choses, et vous pouvez vous vanter de m'avoir encore dépassé pour mal faire. Vous savez aussi, seigneurs, que vous n'avez mission d'aucun prince pour grever ainsi le peuple de France, et que de jour en jour vous mettez tout en destruction, sans loyal titre de guerre. Quel plus beau titre pourrions-nous trouver maintenant pour sauver nos âmes que d'aller guerroyer contre les ennemis de la foi ? Croyez, seigneurs, que si vous voulez me prendre pour compagnon et me croire, je vous ferai tous riches et je vous montrerai la voie pour acquérir de l'honneur. »

Tous les capitaines s'accordèrent bien à ces paroles, si bien que tous le suivirent, d'abord à Paris, où le roi de France leur donna deux mille livres pour soutenir leur guerre, et ensuite ils prirent tout droit leur chemin vers Avignon, où le pape Urbain se tenait, qui envoya à Villeneuve, au-devant d'eux, pour savoir ce qu'ils voulaient. Le maréchal d'Annebaut répondit de leur part : « Les chefs des compagnies, ayant obtenu le pardon du roi de France pour leurs meurtres et pilleries, sont venus en la compagnie de messire Bertrand du Guesclin, et s'en vont en Espagne contre les Sarrasins, pour fortifier la chrétienté. Ils ont pris leur passage par ici pour obtenir leur absolution. Vous pouvez dire à notre seigneur le Pape que le trésor de l'Église devant être employé, comme autrefois, au service de Jésus-Christ, et le grand bien que fera cette armée le lui méritant, avec son absolution le Pape devra envoyer ici deux cent mille francs du bien de l'Église. »

Le cardinal rapporta cette réponse au Saint-Père qui, des fenêtres de son château, regardait les valets courir sur leurs chevaux, pillant et ravageant tout le pays d'Avignon. « Dieu! dit le Pape, ces pauvres gens se travaillent bien fort pour gagner l'enfer! » Puis il dit au cardinal : « Je m'émerveille que ces gens demandent l'absolution et de l'argent avec ; on a accoutumé ici de payer l'absolution de ses propres deniers. » Cependant le Pape manda les gens d'Avignon, qui promirent de payer la moitié de la somme ; en sorte que l'argent fut apporté avec l'absolution à messire Bertrand, qui apprit que le peuple se plaignait de l'exaction. Sur quoi il fit dire au prévôt : « Ami, vous direz au Pape que l'argent doit venir du trésor de l'Église et non du peuple, auquel vous restituerez les deniers qui sont venus d'eux ; vous direz aussi au Pape que nous ne partirons point d'ici que nous ne soyons payés de l'Église. » Ce qu'ils firent assez promptement.

Les compagnies s'en allèrent donc en Espagne avec messire Bertrand et y acquirent grand honneur et richesse dans la guerre que fit au roi d'Espagne don Pèdre son frère Henri le Bâtard, pour laquelle guerre le roi don Pèdre demanda au prince de Galles aide et secours. Le prince y alla avec grand nombre de chevaliers et reconquit pour don Pèdre le royaume d'Espagne, qu'il ne tarda pas à perdre de nouveau, en même temps que la vie, ayant été tué en une chambre par son frère don Henri, qui régna depuis paisiblement sur l'Espagne. Ce fut en cette guerre que le bon chevalier messire Bertrand fut fait prisonnier par les Anglais, à la bataille de Navarette, et ensuite emmené à Bordeaux avec le prince, lorsque celui-ci y retourna.

Il y était depuis longtemps, ce qui déplaisait fort aux chevaliers du prince, qui aimaient messire Bertrand pour ses prouesses ; mais personne n'osait parler au prince. Cependant un jour le prince, causant avec ses chevaliers, leur dit : « Un chevalier vaillant, pris dans une bataille, ne doit point être mis à rançon qu'il ne puisse payer ; mais il ne doit pas partir sans le congé de son maître. » Sur quoi le sire d'Albret, se rappelant messire Bertrand, dit : « Sire, ces raisons sont très bonnes ; mais s'il ne vous déplaisait pas, je vous répéterais une parole qui va courant par ces contrées, et qui est contraire à ce que vous dites ici. » Le prince se prit à changer de couleur et dit : « Le chevalier à mon service qui ne me dirait rien de ce qu'il entend dire contre mon honneur prouverait qu'il ne m'aime guère. » Le sire d'Albret reprit alors : « Eh bien, sire, tous ces chevaliers savent comme moi que la renommée raconte partout que vous retenez Bertrand du Guesclin en vos prisons parce que vous redoutez sa prouesse ! »

Quand le prince ouït ces paroles du sire d'Albret, et qu'il vit que le sire de Clisson et les autres chevaliers qui se trouvaient là s'y accordaient aussi, il fut grandement irrité, et dit par dédain : « Je veux bien, seigneurs, que vous sachiez que si tous les barons du monde étaient en mes prisons, je ne les redouterais pas assez pour ne pas prendre le plus vaillant d'entre eux à rançon de peur de ses prouesses. Allez quérir Bertrand ; il ne tiendra pas à moi qu'il ne soit délivré. »

Bertrand du Guesclin eut grande joie quand le prince l'envoya quérir, et il s'agenouilla devant lui, qui le releva courtoisement, en lui demandant comment il allait. « Monseigneur, mieux serai-je quand il vous plaira, car il y a longtemps que vous m'avez fait ouïr le cri des rats et des souris; mais je me trouverai mieux quand il vous plaira de me donner la clef des champs, pour entendre chanter les oiseaux. » Le prince se mit à rire et dit à Bertrand : « Ami, si vous voulez jurer que vous ne vous armerez ni contre mon père, ni contre moi, ou quelqu'un de mon sang, et que vous ne porterez point secours à Henri en Espagne, je vous laisserai aller librement, quitte de toute rançon, et je vous donnerai dix mille francs pour vous remonter. »

Messire Bertrand devint tout triste et dit : « Messire, comment pourrai-je ne pas servir envers et contre tous, s'il me le commandait le roi de France et ceux de son sang qui m'ont nourri? J'aimerais mieux mourir en prison que de faire ce serment; mais si vous me le faisiez faire, seigneur, il semblerait que vous auriez peur d'un pauvre chevalier comme moi, ce qui ne serait pas à votre honneur. Vous avez paix avec le roi de France, mon légitime seigneur; mais pour avoir l'hommage de l'Espagne, vous êtes venu au secours de don Pèdre, et avez ainsi rompu le saint voyage que je comptais faire à Grenade contre les Sarrasins, après avoir pris vengeance de don Pèdre; et vous avez détruit et mis en déconfiture maint pauvre chevalier, sans en avoir reçu grand honneur, car vous avez laissé le pays en pauvreté sans que don Pèdre vous eût rien tenu de ce qu'il vous avait promis, en sorte que par froidure et famine vous avez perdu plus d'un bon chevalier, ce qui est grand dommage, et sachez en outre, sire, que vous n'en êtes guère plaint. »

De ces paroles le prince se mit un peu en courroux, et dit qu'il n'avait nul homme à redouter; puis, après avoir réfléchi un moment, il reprit: « Je sais bien, ami Bertrand, que vos paroles sont vraies, et je voudrais bien ne pas avoir fait ce voyage, à cause de la déloyauté que j'ai trouvée en Pèdre; mais puisque vous me refusez le serment que je vous demande et que vous m'accusez de vous craindre, je ne puis vous laisser aller sans rançon; vous en fixerez vous-même le prix.

Là-dessus Bertrand remercia le prince bien humblement et dit: « Monseigneur, si j'étais riche, je vous offrirais plus que je ne ferai ; mais, me confiant aux seigneurs que j'ai servis, je me mettrai à plus que ne monte mon avoir, et je payerai pour ma rançon, s'il vous plaît, soixante mille doubles d'or. — La somme est forte, dit le prince un peu étonné, et je crois bien que vous serez embarrassé de la payer ; vous en rabattrez ce qui vous plaira. » Mais messire Bertrand, par grand courage, n'en voulut rien rabattre et dit au prince que sous peu de temps plus d'un payerait dont il n'aurait pas attendu une part ; et il disait vrai.

Le bruit se répandit dans Bordeaux de la somme que Bertrand avait payée pour sa rançon, et le peuple vint en foule pour le voir. Le prince s'étonna de ce concours et demanda ce qui amenait tant de gens. On lui dit qu'ils étaient venus pour voir Bertrand ; ce dont le prince se prit à sourire, et il fit appeler messire Bertrand devant le peuple.

Madame la princesse, qui était pour lors à Angoulême, voulut aussi le voir et vint à Bordeaux tout exprès, lui donnant sur son trésor dix mille francs pour payer sa rançon ; sur quoi Bertrand se mit à genoux devant la princesse, disant par plaisanterie : « Madame, je croyais bien être le plus laid chevalier qui fût au monde ; mais je vois bien maintenant que je suis beau, puisque je suis aimé des dames. » La princesse se mit à rire et renvoya messire Bertrand chez le prince, qui lui donna congé sur sa foi pour aller querir sa rançon. Messire Bertrand s'engagea à revenir à un certain jour, et à ne se point armer jusqu'au complet payement de sa rançon, pour laquelle messire Hugues Calverly promit de lui donner dix mille francs, et plus si besoin en était, car Bertrand s'obligeait en outre à payer la rançon de plusieurs chevaliers et écuyers français pauvres qui avaient été pris comme lui à la bataille de Navarette, ce dont les chevaliers anglais le louaient bien fort.

Lorsque Bertrand fut arrivé auprès du roi de France, celui-ci fut joyeux de sa venue et lui donna cent mille francs pour sa rançon. Le duc d'Anjou lui donna aussi trente mille francs ; le roi lui fit promettre de quitter tout pour venir vers lui quand il le manderait.

Bertrand s'en alla en Bretagne, où les seigneurs du pays s'assemblèrent pour l'honorer et lui donnèrent de grandes sommes pour payer sa rançon. Bertrand avait bien cru trouver cent mille francs à la Roche-Derrien, qu'il avait rapportés après son premier voyage d'Espagne, mais il n'en restait plus rien. Il fit venir sa femme dame Tiphaine et dit : « Dame, je voudrais bien savoir ce que vous avez fait de mon trésor ! » Elle répondit doucement : « Monseigneur, je l'ai donné aux chevaliers et écuyers qui vous ont servi, et qui sont venus me voir pour les aider à payer leur rançon et à se remonter. Vous serez encore servi par eux, comme vous le saurez de leur part. Voilà comment j'ai dépensé votre trésor. » Et messire Bertrand dit qu'elle avait bien fait.

Il ne se passa guère de temps que le roi ne fit mander auprès de lui Bertrand, qui avait payé sa rançon et s'en était allé voir le roi Henri en Espagne. Les barons de Gascogne avaient refusé de payer un impôt que le prince de Galles voulut mettre sur sa terre, et ils en avaient appelé au roi de France comme à leur légitime suzerain. Le roi avait reçu à regret leur requête, car il sentait bien que la chose ne pouvait venir à autre fin que la guerre, dont il n'était pas encore pressé ; mais les barons de son royaume le pressaient comme ceux de Gascogne, car ils haïssaient les Anglais, et ses conseillers ayant étudié et examiné les chartes de la paix lui disaient secrètement : « Cher sire, entreprenez hardiment, car vous avez cause. Les trois parties du pays d'Aquitaine seront avec vous, comme aussi ceux de Poitou, de Saintonge, de Limousin, de Rouergue, de Quercy et de la Rochelle, car ils ne peuvent aimer les Anglais quelque semblant qu'ils en fassent, tant ils sont orgueilleux et présomptueux ; avec cela les officiers du prince prennent tout ce qu'ils veulent, et font de si grandes levées que personne n'a rien à soi. »

Le roi se décida enfin à faire appeler le prince au Parlement de Paris pour répondre des griefs contre lesquels réclamaient les seigneurs de Gascogne. Le prince fut étonné un moment quand il reçut la lettre et dit : « Nous irons volontiers à notre joie à Paris, ainsi qu'il nous est commandé par le roi de France, mais ce sera le casque en tête et avec soixante mille hommes en notre compagnie. » Quand le roi de France ouït cette fière réponse, qu'il avait bien attendue, il commença à faire ses préparatifs de guerre et il fit mander d'Espagne messire Bertrand du Guesclin.

A peine messire Bertrand était-il arrivé à Toulouse, que le duc d'Anjou, qui l'attendait, entra dans la terre du prince pendant que le duc de Berry chevauchait dans le Limousin, où la ville de Limoges se rendait française par le secours de l'évêque, lorsque les gens du duc de Berry mirent le siège devant la place, où Bertrand vint le rejoindre. Le prince de Galles fut si courroucé d'avoir perdu Limoges, qu'il quitta tout autre soin et marcha contre la ville, qu'il prit par suite de grands travaux qui renversèrent les murs, si bien que les habitants furent tous passés au fil de l'épée et la ville laissée comme une place déserte, sans que personne pût s'en sauver.

Le roi de France prit en grande compassion le malheur des habitants de cette cité et résolut de prendre, pour l'aider dans la défense du royaume, et pour l'office de connétable, messire Bertrand du Guesclin, qui était désigné d'une voix unanime comme le mieux taillé et le plus sage pour cette charge, en même temps que le plus heureux et le plus fortuné dans ses entreprises. Le roi lui écrivit donc de venir le trouver à Paris et de quitter pour le moment la vicomté de Limoges, où il prenait chaque jour les forts et les châteaux qui tenaient pour le prince. Celui-ci était malade d'une maladie qui allait à la mort, et il avait quitté Bordeaux pour se rendre en Angleterre; le duc de Lancastre, son frère, gouvernait à sa place.

Quand messire Bertrand arriva à Paris, le roi ne tarda pas à lui faire savoir pour quelle cause il l'avait mandé et qu'il avait été élu pour être connétable de France. Sur quoi messire Bertrand s'excusa très sagement, disant qu'il était un pauvre chevalier et un petit bachelier en comparaison des grands seigneurs de France, bien que la fortune l'eût un peu servi, et que tous ceux qui étaient au-dessus de lui par leur naissance et leur fortune, comme les frères et les neveux du roi, ne voudraient pas lui obéir, et aussi n'oserait-il pas les commander. Il pria donc le roi de le décharger de cette grande fonction de connétable et de la donner à quelque autre qui en fût digne ; mais le roi n'en voulut rien faire. « Messire Bertrand, messire Bertrand, dit-il, ne vous excusez point par cette voie, car je n'ai ni frère ni neveu, comte ou baron en mon royaume qui ne vous obéisse, sans quoi je me courroucerais tellement qu'ils s'en apercevraient. » Messire Bertrand fut donc contraint d'accepter la charge de connétable, avec quatre mille francs de revenu que le roi assurait à lui et à ses héritiers. Après quoi il se hâta de retourner en Saintonge, où les villes et les places se rendaient françaises les unes après les autres, comme Poitiers, Angoulême, Saintes, Saint-Jean-d'Angély, et enfin la Rochelle par l'adresse et l'habileté du maire, messire Jean Chaudronnier.

Le roi Édouard d'Angleterre voyait bien que les pays qu'il tenait en France lui échappaient les uns après les autres, si bien que personne du parti des Anglais ne se tenait pour bien assuré, pas même le duc de Bretagne, qui avait toujours eu le cœur anglais et qui voyait perdus chaque jour ses villes et châteaux depuis que le connétable était entré dans son pays par ordre du roi de France. Il demanda du secours à son beau-père, le roi Édouard, que les accidents de la mer avaient plusieurs fois empêché de passer en France depuis que le prince de Galles était mort à Londres, par suite de la langueur et grande maladie qu'il avait rapportées de son voyage d'Espagne. Le duc de Lancastre débarqua donc à Calais avec des forces considérables, en sorte que le roi de France fit appareiller toutes les places de Picardie, ordonnant à tout le peuple de se réfugier dans les forteresses et d'abandonner le plat pays aux Anglais.

Le duc de Lancastre chevauchait donc ainsi sans obstacle entre les places fermées, pillant tout ce qu'il rencontrait devant lui, sans conquérir ni ville ni château, car le roi avait dit : « Laissez-les faire, avec toute leur arrogance ils ne se peuvent emparer de notre héritage. Il leur en cuira et ils s'évanouiront comme une tempête ou un orage qui fondent sur un pays et disparaissent d'eux-mêmes. »

Cependant les barons français murmuraient entre eux et disaient que c'était une honte que de laisser ainsi passer les Anglais sans les combattre, et qu'ils en seraient déshonorés par tout le monde. Le roi manda donc tout son conseil pour décider si on combattrait les Anglais ou non. Le connétable y vint, qui fut le premier requis de dire son avis, car il s'était trouvé plus que personne en petites et grosses affaires contre les Anglais.

Messire Bertrand s'excusa d'abord de parler avant les princes; mais quand le roi lui ordonna de parler, il dit enfin : « Sire, tous ceux qui parlent de combattre les Anglais ne savent pas à quel péril ils veulent venir : non que je dise qu'ils ne doivent jamais être combattus, mais je veux que ce soit à notre avantage, comme ils ont bien su le prendre à Crécy, à Poitiers, en Bourgogne, en Picardie, en Normandie, lesquelles victoires ont grandement foulé votre royaume et enorgueilli les Anglais, comme doit le dire mon compagnon le sire de Clisson, qui les connaît bien, puisqu'il a été élevé parmi eux et a vu de près leurs manières de faire. » Messire Olivier de Clisson dit comme le connétable, et ainsi jugèrent tous les princes qu'on continuerait à combattre les Anglais comme on avait commencé, sans risquer de grandes batailles, qui avaient perdu naguère le royaume qu'on commençait à recouvrer.

Le duc de Lancastre ne tarda guère à retourner en Angleterre sans avoir tiré grand parti de ses chevauchées, et il arriva dans son pays à temps pour y voir mourir son père, le roi Édouard, dont le royaume d'Angleterre fut grandement désolé, d'autant plus que le petit roi Richard, fils du prince de Galles, était encore tout enfant et ne pouvait de longtemps gouverner les grandes affaires de son héritage.

A cette heure, le connétable messire Bertrand du Guesclin était moins avant dans les bonnes grâces du roi Charles de France qu'il n'avait été, car le sire de la Rivière, que le roi écoutait fort, cherchait à lui persuader que le connétable appartenait au duc de Bretagne, tout son désir étant de voir Olivier de Clisson connétable en la place de messire Bertrand.

Celui-ci était fort irrité des faux bruits qui couraient sur son compte, car il était chevalier de grand cœur, et il dit : « Puisque le roi me tient pour suspect, moi qui l'ai loyalement servi, je ne demeurerai pas en son royaume, mais je lui renverrai son épée pour m'en aller vers le roi Henri, en Espagne. » Le duc d'Anjou et le duc de Bourbon, voyant le bruit que cette affaire faisait dans le royaume, s'avisèrent de vouloir réparer les choses, et ils s'en allèrent trouver le connétable à Pontorson ; mais ils ne purent rien sur lui. « Il ne se passera pas deux mois sans que je traverse votre pays en bonne compagnie, et vous verrez que je ne m'en irai pas seul. » Le roi fut tout triste lorsque le duc de Bourbon revint vers lui qui lui dit : « Monseigneur, vous faites aujourd'hui l'une des plus grandes pertes que vous ayez faites depuis longtemps, car vous perdez le plus vaillant chevalier et l'homme le plus sage que j'aie jamais connu en son état ; certes, ceux qui ont commencé ceci ont mal fait. »

Le connétable avait déjà quitté la Bretagne et se préparait à sortir de France, mais Dieu ne voulut pas permettre qu'il allât servir un autre royaume ; comme il passait par le Bourbonnais, les citoyens du pays vinrent le supplier de les débarrasser de la garnison anglaise qui tenait Châteauneuf-de-Randon et qui ravageait tout le pays. « C'est la dernière place anglaise que je sache sur mon chemin pour m'en aller, dit-il ; avant que je parte, je l'aurai, si Dieu veut ; si le soleil y entre, nous y entrerons. » Et il mit le siège devant la place avec les chevaliers qui l'accompagnaient, tenant les Anglais si à l'étroit qu'ils ne pouvaient se pourvoir de vivres. Ils traitèrent donc que le château serait rendu à un certain jour s'ils ne recevaient secours du roi d'Angleterre : ce dont ils donnèrent des otages à messire Bertrand.

Pendant la trêve qu'il avait accordée aux Anglais de Châteauneuf-de-Randon, messire Bertrand tomba malade et se sentit

Les Anglais furent contraints de déposer les clefs sur le cercueil de du Guesclin.

mourir. Il fit venir près de lui le maréchal Louis de Sancerre, qu'il aimait fort, et quelques autres barons, auxquels il dit adieu, en leur recommandant son âme, en les priant de continuer à combattre loyalement pour le roi, afin que, par la grâce de Dieu, il pût finir ses guerres. « Je vous dirai une chose qui me ferait quitter la vie en grand repos si elle se pouvait faire, ajouta-t-il : c'est qu'avant ma mort les Anglais rendent le château, car c'est aujourd'hui la journée où finissent les trêves, et ils ne sont pas encore secourus. »

Ces paroles de messire Bertrand remplirent les chevaliers de deuil et de tristesse; la désolation était si grande dans l'armée, que les Anglais s'en aperçurent, mais sans savoir ce dont il s'agissait. Le bon connétable venait de rendre son âme à Dieu, et les Anglais refusaient de rendre le château à un autre que lui. « Nous lui remettrons les clefs du château quand nous le verrons, disaient-ils. Sur quoi le maréchal Louis de Sancerre fit amener les otages au bord du fossé pour leur trancher la tête; mais les Anglais abaissèrent leur pont-levis et vinrent offrir les clefs au maréchal, qui les refusa en disant : « C'est messire Bertrand qui a pris le château et c'est à lui que vous en rendrez les clefs. » Les Anglais s'en défendaient fort, mais ils furent contraints de déposer les clefs sur le cercueil. Ce fut ainsi que, même après sa mort, messire Bertrand du Guesclin triompha des ennemis du royaume qu'il avait tant combattus de son vivant.

QUERELLES D'ONCLES

UN ROI ENFANT

SEPTIÈME RÉCIT

CHRISTINE DE PISAN. — JUVÉNAL DES URSINS. — CHRONIQUE
DE SAINT-DENIS. — FROISSART.

Le bon connétable Bertrand du Guesclin était mort depuis peu et le roi Charles de France était bien malade. La vérité de son mal était, comme il en courut le bruit en ce temps, que le roi de Navarre avait voulu le faire empoisonner du temps qu'il était régent de France pour son père le roi Jean. Le duc de Normandie avait reçu le venin, qui le travailla si avant que tous les cheveux de sa tête tombèrent, ainsi que les ongles de ses mains et de ses pieds. Il était devenu aussi sec qu'un bâton. Son oncle l'empereur l'ayant su lui envoya un médecin, le meilleur et le plus grand en science qui fût dans le monde, et quand il fut venu auprès du prince, il dit qu'il avait été empoisonné et était en grand péril de mort. Mais ce médecin fit la plus belle cure dont on eût jamais ouï parler, car il le remit en bon point et en force, le venin sortant petit à petit par une fistule qu'il portait au bras. A son départ, il dit au duc de Normandie et à ceux qui étaient auprès de lui : « Dès que cette petite fistule cessera de couler et se séchera, vous mourrez sans remède ; mais vous aurez bien quinze jours de loisir pour aviser et penser à votre âme. »

Le roi de France se souvint bien de toutes ces paroles et porta trente-trois ans cette fistule au bras, qui ne le mit pas à l'abri d'une foule d'autres maladies dont il était constamment tourmenté. Si bien que, lorsque cette fistule commença de sécher et de ne plus couler, la crainte de la mort ne laissa pas de l'approcher. Ce qui le consolait le plus, c'était que Dieu lui avait donné trois beaux enfants vivants, Charles, Louis et Catherine. Comme un homme sage et vaillant qu'il était, il mit ordre à ses affaires et manda ses trois-frères en qui il avait le plus de confiance, le duc de Berry, le duc de Bourgogne, et son beau-frère le duc de Bourbon, laissant de côté le duc d'Anjou, qu'il savait avide. Il dit donc aux dessus dits : « Mes bons frères, par ordonnance de nature, je sais bien et je connais que je ne puis longuement vivre. Je vous remets et je vous recommande Charles mon fils ; usez-en envers lui comme doivent faire de bons oncles. Acquittez-vous loyalement de vos devoirs et couronnez-le comme roi après ma mort au plus tôt que vous pourrez. Conseillez-le en toutes ses affaires selon votre pouvoir ; ma confiance est en vous. L'enfant est jeune et d'un esprit léger ; il sera nécessaire de le mener et de le gouverner par une bonne doctrine et de lui enseigner tous les devoirs royaux qu'il doit remplir selon son état. Mariez-le en si haut lieu que le royaume en vaille mieux. Cherchez sa femme en Allemagne, afin que les alliances y soient plus fortes. Vous avez entendu que notre adversaire d'Angleterre s'y doit marier : c'est tout pour avoir plus d'alliances. Quant aux aides et impôts du royaume de France dont les pauvres gens sont accablés, usez-en selon votre conscience, car ce sont choses, bien que je les aie maintenues, qui me pèsent au cœur et m'attristent fort ; mais les grandes guerres et les grandes affaires que nous avons eues de tous les côtés m'y ont forcé pour me procurer l'argent nécessaire. »

Après que le roi Charles de France eût ainsi parlé à messeigneurs ses frères, il voulut être levé et vêtu et s'en alla regarder ses chambellans, serviteurs et médecins, qui étaient tout éplorés, et leur dit de très joyeux visage et comme semblant en bonne convalescence : « Réjouissez-vous, mes bons amis et loyaux serviteurs, je serai bientôt hors de vos mains; » en sorte qu'entendant ces paroles et trompés par la sérénité de son visage, ils ne comprirent pas dans quel sens il leur parlait ainsi, jusqu'au jour où l'événement vint les éclairer.

Le samedi avant son départ, il commença à souffrir des douleurs terribles, pendant lesquelles il adressait constamment son cri à Dieu, et, le dimanche matin, il commanda qu'on lui apportât la couronne d'épines de Notre-Seigneur et aussi de l'abbaye de Saint-Denis la couronne du sacre des rois. Il fit placer auprès de lui la couronne d'épines, la saluant de ses prières et de ses oraisons à Notre-Seigneur, puis il se tourna vers la couronne du sacre et dit : « Oh! couronne de France, que tu es précieuse et misérable! Précieuse, considérant le mystère de justice et de force que tu portes en toi; misérable et la plus vile de toutes choses, si l'on considère le fardeau, l'angoisse, les tourments et peines de corps et d'esprit que tu imposes à ceux qui te portent. Qui songerait bien à ces choses te laisserait tomber à terre plutôt que de te placer sur sa tête! » Le roi dit ainsi plusieurs paroles, pleines de tant de foi, de reconnaissance et de dévotion envers Dieu, que ceux qui les entendaient étaient émus jusqu'aux larmes.

Le roi fut alors porté sur sa couche, et, au moment de recevoir l'extrême-onction, il voulut que tous ceux qui le désiraient pussent entrer dans sa chambre, qui fut bientôt remplie de barons, prélats, chevaliers et gens du peuple, tous pleurant à grands sanglots la mort de leur bon seigneur, auxquels le roi s'adressa, disant : « Je sais que, dans le gouvernement du royaume, j'ai offensé, en plusieurs choses, les grands, les moyens et les petits, comme aussi mes serviteurs, auxquels j'aurais dû être bon et non ingrat pour leur loyal service; je vous prie donc d'avoir pitié de moi et je vous demande pardon! » Sur quoi il se fit lever les bras et joindre les mains et vous pouvez penser si ses loyaux amis et serviteurs étaient émus de pitié et versaient des larmes.

Après avoir béni son fils Charles qui pleurait à côté de son lit, en même temps que ceux qui étaient présents, le roi se retourna vers ses serviteurs et leur dit : « Mes amis, allez-vous-en, priez pour moi, et laissez-moi achever mon travail en paix. » Alors, se recouchant sur son lit, il entra dans l'angoisse de la mort, se faisant lire toute l'histoire de la Passion, lorsqu'il commença d'agoniser vers la fin de l'évangile de saint Jean, et avec un soupir et un dernier sanglot rendit son âme à Dieu dans les bras du seigneur de la Rivière, qu'il aimait chèrement, le seizième jour de septembre de l'an 1380, dans la quarante-quatrième année de son âge et la dix-septième de son règne, ce qui fut grand malheur pour le royaume de France que Dieu l'eût sitôt rappelé à lui.

Le bon roi Charles cinquième étant mis en sépulture, les royaumes de France et d'Angleterre se trouvaient gouvernés par les oncles du petit roi Charles VI et par ceux du roi Richard II. Grande division et jalousie existaient dans les deux royaumes pour le gouvernement et l'autorité, ce qui portait partout grand dommage au pauvre peuple. Dans le royaume de France, sur le bon avis de maître Jean des Marets, avocat au barreau de Paris et grandement considéré de tous, il fut décidé que le roi serait sacré au plus tôt, afin qu'il pût avoir de bons avis en son conseil, mais que le gouvernement se fît néanmoins en son nom. Le titre seul de régent fut conféré au duc d'Anjou, mais la charge et le soin des enfants furent confiés aux ducs de Bourgogne et de Bourbon, qui les devaient faire doucement instruire et élever en toute sorte de bonne doctrine et mœurs jusqu'à ce qu'ils eussent atteint l'âge d'homme. Le sacre du jeune roi eut lieu à Reims, le troisième jour de novembre, avec une grande solennité et cérémonie, le jeune roi s'y comportant aussi gracieusement que s'il eût eu vingt ans.

Mais les divisions et les troubles ne cessèrent pas pour cette cause et les gens d'armes qui étaient par les champs en nombre immense faisaient un mal terrible au peuple, bien que le commandement leur eût été fait de se retirer dans leurs garnisons. On en accusait surtout le duc d'Anjou, et spécialement le duc de Bourgogne se plaignait à l'occasion des trésors enlevés par le régent parmi ceux que le feu roi avait jadis cachés à Melun et qui ne devaient point appartenir au roi de Sicile, ainsi que s'intitulait déjà le duc d'Anjou, ayant été désigné par le pape Clément comme l'héritier de la reine Jeanne.

En cette situation, les gens de bas état à Paris s'assemblèrent et vinrent vers le prévôt des marchands, le contraignant de convoquer une assemblée pour requérir la suppression des impositions, disant qu'ils avaient autrefois adressé cette requête au duc d'Anjou, mais qu'ils n'en avaient point eu de réponse. Beaucoup de gens de bien étaient d'opinion qu'on attendît, croyant rompre le coup; mais un savetier se leva qui allégua les charges du peuple et la pompe de ceux de la cour, tournant tout en grand mal et sédition. Le prévôt prit alors la parole et fit la requête.

Le chancelier de Dormans, évêque de Beauvais, leur démontra la folie de leur entreprise et fit tant qu'ils attendirent jusqu'au lendemain. Mais ils n'oublièrent pas de retourner devant la table de marbre au Palais, car on leur avait donné espérance. Alors les impôts des aides furent supprimés du commandement du roi et par son ordonnance et aussi des seigneurs de son sang. Messire Jean des Marets fut chargé par le conseil de parler au peuple, et de leur dire qu'ils s'apaisassent, car le roi avait mis et mettait à néant les aides afin qu'elles n'eussent plus cours. Ce qui avait décidé à conseiller de supprimer ces impôts fut que le roi Charles cinquième, père du roi, l'avait demandé avant sa mort, à cause des maux infinis qu'ils causaient. Maître Jean des Marets montra au peuple le danger où ils se mettaient de faire de tels soulèvements par la ville, et comment ils devaient obéir au roi et le servir. Il parla si bien, qu'il semblait qu'on dût être très content; mais le peuple requit que les Juifs et les usuriers fussent mis hors de Paris. Sur ce, maître Jean répondit qu'il en parlerait et ferait son devoir. Mais les misérables instigateurs des désordres, animés d'une rage forcenée, n'attendirent pas la journée du lendemain, où l'on devait promulguer au nom du roi les concessions qui avaient été faites. Comme agités par les furies, ils se précipitent à travers la ville, enlèvent par force les coffres qui contenaient le produit des impositions, jettent l'argent dans les rues, puis, toujours poussés par le même esprit de vertige, entrent avec fureur dans le quartier où étaient alors quarante maisons de Juifs établis avec la permission du roi, et se mettent à forcer les portes. Les uns fouillent partout pour voler et piller ce qui était à leur convenance, les autres pour s'emparer des colliers, des bagues et des joyaux de femme, faciles à emporter. D'autres préférèrent soustraire les obligations souscrites par des nobles et des bourgeois, regardant cette prise comme la plus avantageuse. Plusieurs nobles, qui s'étaient joints à eux, les encourageaient dans ces désordres; on en vit même qui tuèrent tous les Juifs qu'ils rencontraient, et ils en auraient fait un horrible carnage, si ces malheureux, fuyant avec effroi vers le Châtelet royal, n'avaient réclamé avec instance le privilège du Palais et demandé à être gardés avec les autres prisonniers. On entendait retentir par tout le quartier les cris des enfants et des femmes épouvantés, dont les unes gagnèrent à grand peine l'asile où s'étaient réfugiés leurs maris, tandis que d'autres, chargées d'argent, se confièrent à la bonne foi des chrétiens qui les poursuivaient. Mais ces hommes barbares et dignes de la vengeance divine leur enlevèrent tout ce qu'elles possédaient, et, ce qui leur fut plus amer encore, ils saisirent par force leurs enfants et les firent baptiser.

Le lendemain, le roi, justement irrité de ces excès, fit rentrer les Juifs dans leurs foyers et fit publier dans les rues de la ville, par la voix du héraut et à son de trompe, une ordonnance qui enjoignait sous peine de mort de rendre aux Juifs les objets volés; mais bien peu de gens obéirent à cet ordre du roi.

Les choses durèrent ainsi, sans que les aides fussent rétablies, pendant plus de dix-huit mois, après quoi le régent et les autres seigneurs de la cour, voyant qu'ils n'avaient pas les mêmes profits que de coutume, désirèrent fort de les rétablir, et firent à cette fin plusieurs assemblées; mais jamais le peuple ne les voulut souffrir, si bien que, parmi les gens de Paris, les bourgeois se pourvurent d'armures et habillements de guerre, élurent des dizainiers, un quartenier et mirent des chaînes dans les rues de la ville, faisant faire le guet aux portes. Ces choses se passaient dans presque toutes les villes du royaume. A Rouen, deux cents personnes des métiers se soulevèrent et vinrent à l'hôtel d'un marchand de draps qu'on nommait Le Gras, parce qu'il était gros et gras, et le firent leur chef comme roi ; ils le mirent sur un chariot en manière de roi, qu'il le voulût ou non ; mais, par crainte de la mort, il fallut qu'il obéît contre sa volonté ; ils le menèrent au grand marché et lui firent ordonner que les subsides seraient supprimés. Et si quelqu'un voulait faire un mauvais coup, il ne fallait que dire : « Faites, » et c'était exécuté. Aussi procédèrent-ils bientôt à blesser et tuer les officiers du roi chargés de percevoir les impôts. Et parce qu'on disait que les moines de l'abbaye de Saint-Ouen avaient plusieurs privilèges contraires aux intérêts de la ville, ils allèrent avec fureur dans l'abbaye, ouvrirent la tour où étaient les chartes, les prirent et les déchirèrent. Ils s'en allèrent aussi devant le château, croyant y entrer pour l'abattre ; mais ceux qui étaient dedans se défendirent vaillamment et blessèrent et tuèrent plusieurs des assaillants.

Le duc d'Anjou différa de faire la punition des soulèvements des bonnes villes, où il croyait toujours pouvoir rétablir les aides, mais rien n'y faisait et l'impôt n'était pas consenti. Il inventait à ce sujet diverses ruses pour amuser le peuple, et enfin un jour, devant le Châtelet, un huissier étant chargé d'annoncer qu'une partie de la vaisselle du roi avait été volée, cria en même temps que l'impôt des aides était de nouveau affermé et que la perception commencerait du premier jour de mars, lequel était déjà passé. Déjà de méchantes gens s'assemblaient sur la place, et il y avait une vieille qui vendait du cresson aux halles, à laquelle le fermier des aides vint demander l'imposition ; elle commença à crier, et plusieurs tombèrent aussitôt sur ledit fermier, qu'ils tuèrent bien inhumainement. Bientôt le même peuple s'émut par toute la ville, prenant des armures et s'armant si bien, qu'il se fit une grande commotion et sédition par les rues, où tous couraient et recouraient, et ils étaient bien plus de cinq cents. Quand les officiers et conseillers du roi et l'évêque de Paris virent la manière dont se passaient les choses, ils partirent de la ville le plus secrètement qu'ils purent et emportèrent leurs meubles petit à petit. Or ceux qui excitaient cette sédition étaient de méchantes gens et viles personnes de bas étage, en sorte que si l'un criait, tous les autres y accouraient. Ils étaient encore mal armés et habillés, mais ils surent qu'il y avait des armes à l'hôtel de ville pour la défense de Paris; ils y allèrent et, brisant les portes, ils prirent les armes et une grande quantité de maillets de plomb, avec lesquels ils s'en allèrent par la ville, tuant et mettant à mort bien cruellement tous ceux qu'ils soupçonnaient d'être fermiers des aides. Il y en eut un qui se réfugia dans l'église de Saint-Jacques-la-Boucherie; il était devant le grand autel, tenant la statue de la Vierge Marie, mais ils le prirent et le tuèrent dans l'église. Ils s'en allaient ensuite aux maisons des morts, pillant et dérobant tout ce qu'ils trouvaient; ils jetaient les meubles par les fenêtres, déchiraient les lettres, papiers et autres choses de ce genre, et défonçaient les tonneaux de vin quand ils avaient bu tout leur sâoul. Ils s'en vinrent ensuite au Châtelet de Paris, où il y avait deux cents prisonniers pour délits et dettes; ils ouvrirent les prisons et les laissèrent aller franchement. Ils en firent autant pour les prisonniers retenus à l'évêché de Paris. La multitude du peuple ainsi soulevée allait toujours croissant, sans qu'on pût parvenir à la calmer. La nuit on n'entendit que batailles et débauches; aussi fût-ce le premier soin des notables de la ville de faire savoir au roi et à ses oncles, qui se tenaient à Meaux, qu'ils étaient bien courroucés et désolés de ce qui avait été fait par de méchantes gens de pauvre état; ils suppliaient néanmoins le roi de vouloir pardonner toutes les offenses et surseoir à la perception des aides, car par toutes les bonnes villes les gens disaient qu'ils aimaient mieux mourir que de les laisser rétablir.

Cette requête rencontra de grandes difficultés, car le roi et ses oncles étaient fort en colère et voulaient faire grande punition des crimes commis en la ville de Paris. Beaucoup de gens avaient déjà été arrêtés par le prévôt, qu'on jetait la nuit dans la rivière. Cependant le roi et ses conseillers résolurent d'envoyer à Paris le seigneur de Coucy, qui était un sage chevalier, pour traiter avec eux et les apaiser, car il savait mieux les conduire et les mener que tout autre.

Le sire de Coucy, qui s'appelait Enguerrand, vint donc à Paris, non à main armée, mais tout simplement avec ceux de sa maison, et descendit à son hôtel, où il manda ceux qui étaient le plus engagés dans cette affaire. Il leur remontra sagement et doucement qu'ils s'étaient trop mal conduits en mettant à mort les officiers et serviteurs du roi, en rompant et brisant ses prisons et en délivrant ses prisonniers. Si le roi et ses conseillers le voulaient, tout cela serait grandement puni; mais non, il n'en serait rien, car par-dessus toutes choses le roi aimait sa ville de Paris, parce qu'il y était né et que Paris était la capitale de son royaume. Il ne voulait donc pas le châtier et le détruire, non plus que les bonnes gens qui étaient dedans. Le seigneur de Coucy leur montra qu'il était venu comme un négociateur pour les mettre d'accord, et qu'il prierait le roi et ses oncles de vouloir bien leur pardonner les forfaits qu'ils avaient commis. Ils répondirent qu'ils ne voulaient point de guerre ni de rébellion envers le roi leur seigneur, mais qu'ils voulaient que ces impositions, aides, subsides et gabelles fussent abolis à Paris, et qu'ils aideraient le roi de quelque autre manière. « Et de quelle manière? demanda le sire de Coucy. — De cette manière-ci : par une quantité d'or et d'argent que nous payerons toutes les semaines à un certain homme qui le touchera pour aider avec les autres villes et cités du royaume à payer les soldats et armées du roi. — Et quelle somme voudriez-vous payer toutes les semaines? — Telle somme, dirent les Parisiens, dont nous serions d'accord. » Le sire de Coucy les mena ainsi si avant par ses paroles, qu'ils s'imposèrent eux-mêmes et s'engagèrent volontairement à payer dix mille francs par semaine à un homme qu'ils choisirent comme receveur. Ainsi la paix fut rétablie pour quelque temps; mais le roi ne revenait pas à Paris : ce dont les Parisiens étaient grandement courroucés. Ceux de Rouen, ayant reçu le pardon du roi, s'imposèrent, comme on avait fait à Paris, d'une certaine somme de deniers qu'ils devaient payer chaque semaine tant qu'ils demeureraient en paix. Or, voyez la grande diablerie qui commençait à s'élever en France, où tous prenaient exemple sur les Gantois; car le peuple disait par tout le monde que les Gantois étaient de bonnes gens qui soutenaient vaillamment leurs privilèges et qu'ils devaient être aimés, prisés et honorés de tous.

En effet, les Gantois avaient continué de se soulever et rebeller contre le comte leur seigneur, avec lequel ils étaient toujours en querelles, et ils avaient pris pour chef Philippe d'Artevelde, fils de Jacques d'Artevelde, qui avait autrefois été si puissant en Flandre et que ceux de la ville de Gand avaient un jour vilainement tué et fait mourir. Depuis que son fils était chef et capitaine de Gand, il avait fait exécuter et mettre à mort plusieurs de ceux qui avaient été cause de la mort de son père; car il était en grande puissance, craint et aimé par beaucoup de gens, surtout par ceux qui suivaient l'armée de la ville. Pour servir ceux-là et entrer en leurs bonnes grâces, il n'avait rien refusé, ni reproché, mais tout leur était abandonné.

Or ce Philippe d'Artevelde à la tête des gens de Gand venait de remporter une grande victoire sur la ville de Bruges avec laquelle ils étaient depuis longtemps en discorde, et sur le comte de Flandre qui se tenait dans cette cité. Le comte faillit y être pris; il se cacha dans la maison d'une pauvre femme et s'enfuit à grand peine pendant la nuit. Les Gantois restèrent maîtres de Bruges. Le comte de Flandre se réfugia à Arras, d'où il alla trouver son gendre, le duc de Bourgogne, qui lui promit de l'aider à reconquérir son pays de Flandre, lequel s'en allait en ruine et destruction par la rébellion et l'orgueil des Gantois.

Le duc d'Anjou s'en était allé depuis peu prendre possession de son comté de Provence et de son royaume de Sicile, en sorte que les ducs de Berry et de Bourgogne se trouvaient seuls auprès du jeune roi, avec le duc de Bourbon. Le duc de Bourgogne voulant tenir sa promesse au comte de Flandre, comme un homme qui n'avait pas envie de laisser détruire l'héritage qu'il devait tenir de madame sa femme, fille unique du comte de Flandre, s'en alla retrouver le roi à Senlis, où il fut reçu avec grande joie, et chacun lui demanda des nouvelles du siège d'Audenarde, où les Gantois tenaient assiégés quelques-uns des meilleurs chevaliers du comte de Flandre. Il répondit bien sagement à ces premières questions; mais dès qu'il vit un moment de loisir, il tira à part le duc de Berry, son frère, et lui représenta comment les Gantois se mettaient en peine de détruire toute la noblesse et comment ils avaient fait irruption dans le royaume de France pour y piller et brûler : ce qui était préjudiciable et à la confusion du royaume, si bien qu'on ne le pouvait souffrir.

« Beau frère, lui dit le duc de Berry, parlons-en au roi; nous sommes, moi et vous, les plus hauts de son conseil et, le roi informé, nul n'ira au contraire de notre intention; mais, pour soulever la guerre entre le royaume de France et la Flandre qui ont été longtemps en bonne paix ensemble, il convient qu'il y ait des raisons et que les barons de France soient consultés, car le roi est jeune et tous savent bien qu'il fera en grande partie ce que nous voudrons. Je vous dis donc, beau frère, que nous réunirons la majeure partie des prêtres et des nobles du royaume de France, et nous leur remontrerons, le roi présent, toutes ces circonstances, vous personnellement à qui retombe l'héritage de Flandre; ainsi nous connaîtrons la volonté générale du royaume. » Le duc de Bourgogne répondit : « Beau sire, vous parlez bien et il sera fait comme vous dites. »

A ces paroles, voici le roi qui entra dans la chambre où étaient ses deux oncles, son épervier sur le poing, qui se lança dans leur conversation, et dit gaiement : « De quoi parlez-vous maintenant, mon bel oncle, en si grand conseil? si ce sont choses que je puisse savoir? — Oui, monseigneur, dit le duc de Berry, qui prit la parole, car c'est à vous surtout qu'appartient cette affaire. Voici votre oncle, mon frère de Bourgogne, qui se plaint à moi de ceux de Flandre, car les vilains de ce pays ont débouté de son héritage le comte de Flandre leur seigneur et tous les gentilshommes, et ils sont encore au siège d'Audenarde plus de cent mille Flamands qui tiennent là assiégés grand foison de gentilshommes. Ils ont un capitaine qui s'appelle Philippe d'Artevelde, pur Anglais de cœur, et qui a juré que jamais il ne partirait de là qu'il n'ait la ville à sa volonté. Il en sera ainsi si votre puissance ne lève le siège. Et vous, qu'en dites-vous? Voulez-vous aider votre cousin de Flandre à reprendre son héritage que ces vilains lui enlèvent et lui arrachent par orgueil et par cruauté? — Par ma foi, répondit le roi, beaux oncles, j'en suis en très grande volonté; allons-y. Je ne désire autre chose que de m'armer, ce que je n'ai pas encore fait. Il me faut apprendre les armes, si je veux régner en puissance et honneur. »

Les deux ducs se regardèrent bien contents, car la parole que le roi avait répondue leur plaisait bien, et le duc de Berry dit encore : « Monseigneur, vous avez bien parlé, et vous êtes tenu à cela pour plusieurs raisons. Le comté de Flandre relève du royaume de France, et vous avez juré, et nous pour vous, de maintenir dans leurs droits vos hommes liges. Puisque vous êtes en cette volonté, ne la quittez jamais, et parlez ainsi à tous ceux qui vous en parleront, car nous assemblerons promptement les prélats et les nobles de votre royaume et nous leur remontrerons toutes ces choses en votre présence. Parlez donc haut et clair ainsi que vous nous avez parlé ici, et tous diront : Nous avons un roi de haute entreprise et de grande volonté. — Par ma foi, beaux oncles, je voudrais que nous pussions y aller demain, car dorénavant ce sera le plus grand désir que j'aurai d'aller en Flandre abattre l'orgueil des Flamands. » Les deux ducs eurent grande joie de cette réponse, ainsi que le duc de Bourbon lorsqu'il en sut la nouvelle.

Le parlement des seigneurs se tint en effet bientôt à Compiègne; mais le roi disait souvent qu'on parlait trop pour faire de la bonne besogne. « Il me semble, disait-il, que lorsqu'on veut entreprendre et faire quelque affaire, on ne le doit point tant retarder, car on avertit ainsi ses ennemis. » Et puis il disait encore lorsqu'on lui représentait les périls qui en pouvaient advenir : « Oui, oui ; mais qui rien n'entreprit, jamais rien n'acheva. »

Or Philippe d'Artevelde avait cru que ceux d'Audenarde se viendraient rendre à lui, car, bien qu'il eût eu bon succès devant Bruges, il n'était pas bien habile aux choses de la guerre, ayant habitué de passer sa vie à pêcher des poissons à la ligne dans la Lys ou dans l'Escaut. Il avait le cœur plus anglais que français et avait demandé du secours au roi d'Angleterre contre son seigneur le comte de Flandre. Mais, par bonheur, dans la même ambassade qui demandait des soldats au roi Richard, il s'était avisé de réclamer le payement de deux cent mille écus que Jacques d'Artevelde avait autrefois avancés au roi Édouard sur le trésor de Flandre, en sorte que les Anglais, entendant cette requête, se mirent à rire, disant entre eux : « Avez-vous entendu ces Flamands? ils demandent à être conseillés, soutenus et aidés ; ils disent qu'ils en ont besoin, et en même temps ils veulent avoir notre argent! Ce n'est pas une requête raisonnable que nous payions et que nous aidions. » Ainsi le conseil d'Angleterre se sépara sans rien décider, ce dont le roi Charles sixième fut bien informé en son conseil.

Philippe d'Artevelde, qui se tenait au siège devant Audenarde, fut avisé que le roi de France voulait venir contre lui avec une grande puissance ; mais il semblait n'en faire aucun compte, et il disait à ses gens : « Mais par où donc ce roitelet compte-t-il entrer en Flandre? Il est encore trop jeune d'un an pour nous effrayer par ses assemblées. Je ferai si bien garder tous les passages et entrées de Flandre, qu'il ne sera pas en leur puissance de mettre cette armée au delà de la Lys. » Cependant il partit du siège d'Audenarde et prit son chemin vers Bruges, où il trouva deux de ses partisans et meilleurs capitaines gantois, Pierre du Bois et Pierre de Winter, qui en étaient les gardiens. Il leur enjoignit de garder sûrement tous les passages de la rivière, car, disait-il, s'ils sont obligés de chercher leur passage vers Saint-Omer, ils y trouveront tant d'empêchements et de difficultés qu'ils ne pourront tenir ensemble; voici venir l'hiver, où il fait froid et mauvais à chevaucher, en sorte qu'ils seront perdus d'avance. » Les deux Pierre dirent qu'ils feraient comme Philippe leur avait recommandé, mais tous trois s'étonnaient de n'avoir point reçu de nouvelles des gens qu'ils avaient envoyés en ambassade en Angleterre vers le roi Richard.

Cependant le jeune roi de France se tenait à Arras, où il avait réuni ses gens. Le connétable de France, Olivier de Clisson, tint conseil avec les maréchaux de France, de Bourgogne et de Flandre, pour savoir comment on s'ordonnerait; car on disait communément dans l'armée qu'il était impossible d'entrer en Flandre, parce que tous les passages de la rivière étaient trop bien gardés. Et par-dessus tout cela, il pleuvait tous les jours et il faisait si froid qu'on ne pouvait aller plus en avant, en sorte que les sages du royaume de France disaient qu'on avait eu grand tort d'entreprendre ce voyage par un pareil temps, et qu'on aurait bien dû attendre jusqu'à l'été pour guerroyer en Flandre. Le connétable disait : « Je ne connais pas ce pays de Flandre, je n'y fus jamais de ma vie. Cette rivière de Lys est-elle donc si difficile à passer, sauf dans les endroits assurés? D'où vient-elle ? » On lui dit qu'elle venait des environs d'Aire et de Saint-Omer. « Puisqu'elle a un commencement, dit le connétable, nous passerons bien. »

Le sire de Coucy eût voulu qu'on allât à Tournay, pour passer l'Escaut et cheminer de là vers Audenarde; mais les maréchaux de France inclinaient davantage à aller toujours en avant, dans l'espoir de trouver un passage. Il fut donc résolu que le roi s'en irait loger à Marquette-l'Abbaye, pendant que l'avant-garde se dirigerait sur Commines et Warneton pour y faire du mieux qu'elle pourrait.

Ce fut le lundi que ceux-là se mirent en marche, et lorsque le connétable et les maréchaux de France se trouvèrent au pont de Commines, il leur fallut bien s'arrêter : le pont était si défait qu'il n'était pas possible de le refaire, étant défendu, car les Flamands étaient là bien au nombre de neuf mille, avec Pierre du Bois, leur capitaine, qui se montrait bien en volonté de se défendre, car il était au pied du pont sur la chaussée, une hache à la main et ses gens étaient rangés des deux côtés.

Le connétable de France et les seigneurs qui étaient là firent chercher un gué pour passer s'il était possible ; mais on n'en put point trouver et il était trop tard pour se procurer des nefs ce jour-là : en sorte que l'embarras eût été grand, si quelques vaillants chevaliers ne s'étaient ingéniés à s'aventurer résolument par un beau fait d'armes, pour conquérir le passage de la rivière.

En venant à l'avant-garde de Lille à Commines, le seigneur de Saint-Py avait dit : « Si nous avions deux ou trois barques, nous autres qui connaissons le pays, nous les ferions lancer sur cette rivière de Lys, au-dessus de Commines, à la dérobée, et nous aurions bientôt posé à l'un et l'autre côté de l'eau des pieux et mis des cordes à ces pieux, car la rivière n'est pas trop large ; en sorte que nous pourrions passer une foule de gens, et, en attaquant les ennemis par derrière, nous pourrions conquérir sur eux le passage, car nous ne passerions que les meilleurs gens d'armes. » Le conseil avait été tenu avec quelques autres seigneurs d'Artois et de Flandre et le sire de Saint-Py avait fait charrier de Lille une barque ; ce que firent aussi quelques autres de ceux qui avaient été à cette conférence. Le sire de Saint-Py arriva le premier, qui fit décharger sa barque et planter ses pieux, auxquels on attacha une corde ; trois valets passèrent avec la barque qui plantèrent d'autres pieux, et amenèrent la barque à leur maître. Le connétable et les deux maréchaux furent informés de ce travail et comment on s'ingéniait à trouver un passage. « Allez donc voir ce que c'est, dit-il à messire Louis de Sancerre, qui était l'un des maréchaux, et si l'on peut réussir à passer cette rivière comme nous l'avons ouï raconter, mettez-y du monde. »

Le maréchal vint donc au bord de la rivière comme les deux barques étaient tout apprêtées et chargées; le sire de Saint-Py, l'apercevant, lui dit : « Sire, vous plaît-il que nous passions? — Il me plaît bien, dit le maréchal; mais vous vous mettez en grande aventure, car si les ennemis qui sont à Commines savaient votre entreprise, ils vous porteraient grand dommage. —Sire, dit le seigneur de Saint-Py, qui n'aventure rien, n'a rien ! Au nom de Dieu et de saint Georges, nous passerons et nous ferons de beaux exploits sur nos ennemis avant qu'il soit jour demain ! »

Le sire de Saint-Py mit donc sa bannière dans la barque et ils entrèrent autant de combattants que la barque en put porter. Ils entrèrent à la dérobée dans un petit bouquet d'aunes, tandis qu'on retirait la barque à l'autre bord par les cordes, et le passage recommença ainsi bien des fois; mais on ne laissait passer que les gens les plus vaillants, et ils s'empressaient de si bonne volonté au passage, que, si le maréchal de France n'eût été là pour régler ceux qui devaient passer, la barque eût été chargée plus qu'elle ne pouvait porter.

Les nouvelles en vinrent au connétable et aux seigneurs qui étaient à Commines près du pont. Le connétable dit au seigneur de Rieux : « Allez donc voir si ces gens passent aussi facilement qu'on le dit. » Jamais homme ne fut plus content que le sire de Rieux lorsqu'il reçut cette commission; il donna de l'éperon à son cheval, et lorsqu'il se trouva au bord de la rivière avec cent cinquante chevaliers déjà à l'autre bord, il dit qu'il passerait aussi. Le maréchal de France n'eût pu l'empêcher; aussi ne tarda-t-il pas à passer comme les autres.

Dès qu'ils se virent ensemble sur l'autre rive, seize chevaliers bannerets et trente bannières, ils se dirent : « Voici l'heure d'aller vers Commines voir nos ennemis, et savoir si nous pourrons cette nuit loger dans la ville. » Ils rattachèrent donc leurs armures et mirent leurs casques sur leurs têtes, et s'avancèrent au pas et à l'ordonnance, bannières voltigeant devant eux et le sire de Saint-Py toujours en avant, parce qu'il était l'un des

Passage de la Lys par l'armée du roi Charles VI.

premiers gouverneurs et conducteurs de la troupe et connaissait le pays mieux qu'aucun autre.

Comme ils venaient au pas et bien serrés comme à l'ordonnance, Pierre du Bois et ses Flamands qui étaient rangés en haut sur la chaussée jetèrent les yeux en avant et virent ces gens d'armes qui approchaient. Ils en furent fort émerveillés. Pierre du Bois dit : « Par quel diable de lieu sont venus ces gens et comment ont-ils passé la rivière ? » Alors ceux qui étaient près de lui dirent : « Il faut qu'ils soient passés par des barques tout le jour d'aujourd'hui, et nous n'en avons rien vu ni aperçu, car il n'y a ni pont ni passage organisé sur la Lys d'ici à Courtray. — Que ferons-nous ? dirent quelques-uns à Pierre ; irons-nous les combattre ? — Nenni, dit Pierre, mais laissons-les venir, nous sommes à notre avantage sur le haut de la chaussée ; si nous descendions d'ici, nous y perdrions grandement. Attendons seulement que la nuit soit devenue toute noire, alors nous verrons comment nous nous conduirons. Ils ne sont pas tant de gens qu'ils nous doivent durer beaucoup à la bataille, et nous savons tous les détours du pays et ils n'en savent rien. »

Le connétable aussi avait vu les chevaliers qui venaient de passer à l'autre rive et il aperçut les bannières et pennons au vent qui s'avançaient vers Commines en tête d'une belle petite bataille. Alors il commença à frémir de la grande épouvante qu'il avait, car il sentait, par devers l'eau, grand foison de Flamands enragés ; aussi dit-il en grande colère : « Ah ! saint Yves ! Ah ! saint Georges ! Ah ! Notre-Dame ! Ah ! saint Denis ! que vois-je là ? Je vois en partie la fleur de notre armée qui s'est mise en grand péril ! Certes je voudrais être mort quand je vois qu'ils ont fait une si grande folie ! Ah ! messire Louis de Sancerre, je vous croyais plus sensé et plus assuré que vous n'êtes ! Comment avez-vous osé mener en terre d'ennemis, contre peut-être douze mille hommes, tant de nobles chevaliers et écuyers et vaillants hommes, quand nous ne pouvons les soutenir s'il en est besoin ? Ah ! Rohan ! Ah ! Laval ! Ah ! Rieux ! Ah ! Beaumanoir ! Ah ! Longueville ! Ah ! Rochefort ! Ah ! Malestroit !

Ah ! Thouars ! Ah ! Conversant ! Ah ! Mauny ! Ah ! tels et tels ! Je vous plains, quand sans mon conseil vous vous êtes mis en telle situation ! Pourquoi suis-je connétable de France? Car si vous vous perdez, j'en serai responsable et blâmé ; on dira que je vous ai envoyés en telle folie, et je n'en ai point la faute ! »

Avant que le connétable eût vu que tant de vaillantes gens avaient passé, il avait défendu à ceux qui l'entouraient de passer outre ; mais quand il vit l'état de ceux qui étaient sur l'autre rive, il dit tout haut : « J'abandonne le passage à tout homme qui veut et peut passer. » A ces mots les chevaliers et écuyers s'avancèrent pour trouver moyen, art ou engin de passer sur le pont ; mais il fut bientôt nuit, et il fallut par pure nécessité laisser le temps de travailler au pont, sur lequel quelques-uns mettaient leurs boucliers pour passer outre. Si bien que les Flamands qui gardaient Commines avaient fort à faire et se trouvaient bien embarrassés, car ils ne savaient auquel entendre, voyant devant eux dans le marais grand foison de bons gens d'armes qui se tenaient tous cois, leurs lances toutes droites devant eux, et d'autre part ceux qui étaient à l'avant-garde qui escarmouchaient contre eux et qui se mettaient en devoir de refaire le pont.

Les Français qui étaient passés dans les barques restaient cependant immobiles dans le marais avec la boue jusqu'aux chevilles. Or voyez et considérez la peine qu'ils eurent et leur grande vaillance, restant debout sur leurs pieds pendant toute cette longue nuit d'hiver, un mois avant Noël, avec leurs armures, leurs casques sur la tête, sans boire, ni manger. Ils se voyaient une poignée de gens en comparaison des Flamands qui étaient à Commines ou au passage, en sorte qu'ils n'osaient aller les attaquer, et ils se disaient entre eux : « Tenons-nous ici tous ensemble et attendons qu'il soit jour et que nous voyions devant nous, jusqu'à ce que les Flamands, qui sont en leur fort, descendent pour nous assaillir ; car ils viendront vers nous si nous ne bougeons, et ils n'y manqueront pas. Il est bien en Dieu et en nous de les déconfire, car ils sont mal armés et nous avons nos glaives de Bordeaux qui sont longs et acérés, et nos épées aussi. Ni armures, ni haubergeons tels qu'ils les portent ne les sauraient empêcher d'être transpercés. » Dans cet état et avec cette confiance, ceux qui avaient passé l'eau restaient immobiles sans dire un mot, tandis que le connétable de France, qui était de l'autre côté de l'eau devers Lille, avait une grande angoisse au cœur et se souhaitait avec toute sa puissance dans la ville de Commines avec eux.

La terre était cependant froide et fangeuse, il pleuvait sur leurs têtes, mais l'eau courait sur leurs casques dont ils avaient rabattu les visières, en sorte qu'ils étaient en état de combattre tantôt et souhaitaient seulement qu'on les vînt assaillir. Le souci qu'ils en avaient les réchauffait assez et leur faisait oublier leurs peines. Là était le sire de Saint-Py, qui loyalement s'acquitta cette nuit de guetter et surveiller les Flamands, car il était au premier rang, et tout doucement, en se tapissant, il allait voir et surveiller leurs mouvements; puis il revenait à ses compagnons et leur disait tout bas : « Or ci nos ennemis se tiennent tout cois. Peut-être viendront-ils avec le jour; que chacun se tienne donc prêt et avisé de ce qu'il devra faire. » De cette manière, allant et venant, il fut jusqu'à l'heure où les Flamands avaient résolu entre eux de venir; c'était à l'aube du jour et ils avançaient tout serrés en un petit tas sans dire mot. Alors le sire de Saint-Py, qui était au guet, s'aperçut bien que c'était sérieux, et il vint à ses compagnons, disant : « Or maintenant, seigneurs, il n'y a plus qu'à bien faire. Les voici, ils viennent, vous les aurez bientôt, les larrons viennent à petits pas et croient nous surprendre; nous leur montrerons que nous sommes bons gens d'armes, car nous aurons tantôt la bataille. » A ces mots que disait le sire de Saint-Py, vous auriez vu les chevaliers et les écuyers abaisser de grand courage leurs glaives à longs fers de Bordeaux, et les empoigner de bonne volonté, se mettant en si belle ordonnance, que jamais on ne put rien demander de mieux à des gens d'armes. Aussi advint-il, comme il avait été convenu, que les chevaliers commencèrent à crier très haut les noms des seigneurs dont les serviteurs se trouvaient là, bien qu'ils n'y fussent pas tous eux-mêmes ; si bien que le connétable et les autres de l'avant-garde, qui n'étaient pas encore passés, se dirent, les entendant très bien : « Voilà nos gens en armes! Dieu leur soit en aide! Nous ne pouvons pas promptement les secourir. »

Pierre du Bois et ses Flamands marchaient en avant, se trouvant accueillis par les longs glaives à fers tranchants et affilés de Bordeaux, en sorte que les mailles de leurs cottes de fer ne résistaient pas plus que de la toile pliée en trois doubles. Les glaives passaient outre et les enfilaient par le ventre, par la poitrine, par la tête, si bien que, lorsque les Flamands sentirent ces glaives dont ils étaient empalés, ils reculèrent, et les Français, avançant toujours, conquéraient sur eux la terre. Il n'y en avait nul si hardi qui ne redoutât les coups. Pierre du Bois avait été des premiers empalé d'un fer de glaive à travers l'épaule et blessé à la tête, et il eût été mort sans remède si ses gens ne l'eussent secouru ; mais il avait ordonné trente valets pour la défense de son corps, qui l'emportèrent entre leurs bras et le tirèrent de la presse. La boue aux environs de Commines était si épaisse, que tout le monde y entrait jusqu'à mi-jambe ; mais les Français, accoutumés à combattre, abattaient et massacraient les Flamands sans merci. On criait de toutes parts : « Saint-Py! Laval! Sancerre! Antoing! Enghien! Vertaing! Salm! Hallewyn! » et tous les cris des seigneurs dont il y avait là des gens d'armes. Les Flamands commençaient à tomber les uns sur les autres ; et les Français se lançaient toujours au plus épais, les tuant comme des chiens, ce qui fut bien raison ; car si les Flamands l'eussent emporté, ils l'eussent fait pareillement.

Quand les Flamands se virent ainsi repoussés sur la ville de Commines, ils mirent le feu à quelques maisons, croyant effrayer ainsi les Français ; mais cela ne leur servit de rien, car les Français les combattaient tout aussi vaillamment à travers les flammes et les abattaient par tas et par monceaux dans les maisons où ils se retiraient. Alors les Flamands se mirent aux champs, cherchant à se rabattre vers Ypres et Courtray, pendant que le connétable et ses gens, qui avaient achevé de réparer le pont, passaient en grande foule pour se loger dans la ville, où ils couchèrent cette nuit-là.

Les nouvelles en vinrent le matin au roi et à ses oncles à l'abbaye de Marquette, et ils en furent tous bien réjouis. Le roi décida aussitôt qu'il passerait, et il était déjà à Commines, lorsque Philippe d'Artevelde apprit la nouvelle du passage, en même temps qu'il vit arriver Chandos, le héraut d'Angleterre, qui annonça que ses ambassadeurs revenaient avec un chevalier anglais, apportant une convention qui devait être signée par lui, comme régent de Flandre, après quoi le roi Richard lui enverrait de grands secours. « Ah! dit Philippe, vous me contez trop d'histoires, et il sera trop tard. » Il continua alors son chemin vers Gand, car il revenait d'Audenarde, et il paraissait tout pensif.

Les villes d'Ypres, de Bergues et de Cassel s'étaient déjà mises en l'obéissance du roi de France, sans que ceux de Bruges, qui en avaient grand désir, osassent en faire autant, gardés qu'ils étaient par les capitaines de Philippe d'Artevelde, lorsque celui-ci se campa entre le mont d'Or et Rosebecque, où le roi était logé.

Ce soir-là Philippe donna à souper à tous ses capitaines et leur dit, après avoir mangé et bu : « Beaux seigneurs, vous êtes mes compagnons en ce parti et cette prise d'armes. J'espère bien que demain nous aurons affaire et soyez assurés que, la journée gagnée par la grâce de Dieu, nous ne trouverons jamais de seigneurs qui osent se mettre aux champs contre nous, qui combattons pour notre bon droit et pour les franchises de Flandre. L'honneur en sera plus grand pour nous que si nous avions le secours des Anglais. Dites à vos gens de tout tuer et de ne prendre personne à merci, car avec le roi de France est la fleur de sa chevalerie. Les communes de France ne nous en sauront pas mauvais gré, car elles voudraient bien que jamais pied n'en retournât en France; mais épargnez seulement le roi, car il ne sait ce qu'il fait et n'est qu'un enfant : il va ainsi qu'on le mène. Nous l'amènerons à Gand pour apprendre à parler flamand. » Tous les capitaines répondirent : « Seigneur, vous parlez bien et ainsi ferons-nous. » Puis ils retournèrent à leurs logis pour donner leurs ordres à leurs gens.

Mais voici que vers minuit une femme qui était venue de Gand avec Philippe d'Artevelde sortit pour regarder le ciel et le temps, car elle ne pouvait dormir. Elle jeta les yeux du côté de Rosebecque et vit en plusieurs endroits des lumières et des étincelles de feu qui volaient; c'étaient des feux que les Français faisaient sous les haies et les buissons où ils étaient logés. Cette femme écouta et crut entendre un grand mouvement et un grand bruit entre l'armée des Flamands et celle des Français; il lui semblait que ce fût sur le mont d'Or. Rentrant dans le pavillon de Philippe qui dormait, elle l'éveilla soudain, en disant : « Sire, levez-vous et vous armez, car j'ai entendu grand bruit sur le mont d'Or et je crois que ce sont les Français qui vous viennent assaillir. » Philippe à ces mots se leva et, prenant sa hache, il sortit de son pavillon, entendant le même bruit que la demoiselle avait remarqué. Il rentra donc dans sa tente et fit sonner la trompette de ralliement, envoyant en même temps vers ceux du guet, qui étaient en avant de toute l'armée, pour les blâmer de ce qu'ils s'étaient tenus tranquilles lorsqu'ils entendaient du bruit et du mouvement parmi les ennemis. Ils répondirent qu'ils avaient en effet ouï du bruit et du tumulte sur le mont d'Or, mais que ceux qui y étaient allés n'avaient rien vu ni trouvé; c'est pourquoi ils n'avaient pas voulu réveiller l'armée inutilement. Les paroles du guet furent rapportées à Philippe, qui s'en apaisa, se demandant cependant en son esprit ce que ce pouvait être. Quelques-uns dirent que c'étaient les diables d'enfer qui jouaient là et tournoyaient où la bataille devait être, à cause de la grande proie qu'ils attendaient.

Depuis ce réveil de l'armée, Philippe et les Flamands ne se tinrent plus pour assurés et, dans la crainte d'être trahis, ils passèrent la nuit auprès des feux et déjeunèrent tout à loisir, car ils étaient bien pourvus de vivres. Après quoi ils se formèrent en une seule bataille, à l'avis du connétable, de bien cinquante mille hommes choisis, les plus forts, les plus hardis, les plus courageux et qui tenaient le moins à leur vie de toute la Flandre. Ils avaient laissé en leurs logis tout ce qu'ils avaient, malles, lits et autres bagages, sauf leurs armures, chevaux et bêtes de somme. Philippe d'Artevelde avait autour de lui neuf mille hommes de Gand bien armés, en qui il avait plus confiance qu'en tous les autres, et chacune des villes ou châtellenies portait ses enseignes ou devises pour se mieux reconnaître. Ils attendirent ainsi aux champs le jour, qui tantôt se leva.

C'était le jeudi, et avec le jour une brume épaisse apparut, en sorte qu'à huit heures les Flamands n'avaient encore eu aucune nouvelle des Français. L'orgueil les prit, et ils commencèrent à se parler l'un à l'autre, disant : « Qu'est-ce que nous faisons à rester ici sur nos pieds et à nous refroidir? Que n'allons-nous de bon courage chercher nos ennemis pour combattre? Jamais les Français ne viendront nous chercher en ce fort lieu où nous sommes; allons au moins jusque sur le mont d'Or et prenons l'avantage de la montagne. » A ce moment, trois chevaucheurs, messire Olivier de Clisson et les deux amiraux de France messire Jean de Vienne et Guillaume de Poitiers, passèrent non loin des Flamands, car ils étaient chargés de les reconnaître; mais les Flamands n'en tinrent compte et ils avancèrent toujours. Comme ils allaient droit au mont d'Or, Philippe dit tout haut : « Seigneurs, souvenez-vous que notre succès à la bataille de Bruges vint de notre persévérance à nous tenir drus et serrés ensemble, sans qu'on pût nous entamer. Tenons-nous donc bien et que chacun porte son bâton tout droit devant soi, en entrelaçant les bras ensemble, afin qu'on ne puisse vous rompre, et allez toujours le bon pas devant vous à votre loisir, sans tourner à droite ni à gauche, et au moment de rejoindre l'ennemi, faites jeter vos bombardes et canons et tirer nos arbalétriers, car ainsi sera l'ennemi ahuri et troublé. »

Quand Philippe d'Artevelde eut ainsi parlé et instruit ses gens, il dit à son page, qui avait amené de Gand un cheval de grand prix qu'il avait : « Attends-moi là à ce buisson, hors de la portée du trait, et quand tu verras commencer la déconfiture des Français, amène-moi mon cheval, car je veux être au premier rang de la poursuite. »

Cependant les chevaliers qui étaient allés en reconnaissance revinrent vers le roi, et le connétable sire de Clisson, ôtant de sa tête un bonnet de castor qu'il portait, s'inclina devant lui et dit : « Sire, réjouissez-vous, ces gens-là sont à nous, nos gros valets les combattront bien. — Connétable, dit le roi, Dieu vous entende ! Allons donc en avant, en l'honneur de Dieu et de monseigneur saint Denis ! »

En ce moment, le chevalier qui portait l'enseigne de l'abbaye de Saint-Denis qu'on nomme l'oriflamme, l'ayant déployée en tête de l'armée, la brume tomba tout à coup et s'éclaircit, en sorte que le ciel devint pur et clair : ce dont les seigneurs de France furent bien réjouis et tinrent à bon augure. C'était une grande beauté de voir tous ces casques brillants, ces belles armures, ces fers de lance clairs et bien appareillés; mais ils ne disaient mot et se tenaient cois, attendant les Flamands qui approchaient à grands pas, en grosse bataille, tous les hommes serrés, leurs bâtons en avant, qui semblaient former un bois tant il y en avait grand foison.

Comme ils approchaient, les Flamands commencèrent à tirer leurs bombardes et canons chargés de grands traits à pointe d'airain, donnant au même moment le premier assaut, qui fut dur pour le roi de France et ses gens, dont il y eut bon nombre blessés et tués, car les Flamands descendaient du mont d'Or d'orgueilleuse volonté, et venaient raidis et serrés, frappant de l'épaule et de la poitrine, comme des sangliers sauvages, et ils étaient si fort entrelacés ensemble qu'on ne les pouvait rompre ni ouvrir.

Cependant l'avant-garde et l'arrière-garde du roi s'avancèrent des deux côtés des Flamands pour les enclore, ce qui les mit fort à l'étroit; sur les deux ailes, les hommes d'armes commençaient à les pousser de leurs longues lances à fer de Bordeaux, qui perçaient les cottes de mailles d'outre en outre et leur entraient dans la chair. En même temps, ils se trouvaient serrés de si près qu'ils ne pouvaient remuer leurs bras ni leurs épieux pour se défendre, en sorte que plusieurs perdirent la force et l'haleine, tombant les uns sur les autres et mourant sans coup férir. Philippe d'Artevelde fut entouré, frappé d'un glaive et abattu au milieu d'une grande foison de gens de Gand qui l'aimaient et le gardaient. Quand son page vit le malheur tomber sur son parti, il piqua des deux, car il était monté sur un bon coursier et il retourna à Gand.

Les Flamands n'avançaient plus, ne se pouvant aider. La bataille du roi, qui avait été un peu ébranlée, se remit en grande vigueur. Les gens d'armes abattirent les Flamands de toutes leurs forces, et quelques-uns avaient des haches si acérées, qu'ils rompaient les casques et brisaient les têtes; d'autres en avaient de plombées, dont ils donnaient de grands coups, portant leurs ennemis par terre. Dès que les Flamands étaient touchés, les pillards et les valets de l'armée, se glissant entre les gens d'armes, les achevaient avec de grands couteaux qu'ils portaient, et ils n'en avaient pas pitié plus que s'ils eussent été des chiens. Le cliquetis des épées et des haches sur les bassines, les cottes d'armes et les épieux était si fort, qu'on ne pouvait s'entendre du bruit qu'on faisait, et j'ai ouï dire que si tous les armuriers de Paris et de Bruxelles eussent été ensemble, faisant leur métier, ils n'auraient pas mené ni fait si grand bruit. Quelques chevaliers et écuyers parmi ceux qui se mettaient en avant et ne s'épargnaient pas au combat furent entourés et tués, ce qui fut dommage; mais une grande bataille comme celle-ci coûte toujours cher, car les jeunes chevaliers et écuyers qui s'arment depuis peu font de leur mieux pour leur honneur et pour obtenir bonne renommée. La presse était si grande, qu'on ne se pouvait relever, si on n'était bien aidé, lorsqu'une fois on était renversé. Il y eut bientôt un tas et une montagne de Flamands tués, bien long et bien haut, et jamais, pour une si grande bataille et tant de gens morts, ne vit-on couler aussi peu de sang que ce jour-là.

Quand ceux qui étaient derrière virent que ceux de devant tombaient les uns sur les autres et qu'ils étaient tout déconfits, ils commencèrent à se troubler et à jeter leurs épées et leurs armures, afin de fuir vers Courtray ou ailleurs, peu leur importait pourvu qu'ils se trouvassent en sûreté, poursuivis qu'ils étaient par les Bretons et les Français qui les chassaient à travers les fossés et les bruyères, en sorte qu'un aussi grand nombre périrent par les champs qu'à la bataille.

Cette action eut lieu entre Rosebêcque et le mont d'Or le 27ᵉ jour de novembre, comme le roi de France, Charles sixième, avait quatorze ans. En ce jour-là l'orgueil de Flandre fut abattu, Philippe d'Artevelde et bien neuf mille hommes tués de Gand ou de ses dépendances, bien que la bataille n'eût pas duré une demi-heure.

Le siège ne tarda pas à être levé devant Audenarde, car les Gantois qui s'y tenaient ayant appris la déconfiture de leurs gens rentrèrent en hâte dans la ville, et pendant trois jours ne savaient ce qu'ils devaient faire et s'ils ne devaient pas envoyer au roi les clefs de la place, car ils n'avaient plus de chef, ni ordonnance, ni ordre, et le sire de Harselles, qui était là seul, ne savait comment les réconforter.

Or voyez ce qu'il y a de force et de conseil en un seul homme. Pierre du Bois, qui était resté malade à Bruges, revint à cette heure à Gand, ceux de Bruges ayant résolu de se mettre à la merci du roi; il trouva les portes tout ouvertes et sans gardes, ce dont il fut bien ébahi, et commença tantôt à dire et à prêcher aux gens qui avaient perdu tout courage : « La guerre n'a pas encore pris fin, et Gand sera plus renommée que jamais. Si Philippe est mort, c'est par sa faute. Vous n'avez pas à craindre que le roi de France marche contre vous cet hiver, et avant que le temps revienne, nous aurons assez de gens pour nos desseins en Hollande, en Zélande, en Gueldre et en Brabant, et pour les commander, François Ackerman, qui va revenir d'Angleterre.

Jamais la guerre n'a été si bonne et si forte que nous la ferons maintenant. Nous valons mieux à nous tout seuls qu'avec le reste de Flandre qui nous empêchait de guerroyer; nous ne nous occuperons maintenant que de nous-mêmes. » C'est ainsi que Pierre du Bois rendit le courage aux Gantois, qui devinrent plus orgueilleux que jamais, tandis qu'ils étaient tout prêts, s'il ne fût revenu, à se rendre simplement au roi de France.

Le Gantois ne s'était pas trompé : il fut décidé que, le temps étant de grande froidure et humidité, le roi n'assiègerait pas Gand. Il reprit le chemin de son royaume, ne voulant rentrer à Paris qu'avec grande prudence, car les Parisiens s'étaient révoltés pendant qu'il était sur le mont d'Ypres et avaient pensé brûler le château du Louvre. Lorsqu'ils apprirent que le roi reviendrait bientôt, les Parisiens s'avisèrent qu'ils s'armeraient et qu'ils montreraient au roi, à son entrée dans Paris, quelle puissance il y avait en ce jour-là dans la ville et de quelle quantité de gens armés de pied en cap le roi pouvait être servi. Il eût mieux valu pour eux qu'ils n'en fissent rien, car cette démonstration ne leur porta pas bonheur, lorsque trente mille Parisiens se rassemblèrent entre Saint-Denis et Montmartre, tout armés et appareillés comme des gens prêts à combattre et à aller en bataille.

Le roi était au Bourget quand on vint lui raconter que les Parisiens étaient ainsi sortis aux champs. Les seigneurs disaient : « Voyez cette orgueilleuse ribaudaille, pleine d'outrecuidance! A quoi sert-il maintenant qu'ils montrent leur état? Ils auraient bien pu venir servir en Flandre. » Et bien des gens conseillèrent au roi de ne pas se mettre aux mains d'un tel peuple.

Il fut décidé cependant que le connétable de France avec le sire de Coucy et quelques autres seigneurs iraient parler aux Parisiens et leur demander pourquoi ils étaient ainsi sortis de Paris à tête et à mains armées contre le roi, car de telles affaires ne s'étaient jamais vues en France. D'après ce qu'ils répondraient, les seigneurs sauraient ce qu'ils avaient à faire, car ils étaient assez sages pour ordonner une pareille matière, eût-elle été dix fois plus grande. Ils menèrent avec eux des hérauts, qu'ils firent passer devant eux pour demander des sauf-conduits.

Lorsque les hérauts, revêtus de leur cotte d'armes, proclamèrent tout haut : « Où sont les maîtres? Lesquels de vous sont les maîtres? Nous sommes envoyés par les seigneurs pour leur parler! » certains des Parisiens s'aperçurent bien qu'ils avaient eu tort, et ils baissèrent la tête, disant : « Il n'y a ici nul maître; nous sommes tous égaux et au commandement du roi et de vos seigneurs. Dites de par Dieu ce que vous voulez dire. » Et ils ne voulurent pas qu'il fût dit qu'on leur demandait un sauf-conduit. « Que les seigneurs s'avancent sans crainte, répondirent-ils aux hérauts, nous sommes à leur commandement. »

Les seigneurs, en approchant des Parisiens, estimèrent qu'ils étaient bien là vingt mille maillets de fer. Le connétable dit tout haut : « Vous, gens de Paris, qu'est-ce qui vous prend aujourd'hui de sortir de Paris en telle ordonnance? A vous voir ainsi rangés et armés, on dirait que vous voulez combattre le roi qui est votre sire et nous qui sommes ses sujets! »

Ce n'était point à cette heure la volonté des Parisiens, qui répondirent : « Nous ne sommes sortis que pour montrer à notre sire le roi quelle est la puissance des Parisiens, car il est jeune, et s'il ne le voit jamais, il ne pourra savoir de quelles forces il pourrait être servi si besoin en était. » A quoi le connétable repartit : « Vous parlez bien; mais pour cette fois le roi n'en veut point tant voir et ce que vous avez fait lui suffit. Retournez à Paris, chacun en sa maison, et mettez bas toutes ces armures, si vous voulez que le roi descende en votre ville. » Ce qu'ils firent aussitôt sur le commandement du connétable.

Le roi rentra en effet dans Paris peu de temps après; il était accompagné de ses amis et d'une certaine quantité de gens d'armes, mais le gros de ses forces se tenait autour de la ville pour inspirer respect aux Parisiens, lesquels s'attendaient si bien à être pillés, qu'ils furent quatre jours sans oser sortir de leurs maisons, ni ouvrir portes ni fenêtres.

Ce n'était pas sans raison que les bourgeois de Paris étaient

Entrée de Charles VI à Paris après la bataille de Rosebecque.

inquiets de ce retour du roi triomphant après sa victoire de Rosebecque; car plusieurs d'entre eux avaient déjà été appelés en la chambre du conseil et rançonnés, l'un de six mille, l'autre de trois mille, un autre de huit mille livres, et ils savaient que maître Jean des Marets avait été mis en prison : ce dont chacun s'étonnait, car il avait toujours été réputé sage et de bon conseil, ayant servi depuis longtemps au Parlement sans qu'on eût jamais trouvé aucun forfait à lui reprocher.

Toutefois il fut condamné à être décapité et environ quatorze personnes en sa compagnie. Pendant qu'on le menait au supplice, assis au-dessus des autres dans une charrette, il disait : « Où sont ceux qui m'ont jugé? Qu'ils se présentent et qu'ils me montrent la cause et la raison de ma mort! » Il continuait ainsi de parler au peuple en allant à sa fin, avec ceux qui devaient mourir en même temps que lui; tous en avaient grand pitié, mais on n'osait parler. Il fut donc amené au marché des Halles et les autres exécutés avant lui, dont l'un, Nicolas le Flamand, offrit soixante mille livres pour racheter sa vie; mais il mourut. Quand vint le tour de maître des Marets, on lui dit : « Maître Jean, criez merci au roi pour qu'il vous pardonne vos forfaits! » Alors il se retourna et dit : « J'ai servi le roi Philippe son bisaïeul, et le roi Jean son grand-père, et le roi Charles son père, et aucun de ces trois rois, ses prédécesseurs, n'eut jamais rien à me reprocher; et aussi ne ferait pas davantage celui-ci, s'il avait âge et connaissance d'homme, et je crois bien qu'il n'est pas coupable de mon jugement. Je n'ai donc que faire de lui crier merci; mais à Dieu je veux crier merci et non à autrui, et je le prie humblement qu'il me pardonne mes forfaits. » Ce fut ainsi que maître Jean des Marets prit congé du peuple qui pleurait sur lui et qu'il mourut en la place du marché.

Les vengeances du roi et de ses oncles s'étaient aussi exercées à Rouen, et de grandes exactions y avaient été opérées; mais le trésor du roi n'en était pas plus riche, car la cupidité, ce gouffre dévorant de la substance d'autrui, fit imaginer un décret nouveau d'après lequel le peuple du royaume serait tenu de payer désormais, outre l'impôt royal, un tribut annuel proportionné à la valeur du revenu et du mobilier de chacun.

On était alors en fête à la cour du duc de Bourgogne pour le mariage de son fils et de sa fille avec les enfants du duc Albert de Bavière, et le jeune roi de France était venu à Cambrai pour assister aux réjouissances. Ce fut à cette occasion qu'un mariage fut traité secrètement pour lui avec madame Isabelle, fille du duc Étienne de Bavière; car le roi Charles son père avait ordonné qu'on lui cherchât des alliances en Allemagne, ce que n'avaient point oublié les ducs de Bourgogne et de Bourbon. Ils en tinrent conseil avec la duchesse de Brabant, veuve du duc Wenceslas, qui était femme de grand esprit et imagination, à la suite de quoi la jeune dame fut amenée en France par la duchesse. Son père, le duc Étienne, n'avait pas été tout d'abord très favorable à cette pensée et il avait répondu à son frère, le duc Frédéric, qui lui en parlait : « Beau frère, je crois bien qu'il en est ainsi que vous le dites, et que ma fille serait bien heureuse s'il pouvait lui arriver un si grand honneur que d'être reine de France ; mais c'est bien loin d'ici et c'est une bien grosse affaire que d'être la femme d'un roi. Je serais trop fâché si on avait mené en France ma fille et qu'elle me fût renvoyée ; j'aime mieux la marier à mon gré, près de moi. »

Malgré ces paroles, la jeune princesse fut amenée en France. Elle était belle et bien faite, mais trop simplement vêtue pour la mode de France; aussi la duchesse Marguerite de Hainaut la fit-elle parer aussi richement que si elle eût été sa fille, et puis elle la conduisit à Amiens en grand appareil, sous prétexte d'un pèlerinage. Le roi, à qui on avait parlé de la jeune princesse, s'y trouvait en ce moment et il répétait sans cesse : « Quand la verrai-je? »

Quand elle fut bien parée et habillée, les trois duchesses de Bourgogne, de Brabant et de Hainaut l'amenèrent vers le roi. Lorsqu'elle fut près de lui, elle s'agenouilla bien bas; mais le roi la releva aussitôt, la regardant de la belle manière. Avec le regard l'amour et la complaisance entrèrent dans son cœur; aussi le

connétable dit au seigneur de Coucy et au sire de la Rivière :
« Cette dame nous restera, le roi ne peut la quitter des yeux. »

Les dames et seigneurs commencèrent donc à parler ensemble, tandis que la jeune princesse se tenait tranquille et toute droite, car elle ne savait pas le français. On ne savait pas encore l'intention du roi; mais le sire de la Rivière promit de s'en assurer, car le roi se découvrait à lui plus librement qu'à personne. Il demanda donc au roi, dès qu'on se fut retiré : « Eh bien, Sire, que dites-vous de cette jeune dame? Nous demeurera-t-elle? Sera-t-elle reine de France? — Par ma foi, oui, dit le roi, et je ne veux point d'autre; dites à mon oncle de Bourgogne que pour Dieu il s'en acquitte! »

Le duc ne demandait pas mieux, et il préparait déjà les fêtes du mariage à Arras, lorsque le roi demanda pourquoi il ne se marierait pas, sans plus tarder, dans la belle église d'Amiens; ce qui fut décidé, et le mariage eut lieu le lundi suivant, en si grande pompe que jamais on n'avait rien vu de plus beau, en attendant que la jeune reine pût être reçue et couronnée dans la bonne ville de Paris.

Cependant le roi avait résolu de retourner en Flandre, car la ville de Gand lui tenait encore ses portes fermées, et ses capitaines, Pierre du Bois et François Ackerman, faisaient de grands dégâts dans tout le pays par leurs courses. Le roi avait fait fortifier le château du port de l'Écluse, en sorte que la place était devenue imprenable; mais il en avait fait don à son oncle le duc de Bourgogne avant le moment où il entra dans le pays de Flandre dont il voulait châtier les fréquentes révoltes. Un grand nombre périrent par l'épée, mais il restait vingt-quatre hommes considérables de la même famille, la plus riche du pays. On les avait amenés en présence du roi, qui leur demanda quel motif les poussait ainsi à la révolte. Ce à quoi, l'un d'entre eux, que son âge et sa taille semblaient également désigner comme leur chef, répondit sans hésiter : « Il est au pouvoir du roi de vaincre des hommes de cœur, mais non de changer leurs sentiments; » et il ajouta aussitôt : « Quand même le roi ferait mettre à mort tous les

Flamands, leurs ossements desséchés se relèveraient encore pour le combattre. » Le roi, justement indigné, ordonna la mort de ces rebelles, et l'un d'eux se chargea de l'exécution après promesse d'impunité. Tous vinrent s'offrir au glaive sans hésiter, et il abattit chaque tête d'un seul coup. Mais lorsque le roi sut que le bourreau était le parent proche de toutes les victimes, il déclara qu'un pareil monstre n'était pas digne de vivre, et il lui fit trancher la tête à son tour.

Le roi occupait tout le pays des Quatre Métiers, comme on appelait les provinces du comté de Flandre qui se trouvaient entourer le territoire de Gand, en sorte que les Gantois, extrêmement resserrés, commençaient à désirer ardemment de faire la paix, quoiqu'ils eussent alliance avec le roi Richard d'Angleterre qui leur avait envoyé pour les gouverner un chevalier anglais appelé messire Jean le Boursier. Mais le véritable maître et gouverneur de la ville de Gand était toujours Pierre du Bois, et personne n'osait rien dire qui lui pût déplaire. Or Pierre du Bois savait bien que sa vie dépendait de la guerre continuée contre le roi de France et le duc de Bourgogne, et que si la paix venait à se faire, il mourrait sans rémission : ce qui faisait que personne n'osait, sur sa vie, parler de paix ni de traité, devant lui ni derrière lui, car il était toujours très exactement informé.

Cependant le mal devenait tous les jours plus grand et la ville de Gand était en péril d'être ruinée, lorsque deux vaillants hommes, sages et prudents, de nation et de famille moyenne, dont l'un s'appelait Roger Crevin et l'autre Jacques d'Ardembourg, conçurent la pensée de faire des ouvertures de paix. Ils entamèrent premièrement l'affaire avec un chevalier nommé messire Jean de Helle, homme sage et estimé, qui allait et venait à son gré dans la ville de Gand et dont personne n'avait aucun soupçon; et ils s'en entretinrent également avec les bateliers et les bouchers des deux corps de métiers auxquels ils appartenaient. Par la grâce du Saint-Esprit, ils les trouvèrent tout prêts à écouter leurs ouvertures, et messire Jean de Helle se chargea d'aller trouver le duc de Bourgogne et de lui demander la paix pour la ville de Gand, à condition qu'il voulût bien tout pardonner et maintenir les anciennes franchises dont la ville avait les chartes et les bulles. Le duc écouta volontiers ses propositions. Il dit même à messire Jean de Helle : « François Ackerman a-t-il été de vos conférences? » Et comme messire Jean dit que non : « On peut lui en parler hardiment, dit le duc; je sais qu'il désire la paix et qu'il n'y sera pas contraire. » Il fut donc convenu que, le jeudi matin à huit heures, leurs partisans sortiraient de leurs maisons en criant : « Flandre au lion! Le seigneur au pays! Paix à la bonne ville de Gand! Tous ses méfaits lui sont pardonnés! »

Roger Crevin et son ami n'avaient pu tenir si secrètes leurs allées et venues que Pierre du Bois ne finît par en être informé en quelque mesure; il avait donc convoqué ses adhérents sur la place du Marché du Vendredi pour la même heure où devaient s'y trouver les partisans de la paix. Mais à leur tour ceux-ci furent instruits de ses intentions et devancèrent leurs adversaires au marché; en sorte que, lorsque les Anglais et leurs alliés se présentèrent sur la place, ils trouvèrent la plus grande partie de la population avec Roger Crevin et Jacques d'Ardembourg, et à mesure tous ceux qui arrivaient se plaçaient en masse auprès d'eux.

Lorsque Pierre du Bois vit ce qui se passait, il fut tout troublé et craignit fort pour sa vie, car il s'aperçut aussitôt que bien des gens qui avaient coutume de le saluer le fuyaient aujourd'hui. Il se tira donc doucement de la presse, sans dire à personne : Je m'en vais, au moment même où Roger Crevin et ses amis s'approchaient de messire Jean le Boursier pour lui dire : « Qu'avez-vous fait de Pierre du Bois et quelle est votre intention ? » Le chevalier répondit qu'il croyait Pierre sur la place et qu'il ne savait ce qu'il était devenu. « Quant à moi, dit-il, je veux rester fidèle au roi d'Angleterre, mon naturel seigneur, à qui je suis et veux rester; il m'a envoyé ici à votre prière et requête, veuillez vous en souvenir. C'est la vérité, répondirent Jacques et Roger, et si la bonne ville de Gand ne vous eût mandé, vous seriez déjà mort! Rentrez donc en votre logis, sans en bouger quoi que vous puissiez voir et entendre, et nous vous ferons conduire, vous et vos gens, tout paisiblement jusqu'à la ville de Calais, car nous voulons rester ici et demeurer désormais avec notre naturel seigneur, le duc de Bourgogne, sans plus guerroyer. » Le chevalier fut très joyeux de cette réponse, et il dit : « Messeigneurs, grand merci. »

Jean le Boursier partit donc tout tranquillement de la ville de Gand, où était rentré François Ackerman, qui se réjouissait de la conclusion de la paix. Pierre du Bois, qui ne se cachait plus, le vint trouver et lui dit : « François, quelle est votre intention? Demeurerez-vous en cette ville de Gand? — Oui, par mon âme, répondit François; vous savez que monseigneur le duc de Bourgogne le veut, et par les articles de la paix tout est oublié et pardonné. — Ah! François, répondit Pierre, vous ne l'entendez pas bien. Je crois assez que monseigneur ne nous veut que paix et loyauté, ainsi que tous les officiers de Flandre, mais il y a contre nous à Gand de grandes haines secrètes, qui se découvriront bientôt si nous restons ici; nous avons la mort de bien des gens à payer. Et comment pourrez-vous aller tout seul là où vous aviez coutume d'aller accompagné de deux ou trois cents hommes tout armés à votre commandement? Comment saurez-vous être valet là où vous avez été maître? Sachez que je considère bien toute la situation et, si vous m'en croyez, vous viendrez en Angleterre avec moi, car je partirai dès qu'il n'y aura plus d'Anglais dans la ville. » A quoi François répondit : « Je demeurerai; je ne connais personne en Angleterre, et monseigneur de Bourgogne m'a déjà retenu pour être de sa maison. Je m'en irai avec lui, car il me traitera bien : il me l'a dit à Tournay lorsque je l'ai été voir. »

Pierre du Bois s'en alla donc et François Ackerman resta dans la ville, tranquille et en paix, jusqu'au jour où il fut défendu par toutes les bonnes villes de Flandre, au nom de monseigneur le duc de Bourgogne, de porter épées ni armures, ni d'en faire porter à personne après soi. François ne pensa pas d'abord que telle défense fût pour lui et pour ses valets, dont il avait accoutumé de mener toujours avec lui trois ou quatre; mais le bailli du seigneur vint à lui, qui lui dit : « Vous mettez en doute et en soupçon les affaires du duc. Pourquoi allez-vous armé par la ville, et vos valets aussi ? Nous vous faisons commandement par monseigneur le duc de Bourgogne et par Madame que vous renonciez à cela. » François, qui n'y pensait pas à mal et n'agissait ainsi que par habitude, répondit : « J'obéirai, c'est bien juste, car je n'ai de haine pour personne. Mais je croyais avoir assez d'avantages dans la ville de Gand pour porter et faire porter après moi épées et armures. — Nenni, dit le bailli ; ceux de la ville à qui vous avez rendu tant de services s'en étonnent, et ce sont eux qui m'ont reproché de le souffrir. Je vous prie donc, François, que je n'en entende plus nouvelle ni parole. » Sur quoi François rentra dans sa maison et fit mettre bas les armes à ses valets, tombant bientôt en telle mélancolie, que la plupart du temps il allait seul par les rues en compagnie d'un seul valet ou d'un enfant.

Or il advint qu'étant ainsi presque seul à une fête qui eut lieu en dehors des murs de Gand à l'abbaye de Saint-Pierre, il fut poursuivi là par un fils du sire de Harselles, dont autrefois il avait ordonné la mort à Gand, et celui-ci, voulant venger son père, l'atteignit par derrière, en disant : « François, à la mort ! Autrefois vous avez fait mourir mon père, et vous mourrez aussi ! » François se retourna ; l'autre, qui était grand et fort, lui fendit la tête d'un coup d'épée jusqu'aux dents et le laissa mort sur la place ; puis il s'en alla tout paisiblement sans que nul le suivît, et la chose en resta là. Quand Pierre du Bois, qui était en Angleterre, l'apprit, il dit : « Je lui avais bien avisé et chanté tout ce qui lui arriverait avant de quitter Gand. Si mal lui en a pris, ce n'est pas ma faute. Personne n'y mettra ordre parmi ceux qui durant la guerre le poussaient à des actions semblables. Voilà pourquoi j'ai, pour mon propre compte, cru ce que me disait messire Jean le Boursier. »

Cependant le roi de France, Charles sixième, étant venu à bout de remettre la paix en Flandre entre son oncle de Bourgogne et ses sujets, n'avait plus qu'un désir bien vif, qui était d'aller combattre les Anglais en Angleterre. Il était d'accord en cela avec son oncle le duc de Bourgogne, le connétable de France et le comte de Saint-Pol, bien que ce dernier eût pour femme la sœur du roi d'Angleterre.

Tous ces seigneurs disaient : « Pourquoi n'allons-nous pas une fois en Angleterre voir le pays et les gens ? Nous apprendrons bien le chemin d'Angleterre, comme les Anglais ont appris autrefois celui de France. » Il advint donc que, l'année 1386, pour donner crainte aux Anglais et pour voir comment ils se maintiendraient, les plus grands et les plus beaux préparatifs se firent en France et par mer, en sorte qu'on leva sur tout le royaume des taxes si lourdes, que jamais n'en avait-on encore vu de pareilles. Tout l'été se passa à pétrir des biscuits et à moudre des farines à Tournay, à Lille, à Douai, à Arras, à Béthune, à Amiens, à Saint-Omer, et dans toutes les villes voisines de l'Écluse, car l'intention du roi et de son conseil était de s'embarquer là, pour entrer ensuite en Angleterre et tout détruire. Tous les vaisseaux sur lesquels le roi de France ou ses gens purent mettre la main étaient retenus pour son service, et de toutes parts il arrivait des provisions de toute sorte ; les seigneurs et chevaliers étaient mandés de toutes parts. Jamais on ne vit tant de nefs et de gros vaisseaux au havre de l'Écluse. Lorsqu'on regardait la mer, on croyait voir un grand bois et encore la flotte du connétable Olivier de Clisson n'y était point, car elle s'appareillait en Bretagne.

Le connétable avait aussi fait préparer la clôture d'une ville en bois pour la placer en Angleterre dès qu'on aurait pris terre, afin de s'y pouvoir retirer sûrement et dormir en paix au milieu même du pays ennemi, et lorsqu'on délogeait d'une place à l'autre, on la pouvait démonter et transporter après soi, pièce par pièce, en sorte qu'elle pouvait être utile en divers lieux. Qui eût pu aller de l'un à l'autre endroit où se faisaient ces préparatifs, sachez que le plaisir de les considérer eût été si grand, que, lors même qu'on eût eu la fièvre ou le mal de dents, on se serait trouvé guéri par le spectacle. Les chevaliers de France se disaient les uns aux autres : « Nous tenons l'Angleterre pour perdue et détruite sans retour, tous les hommes morts, les femmes et les enfants amenés en France et réduits en servitude. »

Le roi de France s'en vint à Compiègne et puis de lieu en lieu jusqu'à Arras, et tous les jours il arrivait des gens de tous les côtés pour le rejoindre, en sorte que le pays était mangé et perdu : tout y était au pillage. Les pauvres laboureurs qui avaient recueilli leur blé et leur grain n'en avaient que la paille, et s'ils se plaignaient, ils étaient battus, blessés ou tués. Les étangs et les viviers étaient pêchés ; si les Anglais étaient venus en France, ils n'auraient pas pu faire plus de mal. Les soldats disaient : « Nous n'avons pas maintenant d'argent pour vous payer ; mais nous en aurons au retour, et nous vous payerons argent comptant. » Les pauvres gens les maudissaient, voyant perdre leurs biens, sans oser souffler mot ; et ils disaient tout bas : « Allez, allez en Angleterre, et qu'il n'en revienne pas un. » Le duc de Berry tardait à venir, car il n'avait pas grand goût à cette expédition d'Angleterre, en sorte que les vingt mille chevaliers, autant d'arbalétriers génois et de gros valets, qui séjournaient depuis un mois environ à l'Écluse, n'étaient pas trop bien pourvus d'argent les uns ni les autres, ni par conséquent très contents d'être ainsi retenus. On attendait toujours la venue du duc de Berry, qui chevauchait pour venir trouver le roi, son neveu, mais c'était à bien petites journées.

Le connétable et ses gens étaient cependant partis de Tréguier en Bretagne, par un bon vent ; mais la mer devenait plus forte à mesure qu'ils avançaient, si bien qu'à l'embouchure de la Tamise, près de Margate, tous les navires se trouvèrent séparés, et le vent poussa dans la Tamise certains vaisseaux qui furent pris par les Anglais, entre autres ceux qui portaient la ville de bois ; le connétable et les seigneurs qui étaient avec lui vinrent à grand peine à l'Écluse.

Le roi fut très satisfait de les voir arriver et voulait partir aussitôt. « Mon oncle de Berry est à Lille, disait-il, il sera avec nous dans deux jours. Quand partirons-nous? Certes j'ai grand désir de voir l'Angleterre. » Le connétable en avait aussi grand désir que lui, mais il savait bien qu'on ne pouvait partir à moins que le vent ne fût propice. « Connétable, disait le roi, j'ai été dans mon vaisseau, et les affaires de la mer me plaisent grandement; je crois que je suis bon marin, car jusqu'ici la mer ne m'a point fait de mal. — Par ma foi, disait le connétable, il n'en est pas de même pour moi, car nous avons failli tous périr en venant de Bretagne jusqu'ici. »

Les Flamands commençaient à se lasser aussi de voir tant d'hommes d'armes ensemble dans leur pays, et ils se disaient les uns aux autres : « Eh! que diable pourquoi le roi ne se hâte-t-il pas de passer en Angleterre? Pourquoi se tient-il si longtemps en notre pays? Ne sommes-nous pas assez pauvres, sans que ces Français nous appauvrissent encore? Vous verrez qu'ils ne passeront pas en Angleterre cette année. Ils disent qu'ils conquerront l'Angleterre, mais il n'en sera rien; l'Angleterre n'est pas si aisée à conquérir. Que feront-ils en Angleterre? Quand les Anglais ont chevauché partout en France, ils se sont enfermés dans les cités et dans les forts, et ils s'enfuyaient comme l'alouette devant l'épervier. »

Le duc de Berry était enfin arrivé; le roi le salua en disant : « Ah! bel oncle, que je vous ai donc désiré et que vous avez mis de temps à venir! Nous devrions déjà être en Angleterre et avoir combattu nos ennemis. »

Le duc s'excusa en riant; mais s'il avait rompu le dessein du roi par le retard qu'il avait mis à venir, il le rompit plus sûrement encore lorsqu'il fut à l'Écluse. Il disait que c'était une folie et une imprudence de conseiller au roi de France, qui n'était encore qu'un enfant, de se mettre en mer par un pareil temps pour aller combattre dans un pays qu'on ne connaissait pas, pauvre et mauvais pour guerroyer. « Je veux bien que nous y allions vous et moi, beau frère de Bourgogne, disait-il, mais je ne veux pas et je ne conseillerai jamais que le roi y aille; car si aucun mal lui arrivait, on dirait que nous en sommes responsables. — Au nom de Dieu, dit le roi, si quelqu'un y va, j'y vais. »

Les seigneurs disaient : « Le roi est bien résolu. » Mais le vent continuait d'être contraire, et on finit par prendre le parti de remettre le voyage au mois d'avril ou de mai et de garder toutes les provisions qui pouvaient se garder, biscuits, viandes salées et vins; tous les seigneurs reçurent l'ordre de revenir en mars. Ceux des provinces lointaines étaient les plus courroucés, ayant usé leurs corps et dépensé leur argent dans l'espoir d'avoir une bonne saison et se trouvant présentement déçus. Le roi de France était aussi triste qu'eux de voir son voyage rompu; mais la joie fut si grande en Angleterre, que le roi Richard en fit une fête à Westminster à tous les seigneurs qui avaient gardé les havres et les ports.

Quand vint le joli mois de mai, le connétable de France en Bretagne, le sire de Coucy et le comte de Saint-Pol à Harfleur commencèrent à s'appareiller pour passer en Angleterre avec grande force et puissance; et le jour de leur départ était déjà arrêté, lorsque le duc de Bretagne, qui avait le cœur plus anglais que français, s'avisa d'un moyen de rompre l'expédition qui se préparait, comme avait été rompue celle de l'automne. Il résolut de prendre le connétable et de le faire tuer ou noyer. Lui mort, la campagne ne se ferait pas, et ce ne serait qu'un Breton de moins, d'autant mieux qu'il n'avait ni parent ni ami qui pût en faire son affaire et soulever la guerre.

Avec ce projet dans l'esprit, le duc s'en alla à Vannes et fit assembler une grande multitude de seigneurs de Bretagne, parmi lesquels il pria très particulièrement le connétable. Celui-ci ne voulut pas refuser, parce que le duc était son seigneur naturel. Il vint donc à Vannes, où le duc se trouvait. Après le repas, il proposa à plusieurs seigneurs, desquels était le connétable, de venir voir le château de l'Hermine, qu'il faisait en ce moment construire auprès de Vannes et qui était une merveille.

Lorsqu'ils y furent venus et que le duc les eut menés de chambre en chambre et d'édifice en édifice, qu'ils admiraient grandement, il les mena dans le cellier pour les faire boire et finit par s'arrêter devant la maîtresse tour, disant au connétable : « Messire Olivier, je sais qu'il n'y a personne par deçà la mer qui s'entende aussi bien que vous en ouvrage de maçonnerie; je vous prie donc de monter là-dessus et de me dire si cet ouvrage est bien ordonné. Si vous y trouvez quelque chose à reprendre, je le ferai changer. »

Le connétable, qui ne pensait pas à mal, dit : « Allez devant, monseigneur, et je vous suivrai. — Non, non, dit le duc, allez tout seul, je parlerai un peu pendant ce temps-là à votre beau-frère de Laval. » Le connétable, qui voulait se dépêcher, entra dans la tour et monta l'escalier. Mais quand il eut passé le premier étage, il y avait dans une chambre des gens en embuscade qui ouvrirent la porte. Tous savaient bien ce qu'ils devaient faire : ils se jetèrent sur le connétable, qui fut entraîné par eux et chargé de trois gros fers. Ceux qui le traitaient ainsi lui dirent : « Pour Dieu, monseigneur, pardonnez-nous; nous sommes obligés de faire ce que nous faisons, car monseigneur le duc de Bretagne l'a expressément ordonné ainsi. »

Si le connétable fut ébahi à cette heure, ce ne fut pas merveille. Car il n'avait jamais voulu, depuis bien des années, venir en la présence du duc, qui le haïssait pour certaines lettres qu'ils s'étaient écrites entre eux, et pour une fois qu'il avait pris confiance, il se trouvait en mauvais point.

Quand le sire de Laval, qui était en bas et à l'entrée de la grosse tour, vit qu'on en fermait la porte, il commença à frémir pour son beau-frère le connétable, et regarda le duc, qui était devenu vert comme une feuille. « Ah! monseigneur, dit-il, au nom de Dieu, que voulez-vous faire? — Allez-vous-en, sire de Laval, repartit le duc; vous n'êtes pas arrêté et pouvez aller où bon vous semble. — Monseigneur, répondit le sire de Laval, je ne m'en irai pas sans mon beau-frère le connétable. »

A ce moment le sire de Beaumanoir entra au château et vint en la présence du duc, qui le haïssait aussi grandement. Le duc tira sa dague et dit : « Beaumanoir, veux-tu être comme ton maître? — Monseigneur, dit le sire de Beaumanoir, je pense que mon maître est bien. — Je te demande, dit le duc, si tu veux en être au même point que lui? — Oui, monseigneur, » dit-il. Alors le duc retourna sa dague qu'il prit par la pointe. « Or çà, Beaumanoir, puisque tu veux être comme lui, il te faut crever un œil, » car le connétable avait perdu un œil à la bataille de Tréguier. Le sire de Beaumanoir vit bien que la chose allait mal, car le duc était vert comme la feuille; il mit un genou en terre et dit : « Monseigneur, je crois qu'il y a en vous trop de bien et de noblesse pour ne pas nous faire droit, car nous sommes ici à votre merci. Nous y sommes venus à votre prière et par bonne compagnie; ne vous déshonorez donc pas en accomplissant une folle volonté, si vous l'avez à notre égard. — Va, va, dit le duc, tu ne seras ni pire ni mieux que lui; » et, sur ce, le sire de Beaumanoir fut mené dans une chambre et chargé de fers.

Le bruit se répandit dans tout le château et de là dans la ville de Vannes. Le duc était grandement blâmé de tous les chevaliers et écuyers, des siens comme des autres. « Que dira le roi Charles quand il sera informé de tout cela? disait-on; voilà son voyage de Normandie rompu. Le duc montre bien qu'il a le cœur anglais. »

On peut bien croire que messire Olivier de Clisson n'était pas à son aise, se voyant ainsi pris et attrapé, retenu par les jambes et gardé de près par plus de vingt hommes qui ne savaient comment le réconforter; il se tenait déjà pour mort, et sans aucune espérance d'en venir au matin; et il eut bonne cause d'en juger ainsi, car trois fois il fut mis par terre et déferré. La première fois, le duc voulait qu'on lui coupât la tête; la seconde fois, il voulait qu'il fût noyé. Il aurait fini par l'une de ces deux morts, sans le sire de Laval, qui se jeta à genoux devant le duc en entendant son commandement, pleurant et joignant les mains en disant : « Ah! monseigneur, arrêtez et n'usez pas d'une pareille cruauté envers mon beau-frère le connétable; il ne peut pas avoir mérité la mort. Souvenez-vous comment vous fûtes élevés ensemble dans la maison du duc de Lancastre, et qu'avant d'avoir fait sa paix avec le roi de France il vous aida loyalement à recouvrer votre héritage. Modérez un peu votre colère. Si vous le faisiez mourir en votre château, où vous l'avez attiré par vos prières, jamais prince n'aurait été aussi déshonoré que vous seriez. Il n'y aurait en Bretagne chevalier ou écuyer, ville ou cité, qui ne vous prît en haine, et ni le roi d'Angleterre ni son conseil ne vous en sauraient nul gré. — Sire de Laval, répondait le duc, laissez-moi accomplir ma volonté; Clisson m'a trop offensé; il faut qu'il meure. » Mais le sire de Laval recommençait toujours ses raisons, si bien que le duc finit par se prendre à réfléchir, car il ne le quitta pas d'un seul moment pendant la nuit, et il dit : « Sire de Laval, vous êtes un grand négociateur, car je veux bien que vous sachiez que votre beau-frère de Clisson est l'homme au monde que je hais le plus. Si vous ne vous étiez pas trouvé ici, il ne serait pas sorti vivant de cette nuit; vos paroles le sauveront. Allez lui parler et dites-lui qu'il me faut cent mille francs comptant et qu'il me rende, avec cela, Chatel-Bourg, Chatel-Josselin et le Blain, sans compter la ville de Jugon, afin que je m'en puisse mettre de suite en possession. — Monseigneur, dit le sire de Laval, je vous remercie d'avoir condescendu à ma prière, et je vous réponds qu'il fera tout ce que vous lui demandez. »

Le sire de Laval, tout réjoui, monta les degrés de la tour, qu'on lui ouvrit par ordre du duc, et arriva à un étage bien élevé, où le connétable se trouvait en bien grand souci de sa vie. Mais lorsqu'il vit entrer son beau-frère, le cœur lui revint un peu. « Allons, dit le sire de Laval à ceux qui avaient été envoyés avec lui, déferrez mon beau-frère, afin que je puisse parler avec lui. » Puis, s'adressant au sire de Clisson : « Vous ferez ce que je vous dirai? demanda-t-il. — Oui, beau-frère, » dit le connétable. Et à ces mots il fut déferré. Alors le sire de Laval l'attirant un peu à part : « Certes, dit-il, ce n'est pas sans peine que j'ai pu vous sauver la vie. J'ai fait votre affaire. » Et il lui dit à quel prix. Le connétable repartit : « Sachez, beau-frère, que je tiendrai ce marché; ordonnez à tout, pourvoyez à tout, et finissons-en. »

Le sire de Laval redescendit en hâte de la tour et vint dans la chambre du duc, qui se préparait à s'en aller reposer. Le sire de Laval lui dit : « Monseigneur, c'est fait, vous aurez ce que vous avez demandé ; mais il faut que vous nous fassiez délivrer le sire de Beaumanoir, afin que mon beau-frère et lui parlent ensemble : c'est lui qui ira recueillir les cent mille francs et qui pourra mettre vos gens en possession de la ville et du château que vous demandez. — Bien, dit le duc ; qu'on les délivre des fers, et faites-les mettre en une chambre pour négocier leur traité ; tantôt, quand j'aurai un peu dormi, vous reviendrez vers moi, et nous parlerons ensemble. — Bien, monseigneur, » dit le sire de Laval.

Sachez que tous ceux de l'hôtel furent grandement réjouis quand ils surent comment allaient les affaires, car ils avaient vu avec regret ce qu'on avait fait au connétable et au sire de Beaumanoir ; mais personne n'y pouvait rien, et il leur fallait obéir à leur seigneur, eût-il tort ou raison. On amena le sire de Beaumanoir et le connétable en une chambre en bas, où l'on apporta du vin et des viandes en abondance. Les clefs étaient dans la chambre du duc, en sorte que ni homme ni femme n'était entré dans le château, ou n'en était sorti. Les chevaliers et les écuyers qui se trouvaient dehors s'inquiétaient fort et disaient : « Ce qu'on a fait à l'un, on l'a fait à l'autre. »

Les nouvelles de l'emprisonnement du connétable étaient déjà connues jusqu'à Tréguier, où les chevaliers et les écuyers se lamentaient fort, voyant leur saison perdue ; les grands barons qui étaient à Harfleur pensaient de même ; mais on apprit bientôt que le sire de Clisson n'était pas mort, bien qu'il eût été en grand péril et aventure. Alors ils dirent ensemble : « Tout va bien, puisqu'il n'y a pas mort. Le connétable saura bien retrouver des possessions et des héritages. Toutefois c'est fait, notre voyage est rompu. Donnons congé à nos gens et allons-nous-en vers le roi à Paris. » Ce qu'ils firent.

Il ne tarda guère que le connétable y arrivât aussi, sa rançon étant payée, lequel alla tout droit chez le roi. On ouvrit les portes de la chambre à son approche et le connétable se jeta à genoux devant **le roi,** en disant : « Très redouté sire, votre père, à qui Dieu pardonne ses **fautes,** me plaça dans l'office de la connétablie de France, que j'ai exercé **depuis** selon mon pouvoir et sans que personne m'en ait trouvé reproche. **Mais présentement** que le duc de Bretagne m'a fait le tort et le dommage **que** vous savez, par lesquels notre voyage de mer a été rompu, je **vous** rends l'office de la connétablie. Pourvoyez-y comme il vous plaira ; je ne veux plus m'en charger, il n'y a plus pour moi honneur à le faire. »

Le roi fit relever le connétable et lui parla bien doucement et amicalement ; mais il s'aperçut sans peine que les ducs de Berry et de Bourgogne, qui étaient là présents, n'avaient pas si fort à cœur ses affaires. Aussi les grands seigneurs, amis du connétable, qui le réconfortaient, l'engagèrent-ils à aller se reposer chez lui, à Montlhéry, pendant qu'ils aviseraient à cette affaire avec les pairs du royaume. « Vous aurez raison de ce duc de Bretagne, lui dirent-ils, car il a commis un trop grand outrage envers le roi et la couronne de France. » Ainsi disait-on dans tous les lieux du royaume, en sorte que les oncles du roi furent obligés d'envoyer vers le duc des ambassadeurs, qui n'en obtinrent pas grand chose, sauf que l'année suivante il viendrait voir le roi : ce qu'il fit, et fut là contraint de rendre au connétable les places et châteaux qu'il lui avait ravis et de lui payer cent mille francs.

La paix ainsi acquise ne devait pas durer longtemps, non plus qu'aucune paix ne durait en ce temps au bon royaume de France, qui devait être encore plus malheureux qu'il n'avait été avant de retrouver grandeur et repos.

FIN

TABLE DES MATIÈRES

PREMIER RÉCIT
Les enfants des Mérovingiens. (Grégoire de Tours, Frédégaire.)   7

DEUXIÈME RÉCIT
Charlemagne et ses preux. (Le moine de Saint-Gall, chanson de Roland, Éginhard.)   31

TROISIÈME RÉCIT
Les croisades. (Raoul Glaber, Guibert de Nogent, Guillaume de Tyr, Albert d'Aix.).   57

QUATRIÈME RÉCIT
Saint Louis. (Joinville, le confesseur de la reine Marguerite.)   119

CINQUIÈME RÉCIT
La guerre de Cent Ans. Les Anglais en France. (Froissart.)   169

SIXIÈME RÉCIT
Bertrand du Guesclin, connétable de France. (Froissart.).   229

SEPTIÈME RÉCIT
Querelles d'oncles. Un roi enfant. (Christine de Pisan, Juvénal des Ursins, Chronique de Saint Denis, Froissart.).   271

www.ingramcontent.com/pod-product-compliance
Lightning Source LLC
Chambersburg PA
CBHW070632160426
43194CB00009B/1434